JN269441

やわらかアカデミズム・〈わかる〉シリーズ

よくわかる
スポーツ心理学

中込四郎・伊藤豊彦・山本裕二 編著

ミネルヴァ書房

はじめに

■よくわかるスポーツ心理学

　『よくわかるスポーツ心理学』が本シリーズのなかに加わることをうれしく思っています。体育・スポーツ学領域からは，スポーツ心理学が初めてとうかがっています。本企画では，幅広い読者を想定し，そしてスポーツ心理学における重要事項について簡潔にわかりやすく解説することで，入門書となることを期待されました。これは執筆者にとって慣れない作業でもありました。特に，編著者を除く多くの執筆者は世代を異にし，興味をもった特定の課題について狭く深く研究を行っている第一線で活躍する研究者たちですので，表現のスタイルでの戸惑いを感じたようです。

　本書では，スポーツと発達，運動の制御機構，運動の学習と指導，スポーツにおける動機づけ，スポーツの社会心理，運動による健康の増進，競技心理，メンタルトレーニング，スポーツ臨床，といった9つのパートに分かれて解説されています。スポーツ心理学はまだ歴史が浅い学問ではありますが，それぞれのパートの多くが単独に一書を著す状況にはあります。

　私たちの身体活動は多様な文脈のなかで展開しています。たとえば，学校教育における体育・運動，競技スポーツやレクリエーションとしてのスポーツ，健康・医療領域での運動やスポーツ，そして日常生活での種々の運動行動，などがあげられます。これら広義の身体活動における諸現象や問題に対して心理学的解明ならびに心理学的介入がどの文脈のなかで行われるかによって，さらに名称を使い分けています。それは，体育心理学，スポーツ心理学，健康運動心理学，運動心理学，などです。また一部の研究者は，独自の立場を主張し，それらとは異なる名称を用いるなど，ますます分化していく傾向にあります。これらの4領域の関係は，運動心理学を共通の基盤として，体育心理学，スポーツ心理学そして健康運動心理学が異なる文脈のなかで展開しているといえますが，重なり合う基盤をもっていることで，それら個々は独自性を追求しながらも，研究交流を可能にしています。

　ここで体育・スポーツ・運動場面で心理学がどのように扱われているのかについて，大雑把に次のような視点から述べてみたいと思います。本書で解説されるさまざまな事項をそのような視点から位置づけてみるとわかりやすいのかもしれません。それは，身体活動における「原因（背景）としての心理的側面」（運動への心理面の影響），「結果としての心理的側面」（心理面への運動の影響），さらに「身体活動への介入における心理的側面」（心理的働きかけ）です。体育・スポーツ・運動場面では，原因や結果に関わる心理学研究の成果を踏ま

i

え，実践的介入が行われると同時に，研究成果の現場での確かめとしても介入が位置づけられます。したがってこれら3者は，前2者が実践介入に対してそれぞれ双方向的関係にあるといえます。

　スポーツ場面を例にあげ，上述した心理面との関わりについてさらに説明してみます。スポーツ活動に対して意欲的であったり，スポーツ技能の学習で優れていたり，あるいは安定した競技パフォーマンスを発揮する人には，さまざまな原因（背景）が考えられますが，その1つに心理的側面も考慮される必要があります。そこでは多様な心理要因について研究がなされています。また運動・スポーツによる心理的影響についてもいろいろな研究がなされています。スポーツ参加が子どもたちの心理社会的発達にどのような影響を与えるのか，長いスポーツ経験がスポーツ選手のパーソナリティ形成に寄与し得るのか，あるいはメンタルヘルスの維持・向上にスポーツがどのように資するのか，等々，興味関心のもたれるところです。

　このほか，スポーツ心理学の専門的知識や技術に裏づけられたスポーツ場面への介入があります。これはマスコミでも取り上げられることがあり，スポーツ選手の心理面の強化を目的としたメンタルトレーニングといった名称でポピュラーな話題となっています。また，メンタルヘルスに役立つといわれる運動をいかに継続していただくかも，心理介入の重要な側面となっています。さらに個々の目的に応じて積極的・意図的に心理的要因を盛り込んだ現場でのスポーツ指導がなされています。執筆者らはスポーツ心理学の専門家ではありますが，「スポーツ心理学の実践者」は優れたスポーツ選手であり，指導者との見方もできます。したがって，スポーツ心理学は実践的側面を多くもっており，現場とのキャッチボールをしながら研究を進めています。

　わたしたちの身体活動には，このようにいろいろな側面から心理要因が関係しています。それらを知ることによって，スポーツへの取り組みだけでなく，見方も変わってくるはずです。本書がきっかけとなり，特に，若い読者諸氏がスポーツ心理学に興味をもっていただき，そのなかからこの若いスポーツ心理学という学問をさらに発展させる研究者・実践者が生まれることを願っています。

2012年2月

中込四郎

もくじ

■よくわかるスポーツ心理学

はじめに

I スポーツと発達

1　乳児期の運動発達 …………… 2
2　分化を繰り返す運動発達 ………… 4
3　運動パターンの発達 …………… 6
4　認知発達と運動 …………… 8
5　社会性の発達と運動参与 ………… 10
6　親や仲間と運動参与 ………… 12
7　子どものスポーツへの動機づけ … 14
8　子どもの運動・スポーツ指導 …… 16
9　スポーツ技能学習と臨界期 …… 18

II 運動の制御機構

1　情報処理としての運動制御 …… 20
2　運動における感覚・知覚の役割 … 22
3　運動における注意の役割 ……… 24
4　スポーツの熟練者の記憶 ……… 26
5　運動の言語化 …………… 28
6　運動イメージ …………… 30
7　運動における予測の役割 ……… 32
8　運動における速さと精度 ……… 36
9　身体運動の協応構造 ………… 38

10　環境との相互作用で生じる運動 … 40
11　身体運動とリズム …………… 42
12　自己組織する身体運動 ………… 44
13　対人・集団運動のダイナミクス … 48

III 運動の学習と指導

1　運動プログラムの獲得 ………… 50
2　一定練習と変動練習 …………… 52
3　全体練習と部分練習 …………… 54
4　学習はどのように進行するか …… 56
5　自由度から見た学習段階 ……… 58
6　観察・見まね学習 …………… 60
7　効果的なフィードバック ……… 62
8　知覚・認知トレーニング ……… 66
9　制約を利用した個人練習 ……… 68
10　制約を利用したチーム練習 …… 70
11　技術指導と練習環境デザイン …… 72

IV スポーツにおける動機づけ

1　動機づけ——やる気を支えるエネルギー …………… 74
2　原因帰属——成功・失敗経験の解釈とやる気 …………… 76

3 自己効力感——やればできる …… 78

4 達成目標理論——目標の性質とやる気 …… 80

5 自己決定理論——やる気の連続性 …… 84

6 学習された無力感——やる気の喪失 …… 86

7 セルフ・ハンディキャッピング——なぜやる気を出さないのか …… 88

8 動機づけ雰囲気——やる気を高める環境づくり …… 90

V スポーツの社会心理

1 スポーツと集団①
集団規範——チームのルール …… 92

2 スポーツと集団②
集団凝集性——チームのまとまり …… 94

3 スポーツと集団③
チームビルディング——強いチームをつくる …… 96

4 リーダーシップ——優れた指導力を発揮する …… 98

5 社会的勢力——影響力の源泉 …… 102

6 攻撃性——暴力か，それとも醍醐味か …… 104

7 ソーシャルスキル——他者と関わる技術 …… 106

8 ジェンダー——女性とスポーツ …… 108

VI 運動による健康の増進

1 運動の心理的効果①
自尊感情 …… 110

2 運動の心理的効果②
ストレス …… 112

3 運動の心理的効果③
不　安 …… 114

4 運動行動の規定因——態度と規範 …… 116

5 運動行動の変容——トランスセオレティカル・モデル …… 118

6 運動行動の促進——運動実践への介入 …… 120

7 運動実践と環境——運動の継続を支える社会的文脈要因 …… 124

VII 競技心理

1 競技スポーツ・アスリートの心性 …… 126

2 ピーク・パフォーマンスの心理的世界 …… 128

3 "あがる"心理とその克服 …… 130

4 スランプからの脱出 …… 132

5 少年期とスポーツ …… 134

6 タレント発掘 …… 136

7 ソーシャルサポートの活用 …… 138

8 コーチングの心理 …… 140

9 スポーツファンの心理 …… 142

10　アスリートの心理サポート現場 …………………………… 144

VIII　メンタルトレーニング

1　メンタルトレーニング小史 …… 148
2　アスリートに必要とされる心理的スキル ………………………… 150
3　アスリート版心理テスト ……… 152
4　メンタルトレーニングプログラムの作成 ……………………… 154
5　メンタルトレーニング①　リラクセーション技法 ………… 156
6　メンタルトレーニング②　イメージ技法 …………………… 160
7　メンタルトレーニング③　認知行動技法 …………………… 162
8　チームスポーツのメンタルトレーニング ……………………… 166
9　スポーツメンタルトレーニング指導士 …………………………… 168
10　メンタルトレーニングとカウンセリング ……………………… 170

IX　スポーツ臨床

1　スポーツカウンセリング ……… 172
2　スポーツとパーソナリティ形成 …………………………… 176
3　運動部活動における不適応 …… 178
4　運動部指導者の葛藤 …………… 180
5　スポーツ傷害と心理 …………… 182
6　アスリートにおける食行動問題 …………………………… 184
7　バーンアウトの発症機序 ……… 186
8　アスリートアイデンティティ …………………………… 188
9　競技引退のもつ意味 …………… 190
10　心因性動作失調 ………………… 192
11　スポーツセラピーの可能性 …… 194
12　認定スポーツカウンセラー …… 196

さくいん ……………………………… 199

SERIES
ya
やわらかアカデミズム・〈わかる〉シリーズ

よくわかる
スポーツ心理学

I スポーツと発達

1 乳児期の運動発達

　スポーツ技能には精緻さや速さ，力強さなどが求められます。この土台となるのは歩く，走る，跳ぶ，投げる，などの基本運動です。これら基本運動は乳幼児期の発達や成長に支えられ，遊びを通じて獲得されます。乳幼児期の運動発達から，スポーツ技能や日常生活を支える運動の構成要素とその成り立ちが理解できます。特に生後1年間の運動発達はとても顕著です。

1 神経系の発達における3つの流れ

　感覚系，すなわち視覚や聴覚など「脳への入力」を担う神経回路は，感覚器から脳へと一方向に情報が流れるので，比較的単純で早く発達します。一方で運動系，つまり「脳からの出力」として身体を動かす回路は複雑です。運動を正確に調整するには脳から身体，身体から脳へと双方向に情報を流す必要があるからです。さらに運動系には脊髄や脳幹，小脳や大脳皮質など多くの器官があります。この複雑さにより，運動系の発達には時間がかかります。

▷1 Elliot, L. (1999). *Whats' going on in there?* Bantman Books.

　運動に関わる神経系の発達は主に3つの流れがあります。まず第1は，低次から高次への発達です。ヒトの運動系で最初に形成されるのは，脊髄や脳幹など低次の神経系です。その後に大脳皮質の運動野，そして最高次の前頭葉の発達が続きます。神経の伝達を高速にする**髄鞘化**も同じ順序で進みます。胎児期には，脊髄や脳幹から出る神経の髄鞘化は完了しています。その結果，生後すぐに脊髄が関わる**瞳孔反射やモロー反射**が見られます。運動野の神経が髄鞘化されるには，誕生直後から2年以上かかります。さらに運動前野や補足運動野などの神経は，生後6か月から3，4年かけて髄鞘化されます。

▷2　髄鞘化
神経の軸索を髄鞘で覆い，絶縁することにより神経信号の伝導を高速にすること。

▷3　瞳孔反射とモロー反射
瞳孔反射は明るさによって瞳孔の大きさが変化すること。モロー反射は乳児の上体を引き上げた後に，頭部を急に下げると，何かに抱きつくような動作をすること。

　発達の流れの第2は，中心から末梢，つまり体幹から四肢への発達です。「首が座った」，「お座りができた」などというように，乳児は胴体や首の制御が最初にできるようになります。これら体幹の制御には主に脳幹が関わっています。その後に大脳皮質が関わる腕や脚，手の制御ができるようになります。

　発達の流れの第3は，上から下への発達，つまり頭から足への発達です。乳児は誕生時にすべての筋線維を備えています。しかしそれらは細く，弱いものです。発達によって筋線維が太く，長くなる過程は，頭から足へと順に進みます。乳児が最初に獲得するのは，首を振ったり，笑うなど，頭や顔の動きです。その後に手を伸ばしたり物をつかむなど腕の動き，続いてハイハイをしたり，歩行するなどの脚の動きへと続きます。

▷4　モリス，D. 日高敏隆・今福道夫（監修）(2009). 赤ちゃんの心と体の図鑑　柊風舎

表 I-1 粗大運動と微細運動の発達指標

粗大運動	発現期（中央値）		微細運動
	誕生直後		反射的な把持ができる
首が座る	1-2か月	1-3か月	ぎこちない到達運動
うつ伏せから両腕で頭と胸を浮かせる	2-3か月		
補助があればお座りができる	2-3か月	3か月	能動的な把持
うつ伏せから仰向けへの寝返り	3-4か月		
	4-5か月		到達運動と把持を組み合わせる
仰向けからうつ伏せへの寝返り	6-7か月		到達運動と把持の精度が上がる
お座りができる	6-8か月		
つかまり立ちができる	8-9か月		
ハイハイが始まる	9か月		ものをつまみ始める
つかまり歩きができる	9-10か月	10か月	手をたたく
１人で立てる	11-12か月		
１人で歩ける	12-13か月		ぎこちなく物を投げられる

出所：Gallahue, & Ozmun (2005). より。

2 粗大運動と微細運動の発達指標

　乳児の運動発達にみられる大きな特徴はその予測可能性です。もちろん２～３か月程度の個人差はありますが，人種や性別にかかわらず，運動が発達する時期や順序はほぼ一定です。また，乳児期の運動発達が速いからといって，その後のIQの伸びが速いとは限りません。表I-1に運動発達の指標を，粗大運動（gross motor skills：体幹や四肢の大きな筋肉を使う動き）と微細運動（fine motor skills：腕や手の小さな筋肉を使う動き）に分けて示します。

　表I-1の通り，運動技能は体得された技能をもとに，順を追って獲得されます。１人で歩くためには，その前に１人立ちやハイハイ，お座りが必要です。つかまり歩きが始まっても，１人歩きに発展するには３か月程度かかります。このように運動発達は，少しずつ順を追って，時間をかけながら進行します。

3 運動発達が拡げる乳児の世界

　運動発達によって乳児が経験する世界は拡がります。粗大運動ではまず，寝返りが視野を回転させます。お座りやつかまり立ちは目の位置を高めるので，視野を拡げます。さらにハイハイや歩行は視界を移動させ，能動的に興味の対象を「見に行く」ことを可能にします。微細運動を見ても，到達運動によって対象に手を伸ばしたり，把持によってそれをつかんだり，振ったり，投げたりと，対象物へ働きかける方法が拡がります。身体を使って対象物に働きかけると，それらは割れたり，音を立てたり，落ちたりと，変化します。運動の結果として生じる環境の変化こそが，乳児が世界を豊かに認識する手がかりなのです。言葉を理解する前の乳児にとって，歩行や到達運動などの基本運動は，生きる世界や環境に働きかけ，それを感じ取る大切な手段です。運動の発達によって，乳児が経験する世界は拡がっていくのです。

（平田智秋）

▷5　ただ最近，「つかまり歩きや１人立ちが早いと，14歳になった時に体育の成績がよく，スポーツ参加の頻度が高く，参加するスポーツの種類も多い」という研究が発表された。

　Ridgway, C.L., Ong, K. K., Tammelin, T.H., Sharp, S., Ekelund, U., & Jarvelin, M. (2009). Infant motor development predicts sports participation at age 14 years: Northern Finland birth cohort of 1966. *PLoS ONE*, 4, e6837.

▷6　Gallahue, D. L., & Ozmun, J. (2005). *Understanding motor development: Infants, children, adolescents, adults* (6th ed). McGraw-Hill Education.

I スポーツと発達

2 分化を繰り返す運動発達

　分化とは同一であったものが異なるものへと変化したり，単純なものが複雑なものへと構造を変えることです。発達の過程では，運動能力も分化を繰り返し，少しずつ複雑，かつ柔軟になっていきます。ここではネルソン（Nelson, M.A.）を参考にして，運動技能や学習能力，そして視覚系の発達過程に注目しながら，望ましい運動の方法や種類を，発達段階ごとに示します[1]。もちろん発達には個人差が大きいですから，あくまで目安として捉えてください。子どもの発達段階にふさわしい運動環境を提供するには，子どもに映る世界や彼（女）らの能力が変化していく過程の理解が大切です。

> 1　Nelson, M.A.(1991). Developmental skills and children's sport. *The physician and sports medicine*, 19, 67-69.

1 乳児期（0-2歳）

　この時期の運動技能は反射的な動作が少なくありません。ただ，モロー反射などの原始反射は，中枢神経系により抑制されてきます。そして対象物に手を伸ばす到達運動や，歩行などの随意運動が出現します。この時期はまた，遠視傾向にあります。つまり焦点の合った網膜像が得にくく，大まかな視覚像のみが得られるので，視覚情報は姿勢などの大まかな制御などに用いられるのが主です。この時期に特別な運動を処方しても，その効果が持続したり，その後の発達を促すような効果はありません。1985年と1988年に米国小児科学会は，「乳児期に水泳や体操をさせても臨床的な効果は見込めない」と声明を出しています[2]。この時期には大人は介入せず，安全な環境で自由に遊ばせることが大切です。なお最近，10か月までの乳児を対象にした到達運動の研究から，「運動ができるようになると，他者の意図を予測できるようになる」との報告がありました。この時期に遊びを通じて随意運動のレパートリーを増やすことで，他者の理解も深められるのかもしれません[3]。

> 2　American Academy of Pediatrics Committee on Sports Medicine(1988). Infant exercise programs. *Pediatrics*, 82, 800.

> 3　Kanakogi, Y., & Itakura, S. (2011). Developmental correspondence between action prediction and motor ability in early infancy. *Nature Communications*, 2, 1-6.

2 幼児期（3-5歳）

　幼児期の子どもは走ったり，跳んだり，投げたり，ボールを捕ったりなどの基本運動を始めます。この時期はまだ集中できる時間が短く，注意を向けられる対象の数も範囲も限られています。よって運動を学習させるには，閉鎖系，つまり変化の少ない環境を整える必要があります。野球をするなら人数もベースの数も少なくして遊ぶとよいでしょう。自分のペースで試行錯誤させ，もし指示をするならば，言葉だけでなくジェスチャーを交えることも大切です。ま

た視覚機能がまだ十分に発達していません。特に眼球運動を十分正確に制御できません。つまり動く物体を目で追ったり，その速度を判断することが難しいのです。5歳児でボールが捕れない子がいたら，それは彼の運動能力でなく視覚能力に原因があるかもしれません。そこで，たとえばバッティング練習をするなら，投げられたボールを打つのではなくティーを使う工夫も有効です（写真Ⅰ-1）。練習は20分以内で楽しく，子どもが自分で工夫できる雰囲気をつくりましょう。20分練習したら遊ぶ時間も同じだけつくりましょう。この時期に合った種目は，ランニングや水泳，でんぐり返しなどの簡単な体操など，安定した環境で行う動きで，これらを通じて基礎的な**閉鎖技能**を身につけます。

写真Ⅰ-1 ティーを使った幼児期のバッティング練習の例

3 児童期前期（6-9歳）

この時期，子どもの運動能力は伸び続けます。この頃には，姿勢やバランスの制御が大人に近づきます。バランス制御がほぼ自動化されるので，残りの注意を，走る・投げる・捕るなどの動作に向けられます。一方，注意の能力は限られており，運動に無関係な対象を無視することができません。1年生ぐらいだと，状況がさまざまに変化する開放系の環境で，望ましい動きをすることは難しいです。たとえばサッカーでボールを追いつつ，味方と敵を見分け，コーチの指示を聞く，という3つの作業を同時にこなすのは困難です。また7歳までには眼球が丸くなるので，スムースな追跡眼球運動が可能になります。ただ視覚情報を処理する機能の発達が追いついていません。たとえば野球の守備では，真正面に飛んできたボールなら捕れるけれど，方向や距離の判断ができず，左右に飛んだボールは捕りにくい，といった傾向があります。この時期もまだ，水泳や陸上，体操などの閉鎖技能が望ましいでしょう。またサッカーや野球などの**開放技能**をする場合には，ルールやフィールドの大きさを工夫して閉鎖系の要素を増やし，勝敗にこだわるのは控えましょう。

4 児童期後期（10-12歳）

成長期に入った子どものなかには，身体部位間の成長速度が揃わず，四肢の協調が崩れて運動がぎこちなくなることもあります。筋力がつき始めるのは，**PHV年齢**を過ぎた後です。この時期になると言葉による指示を理解したり，必要な対象のみに注意を集中できます。このように状況を判断する能力は高まりますが，気が散ってしまう子がいても不自然ではありません。この時期においても陸上や体操などの基本運動は大切ですが，バスケットボールなどの複雑な開放技能にも参加できます。PHV年齢に入ったら，無用の怪我を防ぐために，練習量を減らすとよいでしょう。練習は1時間以内が望ましいです。競争も最小限に抑え，スポーツに参加すること自体の楽しみを大切にすべき時期です。

（平田智秋）

▶4 Elliot, R. (1966). Physiological activity and performance in children and adults : A two-year follow-up. *Journal of Experimental Child Psychology*, *4*, 58-80.

▶5 **閉鎖技能**
⇒ Ⅲ-3 参照。

▶6 **開放技能**
⇒ Ⅲ-3 参照。

▶7 **PHV年齢**
Peak Height Velocity (of Age) の略で，1年間での身長の伸び幅が最大になる成長期。実際，PHVが最大になるのは生後1年だが，多くの場合，就学以降の成長期を指す。

I　スポーツと発達

3　運動パターンの発達

　発達に伴い，運動パターンは系統的に変化していきます。この変化を追うことで，運動がより統合され，子どもたちがより自由に動けるようになる過程を理解できます。ここでは大人が具体的に指導する機会が少なく，子どもが自発的に試行錯誤しながら習得する運動として，走運動とブランコのりの発達に関する研究を紹介します。どちらの研究も複数の子どもの発達過程を継続して記録した縦断研究です。走運動からは歩行から走運動に至るまでの変容過程，そしてブランコのりからは「漕げなかったものが漕げるようになる」過程における，系統的な運動の変化をみてとれます。

1　走動作に至るまでの発達過程

　加藤らは月齢10か月から18か月の子ども8名を対象に，最初の走運動が始まるまでの動作変化を記録しました。最初の走運動とは図Ⅰ-1のP5にあたり，左右交互の**非支持局面**が2歩以上連続して出現する動きを指します。そこに至るまでの過程を遡ると，まずP1があります。この段階では非支持局面が無く，左右いずれかの脚が接地しています。これは走るというより「急いで歩いている」といえます。P2以降に**リーピング**が出現します。すべての子どもがP1, 2, 3, 4, 5と順に進むわけではありませんが，P1の後にリーピングを含むP2かP3が続き，そしてP5へと進む過程は，全員に共通です。初期の走動作であるP5に至るには，まずP2やP3のように両方の脚でリーピングができることが必要でしょう。この時期にはすでに左右どちらかに優位な脚が出現しますから，

P5　最初の走運動：連続した2歩以上の左右脚のキックによる非支持局面の出現

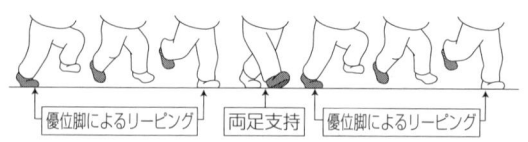

P4　両足支持を挟んだ優位脚のキックによるリーピング

P3　反対脚のキックによるリーピング

P2　優位脚のキックによるリーピング

P1　始歩期から4-8か月後の非支持局面出現直前のhurried walking

図Ⅰ-1　歩行から走運動までの動作様式（P1→P5）

出所：加藤ほか（2009），より作成。

図Ⅰ-2 すわりのりの漕ぎ姿勢

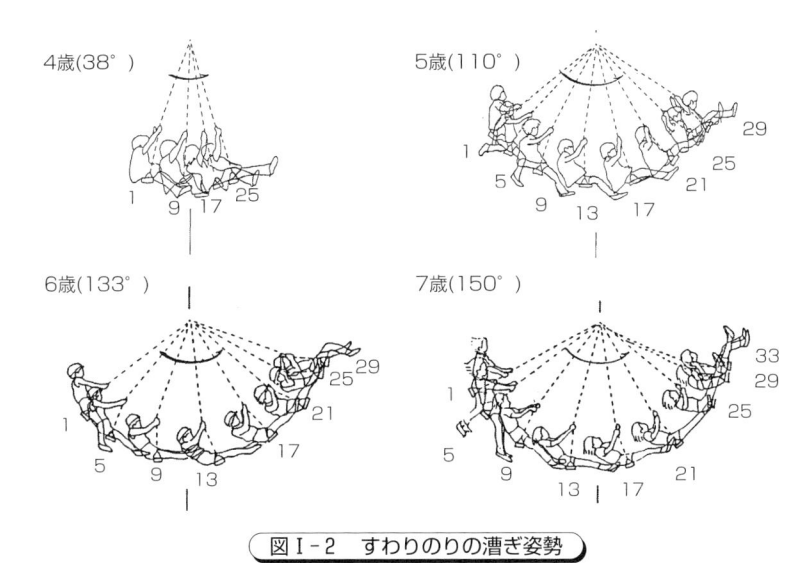

（注）図左から右へ。カッコ内は振幅角度。
出所：長谷川（1986）．より．

両脚のリーピングのバランスをとるためには，P4のように両脚支持期を挟む走り方が，子どもにとって自然なのかもしれません。

2 ブランコのり技能の習得過程

ブランコのりは振り子のような周期的な動作で，座りのりの場合，股関節や膝関節の屈伸を，ブランコの動きに合わせたタイミングで行う必要があります。それには，ブランコが後ろから前，前から後ろへと方向を変えるタイミングを感知し，そのタイミングに合わせて上体を倒しつつ，膝を伸ばす動作が必要です。図Ⅰ-2は，ある女児の4歳から7歳までの姿勢です。まず4歳から5歳の間に急激に振幅（ブランコの振れ幅）が大きくなり，身体の使い方にも変化が起こっていることがわかります。このように運動の発達は，一定の速さで進むのではなく，急激に変化する時期があります。

まず4歳における特徴は鎖をもつ位置が高いことです。肘がほぼ頭の高さにあります。この位置で鎖をもつと，上体を後ろに反らしにくくなります。5歳になると鎖をもつ位置は下がり，背面極限（図Ⅰ-2，1番）で上体が後傾し始めます。この動きがブランコの振幅を増加させます。ただ顔面極限（図Ⅰ-2右上の29番）では上体が前に倒れてしまい，ブレーキがかかります。その動きも6歳になると消失し，7歳では前進する時に膝をまっすぐ伸ばし，大きく後傾する上体とのバランスをとるようになります。大人にとってブランコのりは一見，単純な動作です。しかし子どもが漕げるようになるには，腕，股関節，膝関節の協調制御が必要です。そしてその発達・学習には3年という時間がかかるのです。これだけの期間，練習を続けるには，楽しんでブランコにのれる環境を整えることが必要でしょう。

（平田智秋）

▷1 加藤謙一・深川登志子・大鈴貴洋・宮丸凱史（2009）．幼児期における歩行から走運動への発達過程に関する追跡的研究　体育学研究，54, 307-315.

▷2 長谷川久子（1986）．ブランコのり技能の習得過程──4歳から7歳までの追跡　北海道体育学研究，21, 37-46.

▷3 **非支持局面**
どちらの脚も接地せず，両足が宙に浮いている局面。

▷4 **リーピング**
どちらかの脚で地面を蹴り，非支持局面をつくること。

I スポーツと発達

4 認知発達と運動

わたしたちが日常生活やスポーツ活動のなかで何かをしようとする時，実行する運動についてあらかじめ深く考えたり，細かくコントロールすることは少ないかもしれません。なぜなら，大きく成長した今となっては，そのようなことをしなくても十分に上手に楽しく暮らせるからです。しかし，わたしたちは生まれた時からさまざまな運動ができたわけではなく，運動についていろいろな情報を見たり聞いたり，実際に試行錯誤を繰り返しながら習得してきたのです。つまり，認知と運動とは切り離せない関係にあり，一方の発達がもう一方の発達に大きく影響します。

1 日常生活における認知発達と運動

生まれて間もない新生児は，大人が昨日の出来事や明日の予定を覚えているように高次の認知能力をもっていません。しかし，ものごとを認識することや記憶することがまったくできないわけではありません。たとえば，出生から数10時間後の新生児でさえ，大人が顔で特徴的な表情や感情的な表情をつくって見せると真似ることが知られています。これを新生児模倣（neonatal imitation）と呼びます。自分の顔のつくりを知らない新生児が，他人である大人の顔の表情を認識して模倣することは驚きです。この生まれながらの模倣の能力は，日常生活やスポーツの技能の習得と深い関連があると考えられます。

さらに，わたしたちが複雑な運動をするためには，身体のいろいろな部位をどのように動かせばよいのかを知っておかなければなりません。そのために，新生児や乳児は，生後数か月の間にさまざまな運動を自発的に繰り返すことによって，身体や運動の感覚やコントロールの仕方などを学んでいると考えられています。

しかし，このような能力を備えたとしても，新生児や乳児はまだ複雑な運動ができません。新生児や乳児は，今見たり経験した簡単なものごとをある程度は再生することができます。一方で，過去に見た経験した複雑なものごとを再生することは難しいのです。それは，ものごとを記憶する能力や，心のなかにものごとを思い浮かべてイメージするように表象（representation）を形成する能力が乏しいためです。この記憶や表象は計画的に身体やものを動かすためにとても重要な情報源となります。このような記憶や表象を利用して，過去に見たり経験したものごとを再生することを延滞模倣（delayed imitation）とい

▷1 Melzoff, A. N., & Moore, M. K. (1977). Imitation of facial and manual gestures by human neonates. *Science*, **198**, 75-78.

▷2 Field, T. M., Woodson, R., Greenberg, R., & Cohen, D. (1982). Discrimination and imitation of facial expressions by neonates. *Science*, **218**, 179-181.

▷3 ⇒ I-1 ～ I-3 参照。
多賀厳太郎 (2002). 脳と身体の動的デザイン——運動・知覚の非線形力学と発達　金子書房
大藪泰 (2005). 赤ちゃんの模倣行動の発達——形態から意図の模倣へ　バイオメカニズム学会誌, **29**(1), 3-8.

▷4 子安増生（編）(2005). よくわかる認知発達とその支援　ミネルヴァ書房

いますが，これがよく見られるようになるのは1歳半くらいからといわれています。▷4

この頃から遊びのなかでは「ふり」や「見立て」をするようになっていきます。これらは，あるものをほかのものに置き換える象徴機能が獲得されていくことを示しています。また，1〜2歳頃には言葉を覚え始めて，二足歩行が可能になる時期でもあり，認知と運動が著しく発達します。▷5 そして，2歳半から3歳頃になるとふりと見立てを組み合わせた「ごっこ」遊びが見られるようになります。その後も，3〜4歳頃に複数人での連合遊び，5歳以降には複数人が協力し合う協同遊びが行われ，認知と運動の両方が相補的に発達し，働くように，その内容や操作が徐々に高度になっていきます。▷6

❷ スポーツにおける認知発達と運動

多くのスポーツはたくさんのルールや役割，そしてゲームの展開などがあるために，記憶や表象を形成し利用する能力が乏しい子どもには，非常に難しい活動となってしまいます。もちろん，特定の事柄について大人顔負けの知識をもつ子どもが存在することも確かでしょう。たとえば，4歳半くらいの子どもが恐竜の種類について大人顔負けの知識があり，▷7 5〜6歳くらいの子どもはその知識に基づいて知らない恐竜の属性を推論することが報告されています。▷8 スポーツでも同じようにルールを覚えたり，ゲームの展開を予測できる子どもが存在するかもしれません。しかし，それは特殊な例で，認知発達の途中にある子どもにとって，いろいろなことに注意を向け，知覚し予測し状況判断することなどが必要となるスポーツは，うまく振る舞うためにとても高度な活動内容を含んでいると考えられます。

さらにもう1点，スポーツには子どもが活動する上で難しい課題があります。それは，心のなかで思い描いていることをダイナミックで精確な運動として瞬間的に表さなければならないことです。たとえば，野球をしている7〜10歳の子どもは，大人と比べると状況判断など認知の能力が未熟で，その未熟さは運動技能の習得が不十分であることに影響を受けていました。▷9 つまり，できないことはわからないように，認知と運動の技能の習得の度合いに深い関わり合いがあるのです。特に，子どもは認知や身体の発達の関係上，大人と同じルールや規格でスポーツをすることが難しくなります。さまざまなスポーツにおいて，子どものためにコートを小さくしたり，複雑なプレイを取り除くなどのルールの改正が適用されることがあります。これには身体や運動，そして認知の機能の発達に合わせて，楽しく無理なく活動できるようにするねらいがあります。

(奥村基生)

▷5 **運動と言語の獲得**
運動は言語の獲得とも関連があるといわれている。生後1年未満の乳児は「うぁ・うぁ・うぁ」「ば・ば・ば」などの喃語を手足のリズミカルな運動と同期させて獲得することが示されている。

正高信男(2001). 子どもはことばをからだで覚える　中央公論新社

▷6　無藤隆・岡本祐子・大坪治彦(編)(2004). よくわかる発達心理学　ミネルヴァ書房
⇒ I-5 参照。

▷7　Chi, M. T. H., & Koeske, R.D. (1983). Network representation of a child's dinosaur knowledge. *Developmental Psychology*, 19, 29-39.

▷8　Chi, M.T.H., Hutchinson, J.E., & Robin, A.F. (1989). How inferences about novel domain-related concepts can be constrained by structured knowledge. *Merrill-Palmer Quarterly*, 35, 27-62.

▷9　French, K. E., Spurgeon, J.H., & Nevett, M. E. (1995). Expert-novice differences in cognitive and skill execution components of youth baseball performance. *Research Quarterly for Exercise and Sport*, 66, 194-201.

French, K.E., Nevett, M. E., Spurgeon, J. H., Graham, K.C., Rink, J.E., & McPherson, S. L. (1996). Knowledge representation and problem solution in expert and novice youth baseball players. *Research Quarterly for Exercise and Sport*, 67, 386-395.

I スポーツと発達

5 社会性の発達と運動参与

▷1 **象徴遊び**
ほうきを馬に見立てるなどあるモノを別のモノに置き換える象徴機能を用いた遊び。認知機能の発達，コミュニケーションなどの社会性の発達などと密接な関係がある。

▷2 **自己中心性**
ピアジェ（Piaget, J.）が指摘した幼児期に見られる特徴。他者の視点からの認知が困難で客観的な見方や評

1 社会性の発達から見た遊び

パーテン（Parten, M.B.）は，社会的な関わり合いの程度から，遊びを①何もしない行動，②一人遊び，③傍観的行動，④並行遊び，⑤連合遊び，⑥協同遊びに分類しました（図 I - 3）。並行遊びはほかの子どものそばで類似したおもちゃで遊びますが，お互いの直接的な交渉は見られない遊びです。2〜3歳頃に多く見られ，その後も継続して見られます。連合遊びは，相互の関わりはあるが，役割分担やルールがなく，集団が組織化されていない遊びのことです。2歳頃から見られ，年齢とともに増加します。協同遊びは仲間との関わり合いの程度が高く，グループへの所属感，協力，役割分担などがみられ，グループを形成しルールのあるゲームを行う遊びです。3歳頃から現れて年齢とともに増加します。このように幼児期の遊びは，一人での遊びからほかの子どもとのやり取りを含む遊びへと変化していきます。

2 子どもの社会性と運動遊び

○社会性の発達に伴う遊び

2歳頃から見立てやつもりなどの**象徴遊び**が見られるようになりますが，最初は個々のイメージでの単純なふり遊びです。やがて，子ども同士のイメージの共有が進んで，共通の場面でお互いのイメージを調整し，ごっこ遊びや役割遊びへと発展していきます。もともと活動欲求の高い幼児は，このようなイメージの共有によってヒーローやヒロインになって走りまわったり，模倣して動いたりします。2〜3歳頃には自己主張も強くなり，自我意識の発達や自己中心的な特徴（**自己中心性**）からけんかも多く見られますが，自己抑制や役割取得（相手の立場や役割を理解すること）の発達など，次第に自己調整もできるようになっていきます。3〜4歳頃には運動発達や言葉の発達もあり，友だちとの交渉が活発になり，遊びへの参加も増え，内容も複雑になります。4歳を過ぎる頃から単純な遊びのきまりが理解できるようになり，また守れるようになってきます

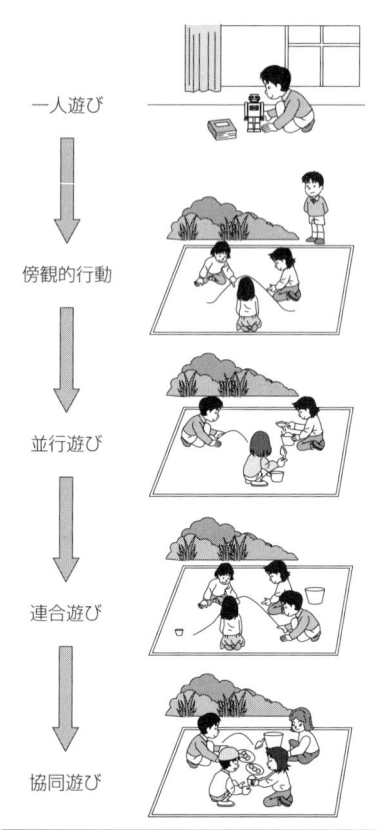

図 I - 3 社会的関わりから見た遊びの発達

一人遊び
↓
傍観的行動
↓
並行遊び
↓
連合遊び
↓
協同遊び

出所：Parten, M.B.(1932). Social participation among pre-school children. *The Journal of Abnormal and Social Psychology*, **27**(3), 243-269. より作成。

（図Ⅰ-4）。この頃になると協力することも見られるようになって，ルールやきまりのある遊びや集団での鬼ごっこやリレーなどパーテンのいう「協同遊び」が多く行われるようになります。4〜5歳頃には関わる友だちの数や頻度も多くなり，新しい遊びへの仲間入りや参加という社会的欲求から，初めてのことや少し難しいことにも挑戦しようとする姿もみられます。遊びの性差がはっきりしてくるのもこの頃です。

運動遊びは，既成のルールと役割に規制されるスポーツ活動とは違って，きまりの形成や遊び方の工夫など仲間との交渉の機会が多くあります。また，思いやりや共感性，集団の規範などさまざまな社会的能力と関係しています。このように社会性の発達により仲間との運動遊びが可能になるだけでなく，運動遊びもまた社会性の発達と関係しているのです。

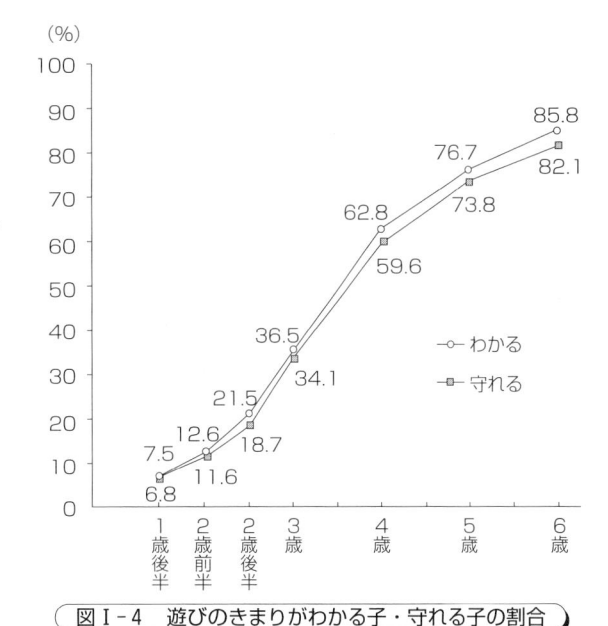

図Ⅰ-4　遊びのきまりがわかる子・守れる子の割合

出所：村山貞雄（1987）．知的発達　村山貞雄（編）日本の幼児の成長・発達に関する総合調査——保育カリキュラムのための基礎資料　サンマーク出版　p.135. より作成．

児童期には運動発達と並行してそれを支える認知能力の発達やさまざまな概念の発達，自己と他者との比較が可能になってきます。そうなると集団としての規律やきまりに支配されたルールのある集団ゲーム（スポーツ）が多く行われるようになってきます。

○ 競　争

競争は，自己と他者を比較する社会的比較の1つですが，幼児期はこの社会的比較の機能が十分ではありません。

4歳頃から生活場面でも先を争おうとする行為が見られるようになるなど競争を意識する子も増えてきます。これは対人的な優越欲求の発達を示すものですが，能力概念と努力概念が未分化なこの頃は，単に結果の先着争いをしていると考えられます。能力概念の発達により，公平な条件で1番になることが重要になってくると，児童期頃から競争は競技となっていきます。幼児が行う野球ごっこやサッカーごっこなどの運動遊びは，大人のイメージに基づくルールが優先されることが多くなりがちですが，一見競争しているように見えるリレーごっこのような場面でも，先を走る子どもが後ろを走る子どもを待っていたり，後を走る子どもがショートカットして先を走る子どもに追いついたりするなど，幼児はイメージを共有し仲間との繋がりや関わりを楽しんでいることもあります。

（吉田伊津美）

価が十分でなく，自分の視点から外界を認知すること。

▷3　けんか
やり方やルールの理解が不十分であったり，うまく自己主張できなかったりすることで起こる。解決には，役割取得，自己調整（お互いの欲求や気持ちにうまく折り合いをつける），問題解決方略（問題の解決方法についての知識をもち，それをうまく使う），自己主張（考えをわかりやすく相手に伝えるスキル）などが必要である。

▷4　矢野喜夫（1996）．遊びにおける活動の発達　高橋たまき・中沢和子・森上史朗（編）遊びの発達学　展開編　培風館　pp. 80-97.

▷5　森上史朗（1996）．幼児の保育における遊び　高橋たまき・中沢和子・森上史朗（編）遊びの発達学　展開編　培風館　pp. 153-176.

I　スポーツと発達

6　親や仲間と運動参与

1　親の影響

　児童期中頃までは，子どもの心理的発達に及ぼす親の影響は非常に大きいとされています。それはこの頃までの子どもは，家族とともに過ごす時間が多いこと，社会的なスキルや役割取得能力の発達が十分でないこと，自己中心的思考が強く自分の有能さの評価を親などからのフィードバックに強く依存していることからです。したがって，この頃までの子どもの運動への関心や参加，また参加による心理的影響の多くは親のあり方と強く関係しています。

○期待－価値モデル

　フレデリックス（Fredricks, J. A.）とエックルス（Eccles, J. S.）は，子どもの信念や運動参加に対する親の影響として，①役割モデル（親が運動に参加していたり指導者であること），②経験の解釈者（親が子どもの経験を解釈し能力や参加に対し肯定的な評価を与えること），③経験の提供者（親が子どもへの情緒的あるいは運動経験を支援すること）の3つをあげています。このベースになっているのは，親がもつ期待と価値という2つの概念です。たとえば，運動に高い価値を置く親は，子どもを早くから運動に接するように導き，運動領域で子どもの成功を期待してより多くの支援をします。そして親から与えられる評価は，能力があるという子どもの信念を支え，子どもは好ましい自己知覚をもつようになります。さらに子どもは目標志向的で有益な**原因帰属**をし，その活動に長く従事するようになるのです。児童期初期頃までのこの影響は後々まで継続するとされています。このような親の期待や価値が子どもの運動参与に影響を及ぼすと考えるのが期待－価値モデルです。

○自己概念の形成

　運動は**自己概念**の形成に影響を与えています。大人と違い，特に年齢の低い子どもは多次元的な自己概念をもっておらず，身体運動的な自己概念（**運動有能感**）がその中心となっています。運動有能感の高い子は，ポジティブな感情体験が多く，内発的動機づけ志向も高く，日常生活における行動傾向も積極的で活動的になりますが，有能感の低い子は逆の様相を示します。子どもが有能感を認識する1つの大きな要因は，親など身近な大人からのフィードバックです。肯定的な評価を受けることで子どもは有能感を高めますが，反対に否定的な評価ばかり受けていたり親からの支持が得られなかったりすると，不安も高

▷1　Brustad, R. J., & Partridge, J. A. (2002). Parental and peer influence on children's psychosocial development through sport. In F.L.Smoll, & R.E. Smith (Eds.), *Children and youth in sport.* Brown & Benchmark.（ブルースタッド, R.J.・パートリッジ, J.A. 杉山佳生（訳）(2007). スポーツによる子どもの心理社会的発達──親および仲間の影響　スモール, F. L.・スミス, R.E.（編著）市村操一・杉山佳生・山本裕二（監訳）ジュニアスポーツの心理学　大修館書店 pp. 59-72.）

▷2　Fredricks, J. A., & Eccles, J.S. (2005). Family socialization, gender, and sport motivation and involvement. *Journal of Sport & Exercise Psychology*, 27, 3-31.

▷3　子どもに対する親の思いが強くなりすぎると子どもが親の一部になってしまうという「逆依存の現象」が起こる危険もある。また，親の価値や期待には，男の子には活動指向的，女の子は家庭指向的のようなジェンダーステレオタイプの影響もあり，スポーツ行動の性差を生み出しているともされている。

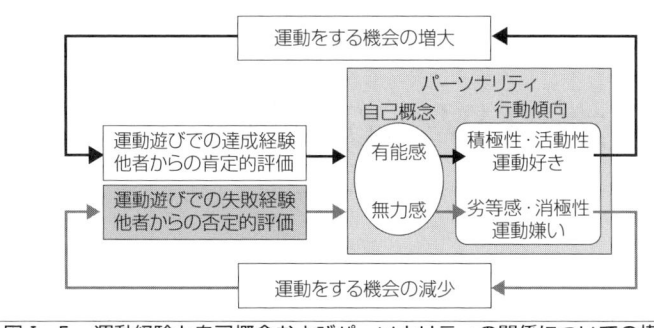

図Ⅰ-5　運動経験と自己概念およびパーソナリティの関係についての模式図

出所：杉原隆（1999）．パーソナリティの発達と運動　近藤充夫（編著）　保育内容　健康（第2版）建帛社　p.54. より作成．

く無力感を形成してしまいます。そうなると運動への関わりも消極的になってしまいます（図Ⅰ-5）。有能感を高めるためには、出来栄えや結果にこだわって評価するのではなく、子どもの取り組み方やプロセスを評価することで肯定的な評価を与えていくことが必要です。注意しなければならないのは、親の評価は、出来栄えや取り組みに対する評価だけでなく、取り組みの価値や評価のされ方の情報も同時に子どもに与えているということです。

幼児期の子どもは、自己の能力についての認知が曖昧で高く評価する傾向があります。つまり、大人からの評価を「額面通り」に受け取るのです。この特徴をうまく利用して子どもが有能感をもてるよう配慮することが大切です。

2　仲間の影響

児童期になってより多くの時間を仲間と過ごすようになると、次第に心理的社会的発達への仲間の影響は大きくなっていきます。児童期になると徐々に自己の能力をより正確に評価できるようになるとともに、さまざまな領域における能力の判断に社会的比較情報や仲間からのフィードバックなど、仲間の情報資源を重視し始めます。したがって、仲間集団のなかに地位があること、またはその集団から受け入れられているという受容感は、子どもの運動参加に関係しているだけでなく、運動場面における社会的相互作用の機会、自己概念の形成など子どもの心理的社会的発達に影響を及ぼすことになります。

ワイス（Weiss, M. R.）とダンカン（Duncan, S. C.）によると、身体的な技能と有能感の両方が高い児童は仲間から受容されており、児童期後期における社会的地位の最も重要な決定要因は男子では競技能力とされています。そのため運動への自信や運動が得意であることは、より仲間集団への参加を容易にすることになります。この頃には仲間集団との強い繋がり（所属感）を望むようになります。運動参加へは達成動機と同じ程度に親和動機が関与しており、良好な仲間関係を築くことが運動参加と密接に関係しています。

（吉田伊津美）

▷4　原因帰属
達成した結果（成功や失敗）の原因をどのように認知するかということ。ワイナー（Weiner, B.）は主要な原因として能力、努力、運、課題の困難度の4つを仮定した。
⇒Ⅳ-2参照。

▷5　自己概念
自分に対するイメージ。出生時は自他の区別が明確ではなく、乳児期には自他の区別がつき（身体的自己）、幼児期には身体運動的な自己概念へと発達、青年期には心理的、社会的、身体的等他領域での自己の認識が可能になる。

▷6　運動有能感
運動行動に対する有能さの感覚。運動の上達や成功の体験により得られる「やればできる」「上手にできる」などの気持ち、自信のこと。

▷7　Weiss, M. R., & Duncan, S. C. (1992). The relationship between physical competence and peer acceptance in the context of children's sports participation. *Journal of Sport and Exercise Psychology*, 14, 177-191.

参考文献

Smith, R.E., Smoll,. F.L., & Passer, M. W. (2002). Sport performance anxiety in young athletes. In F. L. Smoll, & R. E. Smith (Eds.), *Children and youth in sport*. Brown & Benchmark.（スミス, R.E.・スモール, F.L.・パッサー, M. W. 飯田順子（訳）(2007). ジュニアスポーツにおける子どもの不安　スモール, F.L.・スミス, R. E.（編著）市村操一・杉山佳生・山本裕二（監訳）ジュニアスポーツの心理学　大修館書店　pp. 157-178.）

Ⅰ　スポーツと発達

7　子どものスポーツへの動機づけ

1　運動が好きになるきっかけ

　大学生を対象に運動が好きになったきっかけを調べた研究では，最も多かったのが「能力」，次いで「運動の面白さ」，そして「対人的交流」でした。「能力」は，できるようになったとかうまくなった経験で，達成感をもち，有能さの認知である内発的動機を満足させてくれる経験といえます。「運動の面白さ」は，それぞれの運動のもつ醍醐味や魅力に引きつけられるという内発的動機や，新しい発見や工夫に満たされる好奇動機，あるいは精一杯力を発揮できるという活動性動機によるものといえるでしょう。そして「対人的交流」は，仲間との協力や助け合い，信頼など親和動機が関与しているといえます。これらのうち，児童期には「能力」に関するきっかけがそのほとんどですが，青年期頃には「運動の面白さ」や「対人的交流」も関係してくるようになります。

　このように運動が好きになるきっかけのほとんどが内発的動機です。すなわち，内発的動機を満足させることが運動を好きにさせるのに重要な役割を果たしているのです。また，社会的動機である親和動機は，良好な交友関係が運動への参加と関連していることを示しているといえます。高田は，よい体育授業，子どもから見た楽しい授業の条件として，動く楽しさ（快適な運動），集う楽しさ（仲間との活動），伸びる楽しさ（技能の伸張），わかる楽しさ（新しい発見）の4つをあげています。運動が好きになるきっかけにあげられた動機は，この高田により示されている4原則とも一致しています。

2　運動が嫌いになるきっかけ

　反対に運動が嫌いになったきっかけとして，「恐怖」「能力」が多く，「汎化」もあげられていました。「恐怖」は，苦しかったり辛かったり（苦痛回避動機），痛い思いや怖い思い（情緒動機）などで，これらの繰り返しの経験やたとえ一度でも強烈な経験は重症な運動嫌いを生むことにもなります。「能力」は，好きになるきっかけとはまったく逆の経験で，一所懸命やってもできないとか，いつもビリであるなどのネガティブな経験です。これにはできなくて怒られたりみじめだ，恥ずかしいなどという情緒も生起してきます。このような経験が繰り返されると**学習性無力感**を形成し，運動に対して回避的になるだけでなく，意欲の低下や無気力的な傾向を引き起こすことも考えられます。「汎化」は，

▷1　杉原隆・小橋川久光（1988）．スポーツに対する興味の形成・変容　末利博ほか（編）スポーツの心理学　福村出版　pp. 81-83.

▷2　動機づけについては「Ⅳ　スポーツにおける動機づけ」も参照。

▷3　高田典衞（1987）．楽しい体育のための授業改善（「楽しい体育」実践講座第2巻）　明治図書出版　pp. 5-16.

▷4　杉原隆（2003）．運動指導の心理学　大修館書店　pp. 141-156.

▷5　汎化
般化と同じ。
⇒Ⅴ-7参照。

▷6　**学習性無力感**
回避不可能な刺激を繰り返し与え続けられることで，どうにもならないと考え無気力状態になること。アメリカの心理学者セリグマン（Seligman, M. E. P.）らによる。
⇒Ⅳ-6参照。

体育の先生が嫌いで体育も嫌いであるとか，ボールで痛い思いをしたことから球技全般が嫌いなど，嫌いになる対象が広がっていくことです。

3 内発的動機づけと有能感

運動に対する動機が満たされる，特に内発的動機が満たされると自己決定と有能さの認知が高まり，運動がおもしろいとか楽しいという快の情緒が生じるとともに**運動有能感**が形成されます。この運動有能感は運動経験によって幼児期から児童期初期にかけてその基礎がつくられると考えられます。すなわち，この時期に運動遊びや体育授業などで「できた」とか「やった」といった運動の上達や成功の体験を多くした子どもは運動有能感を形成し，運動が好きで活動的になるだけでなく，日常の行動においても自信をもち積極的に行動するようになると考えられます。運動経験のなかで有能感（または無力感）を，どの程度認知するのかということがその後の運動に取り組む態度や姿勢（または離脱）に繋がり，運動有能感は生涯スポーツにとっても重要な要因であると考えられます。

4 運動参加と動機づけ

動機づけを高めるために考慮すべき点として目標志向性と自分の能力に対する認知との関係が指摘されています。目標志向性とは，達成目標に対する個人の志向性のことで，学習や習熟過程を重視する課題志向性（マスタリー志向）と，能力や他者との比較，結果を重視する自我志向性（パフォーマンス志向）に大別されます。課題志向性の高い人は，自分の能力認知の高低にかかわらず課題に対する動機づけが高く挑戦的で持続性の高い行動をとります。一方，自我志向性の高い人は，自分の能力認知の違いにより課題に対する動機づけが異なります。能力認知が高い場合は，目標を達成できる可能性が高いため動機づけは高くなりますが，能力認知が低い人は，目標を達成できる可能性が低いため動機づけが低下し，挑戦を回避し無力感を引き起こすとされています。

幼児期は，努力概念と能力概念が未分化（同等）で一所懸命課題に取り組むこと（努力）が，うまくなること（能力）と考えます。また，有能感の認知もあいまいで本当の意味で自我志向的であることがなく，課題志向的になる傾向が高くなります。すなわち，幼児期には一所懸命取り組む過程を評価してあげることが動機づけを高めることになるといえます。児童期後期には努力概念と能力概念とを区別し，社会的比較も可能になるため，自我志向が優勢になってきます。

（吉田伊津美）

▷7 運動有態感
⇒ I-6 参照。

▷8 杉原 (2003). 前掲書.

▷9 運動有能感が非常に低く，無力感を形成し，スポーツを行ってもよい結果は得られないと思っている大学生は，初めからスポーツに参加しないとする筒井ほか (1996) などの報告がある。

▷10 目標志向性については Ⅳ-4 参照。
Dweck, C. S. (1986). Motivational processes affecting learning. *American Psychologist*, 41, 1040-1048.

参考文献

杉原隆 (2000). 新版幼児の体育 建帛社 pp. 1-54.
筒井清次郎・杉原隆・加賀秀夫・石井源信・深見和男・杉山哲司 (1996). スポーツキャリアパターンを規定する心理学的要因——Self-efficacy Model を中心に 体育学研究, 40, 359-370.

Ⅰ　スポーツと発達

8　子どもの運動・スポーツ指導

1　乳児期の関わり

　出生後間もない新生児（出生後約1か月）は，肘や膝を軽く曲げ（生理的屈曲），強い把握反射のため手も握った状態です。この時期の運動は，新生児反射と自発的運動（ジェネラルムーブメント）が中心で本当の意味での随意運動はほとんど見られません。やがて新生児反射が消失し，這ったり，転がったり，手足の曲げ伸ばしなどの運動を行うようになってきます。このような動きの経験は動きの獲得に関わるだけでなく，その後の運動の発達にとっても重要な役割を果たすと考えられています。したがって，この頃の子どもに対しては，こうした運動が現れやすいように援助してあげることが望ましいといえます。また同時に，ほめたり励ましたりして積極的な評価を与えてあげることも，よく動く子どもにするためには有効です。

▶1　落合優（1987）．運動の指導　松田岩男・杉原隆（編著）　新版　運動心理学入門　大修館書店　pp. 155-159.

2　幼児期の運動遊び指導

○運動指導のポイント

　幼児期は，基本的な動きをたくさん獲得するという動きの量的な増大と，それぞれの動きが上手になるという質的な変容（洗練）が見られる時期です。動きの獲得と洗練のためにはその動きの経験が必要です。そのためには，いろいろな動きをバリエーションに富んだ形で経験することが大切になります。これを保障するのが運動遊びです。つまり，この頃の運動指導の基本は「遊び」としての指導ということになります。特定の運動活動やスポーツ種目だけをトレーニング的なやり方で行っていたのでは，偏った動きの経験しかできないどころか身体発育にも弊害をもたらす危険もあります。幅広く多様な動きの経験ができる環境こそが動きの発達を支えます。また，そのような環境には自由度が保障されています。自由度とは，やり方や課題の多様性のことで，子どもにとって自己選択が可能な場でもあります。この頃は個人差や経験の差が見られる時期でもあります。できる-できないがはっきりするような画一的な指導では，一部のできる子のみが有能感を獲得し，そのほかの子どもは無力感を形成することになってしまいます。

○有能感の情報源

　幼児期の子どもの有能感の形成には次の3つの情報源が関係しています。1

つ目は，難しい課題をやり遂げることや他児との比較ではなく自分なりの課題をやり遂げることで得られる「達成経験」，2つ目は，親など大人から受ける称賛など「重要な他者からの肯定的評価」，3つ目は，努力と能力概念が未分化なためどれだけ一所懸命頑張れる自分を知覚できるかという「費やした努力の知覚」です。つまり子どもが有能感を形成する関わりとは，熟達や達成が確認でき手応えがもてたり，成功経験を味わえる機会を提供することと，個々の課題の達成や完成に伴った肯定的な評価を与えていくことです。遊びは内発的に動機づけられた活動ですから，その活動の魅力に引きつけられて活動することで，自己決定と有能さの感覚を味わい，有能感を形成していきます。この時期の子どもの指導にあたっては，有能感の形成を促すような関わりが重要です。大人基準での判断ではなく，個々の子どもの取り組む過程や努力，子どもなりの課題の完成や達成に伴って認める，ほめることが有能感を高めることになります。

3 児童期の運動遊び・スポーツ指導

児童期には，基本的な動きも一通り獲得し，それらが2つ以上組み合わさった**運動組み合わせ**という，より複雑な動きも見られるようになります。しかし，認知的な発達では，児童期初期頃までは幼児期的な特徴もまだ残っており，運動指導にあたっては幼児期と同様な配慮が必要です。次第に運動や身体的な発達と並行し，それを支える認知的な発達やさまざまな概念の発達，自己と他者とを比較可能にする能力の発達などによりルールのある遊び，集団でのゲーム，スポーツを行うようになります。幼児期とは異なり，自己評価が客観的に正確になり，能力や熟達の程度に違いも見られてきます。このことから児童期中期以降は，次のことが指導のポイントになるでしょう。

1つ目はそれぞれの子どもが「成功経験を味わえる環境や方法」です。課題が困難すぎるとできないことの積み重ねで無力感を形成してしまうことになります。2つ目は仲間との比較や結果の利用を強調しすぎず「自己比較を奨励」することです。この頃は親和動機も関係し仲間や集団との活動が多くなり，仲間との比較を積極的に行うようになりますが，この点を強調しすぎず自己比較が可能なように具体的な視点を提供するようにします。3つ目は「適切かつ的確なフィードバックの付与」です。幼児期と違って過剰過ぎるほめ言葉をそのまま受け取ることはありませんので，パフォーマンスに合致したものを与えます。またこの時，結果よりも技能の発達や変容を強調した形での的確な評価が有能感を高めることになるでしょう。スポーツというと結果主義に陥りがちですが，課題関与的環境であると知覚されている時は，内発的動機が高く，楽しさや満足度が高くなります。それがスポーツ参加を促進するとされています。

（吉田伊津美）

▷2 手応えがもてるとは，自分の起こした行為に対し，形が変わったり音が出るなど結果が具体的にわかることを指す。

▷3 **運動組み合わせ**
「跳ぶ」「投げる」などの基本的な動きを2つ以上組み合わせた動きである。たとえば「走る」と「蹴る」という2つの動きの組み合わせで「走りながら蹴る」などの動きをいう。

▷4 McArdle, S., & Duda, J.K.(2002). Implications of the motivational climate in youth sports. In F.L. Smoll, & R. E. Smith (Eds.), *Children and youth in sport*. Brown & Benchmark.（マカードル，S.・ドゥダ，J.K. 杉山佳生（訳）(2007). ジュニアスポーツにおける動機づけ雰囲気 スモール，F.L.・スミス，R.E.（編著）市村操一・杉山佳生・山本裕二（監訳）ジュニアスポーツの心理学 大修館書店 pp. 93-108.）

(参考文献)

Horn, T.S., & Harris, A. (2002). Perceived competence in young athletes: Research findings and recommendations for coaches and parents. In F.L.Smoll, & R.E. Smith(Eds.), *Children and youth in sport*. Brown & Benchmark.（ホーン，T.S.・ハリス，A. 杉山佳生（訳）(2007). 子どもの有能感——コーチおよび親に対する示唆 スモール，F.L.・スミス，R.E.（編著）市村操一・杉山佳生・山本裕二（監訳）ジュニアスポーツの心理学 大修館書店 pp. 109-128.）

I　スポーツと発達

9　スポーツ技能学習と臨界期

　臨界期という言葉は，ローレンツによる「刷り込み」現象の発見に由来します。刷り込みとは，生まれたばかりのひな鳥が，動くものなら何でも親鳥とみなして，追いかけ続ける現象です。ひな鳥が刷り込まれるように，ヒトにもスポーツ技能学習を習得する最適な時期はあるのでしょうか。また，その時期を過ぎるとスポーツ技能は学習しにくいのでしょうか。

1　ヒトにおける「感受性期」

　鳥類で発見された臨界期は，ヒトにもあるのでしょうか。弱視についての臨床研究では，一時的な眼帯着用によって弱視が起きやすい期間は生後8歳近くまで続きます。つまり「弱視」という行動変化が起きやすい時期は，ヒトの場合，数年単位に伸びます。また変化が起きやすい時期の終わり方も緩やかで，急激に終止するわけではありません。これはひな鳥の臨界期が16時間しかなく，臨界期を過ぎると一切刷り込みが生じないのとは対照的です。つまり明確に「臨界」と呼べる時期がヒトでは見られません。そこで津本は人間の場合，臨界期よりも感受性期（または敏感期）と呼ぶ方が適切だとしています。また，視覚や運動など機能によっても感受性期のタイミングは異なり，ヒトが有する多彩な機能のすべてに感受性期が認められたわけではない，とも述べています。

　ヒトの感受性期が長期で緩やかとはいえ，スポーツや楽器の技能は「早く始めるほうがよい」のでしょうか。また，感受性期を過ぎると練習の効果はないのでしょうか。エルバート（Elbert, T.）は幼少から毎日何時間も練習しているバイオリンやチェロの奏者を対象に，練習開始年齢と脳活動との関係を研究しました。実験参加者の左右の親指と小指を刺激して，それぞれの脳活動の強さを計測しました。図Ⅰ-6は左手小指を刺激した時，**大脳皮質の体性感覚野**が反応する強度を示しています。反応が強いほど，その指の感覚情報を処理する脳領域が広いことを示します。そして楽器演奏者と，楽器経験のない対照群との差が最も顕著だったのは左手の小指でした。この指は弦を押さえるのによく使う指です。この指の感覚を処理する脳領域は，10歳までに楽器の練習を始めると大きくなり，14歳以降に始めるとそれほど大きくなりません。なお，

▷1　刷り込みが起こる期間は生後8～24時間の短時間である。そしてこの期間を過ぎると「刷り込み」は起きない。臨界期とは，刷り込みのような行動変化が起きる期間を指す。

▷2　粟屋忍 (1987). 形態覚遮断弱視　日本眼科学会誌，**91**, 519-544.

▷3　津本忠治 (2007). 臨界期概念の成立，展開と誤解　科学，**77** (3), 274-280.

▷4　Elbert, T., Pantev, C., Wienbruch, C., Rockstroh, B., & Taub, E. (1995). Increased cortical representation of the fingers of the left hand in string players. *Science*, **270**, 305-307.

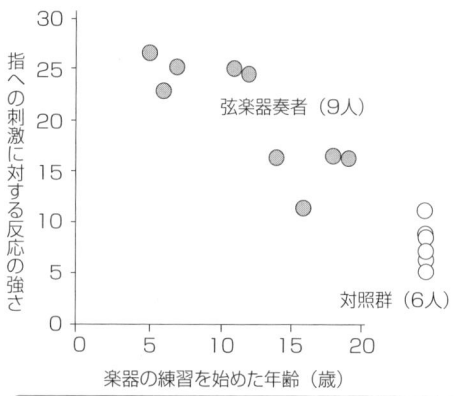

図Ⅰ-6　楽器練習の開始年齢と左手小指の刺激に対する反応強度

出所：Elbert, Pantev, Wienbruch, Rockstroh, & Taub (1995). より。

右手の指では演奏者と対照群との間に、反応強度の差はありませんでした。

図Ⅰ-6で注目すべきは、15歳以降に楽器の練習を始めても、対照群より反応強度が高まることです。つまりヒトの場合、練習効果の「大きさ」で見れば、早い時期に練習を始めた方が指の感覚は鋭くなります。しかし、練習効果の「有無」で考えると、指感覚の感受性期は生後15〜20年間は緩やかに続くことになります。このようにヒトの感受性期は極めて長期にわたる緩やかな過程です。

2 運動課題から見た感受性期

上で説明した弱視や指感覚の例は、いずれも感覚機能についての研究でした。感覚機能とは視覚や皮膚感覚など、外界についての情報（脳への入力）を処理する機能です。一方スポーツ技能には運動系、すなわち脳からの出力を使って身体を動かす機能も大切です。運動機能については、感受性期はあるのでしょうか。またヒトは何歳まで新しい運動を学習できるのでしょうか。

ボイク（Boyke, J.）らは60歳の成人男女64名にボール3つのジャグリングを練習させ、脳構造の変化を見ました[6]。3か月の練習を続けた結果、病気などで途中辞退した20名と技術レベルが十分でなかった19名を除く、25名はジャグリングを1分間も続けられるようになりました。この25名を対象にジャグリングの習得前後に脳の解剖画像を撮影したところ、視覚を担うMT野で灰白質の厚みが増していました[7]。この後ジャグリングの練習を3か月止めると、ジャグリングの能力は衰え、それに伴って灰白質の厚みも元のレベルに戻りました。

この研究から還暦を過ぎても、ジャグリングなどの新しい運動技能を身につけられ、運動の学習に伴って脳構造も変化することがわかりました。運動系もまた感受性期が長く、生涯を通じて変化し続けるのです。

3 感受性期の存在──実感と実証

ここまでヒトでは臨界期というより「感受性期」と呼ぶべき、長期で緩やかな期間があることを見てきました。けれども「ゴールデンエイジ」などの言葉がある通り、スポーツ指導の現場では臨界期のような時期があるような実感があります。この実感には身体能力などの生理学的要因や、単なる練習回数の要因なども関わりますから、慎重な吟味が必要でしょう。津本は「ヒトの多種多様な能力の発達において、それぞれの感受性期が何歳に始まり何歳で終わるのか、あるいは感受性そのものが存在するのか、といったことがほとんどわかっていない」と述べています[8]。スポーツ技能もヒトの能力の1つです。感受性の存在と期間については、実感をもとに実証する試みを続ける必要があるでしょう。

（平田智秋）

▷5　**大脳皮質の体性感覚野**
触覚や自己受容感覚など、身体の感覚が入力される脳領域。中心溝の後側にある。

▷6　Boyke, J., Driemeyer, J., Gaser, C., Büchel, C., & May, A. (2008). Training-induced brain structure changes in the elderly. *Journal of Neuroscience*, 28, 7031-7035.

▷7　MT野は動くものに対する視覚や、眼球運動に関わる脳領域を指す。灰白質は脳表面にある神経細胞が存在する薄い層である。よく「アタマを使うと脳のシワが増える」というが、脳のシワ（溝：sulcus）は増えない。実際には「アタマを使うと脳の厚みが増す」可能性がある。

▷8　津本（2007）. 前掲書.

Ⅱ　運動の制御機構

1　情報処理としての運動制御

1　複雑な身体を動かす

　普段から何気なく動かしている自分の身体ですが，改めて考えてみると意外に複雑なつくりをしていることがわかります。1本1本の指から腕，そして胴体や脚に至るまで，わたしたちの身体には実に100以上の関節があります。望み通りの身体の動きをつくり出すには，これらのすべての関節を適切なパターンで動かす必要があるのです。たとえば，ボールを投げる動作を想像してみましょう。ボールを握った手を振る際には，肩や肘，手首の関節が順序よく動きます。また，速いボールを投げるためには，助走や踏み込みを使ったり，体幹を回旋させることもあります。この一連の複雑な動作は，実は1秒もかからない間に完了しているのです。もちろん，実際にボールを投げる時には，このようなことをいちいち考えているわけではありませんが，適切な身体の動きを生み出しているのは，わたしたちの意識に上らないところで膨大な情報が処理されているおかげなのです。

▶1　このように制御対象となる変数の数を自由度といい，生物の身体には膨大な自由度があることが多い。これらをどうやって制御しているかは自由度問題と呼ばれ，重要な研究トピックの1つである。

▶2　ここでいう情報は，感覚や運動に関わる神経信号に含まれている情報を指す。

2　関節運動の成り立ち

　関節の動きは，それぞれの関節をまたぐ筋の活動によって引き起こされます。図Ⅱ-1のように筋細胞は活動を開始すると，筋自体が短縮する方向へ力（張力）を発揮します。すると筋が付着している骨格が引っ張られて関節の動きが生じます。つまり，筋の張力が関節の回転力（関節トルク）を引き起こすことによって関節が動くのです。筋細胞の活動が高まり大きな張力を発揮すると，誘発される関節トルクも大きくなります。

　ほとんどの関節には複数の筋がまたがっており，それらの付着している位置や方向もばらばらです。したがって，関節トルクはこれらの筋が発揮した張力のバランスによって決まることになります。また，重力や慣性力なども関節トルクに影響を与えていることも忘れてはいけません。特に，野球のピッチングのように，身体の部位が高速度で動く場合には，誘発される慣性力が非常に大きくなるため，筋活動だけでは生じない非常に大きな関節トルクが引き起こされることもあります。スポーツ動作のなかには，筋力だけでなく慣性力も活用する巧みな動きが

▶3　筋が発揮できる張力の上限は筋の断面積にほぼ比例することが知られている。

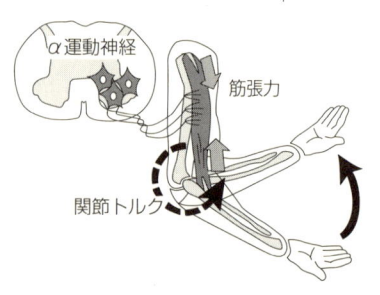

図Ⅱ-1　筋活動が関節の動きを引き起こす
出所：筆者作成。

数多く見られます。

　筋細胞はα運動神経と呼ばれる神経細胞から信号を受け取ることで活動を開始します。この時，α運動神経からの信号が高い頻度で筋に伝達されると，筋の活性度が高まり大きな張力を発揮します。逆にα運動神経からの信号が少ない時には，発揮張力は低下します。つまり，力の発揮量はα運動神経から送られる信号の頻度によって調節されているのです。α運動神経は脊髄のなかにありますが，ここには大脳皮質から伸びた神経が繋がっていて，脳からの信号を受けています。この信号は運動指令と呼ばれ，それぞれの筋をどのようなタイミングで，どれだけ活動させるかという，身体の動きの具体的な情報を含んでいます。その情報に基づいたパターンの信号を，α運動神経が筋へ送ることで実際の動きがつくり出されるわけです。

3　身体を動かすための情報処理

　身体を思い通りに動かすには適切な運動指令が必要なことは上述の通りですが，それを実際につくり出すのは容易なことではありません。たとえば，目の前のボールを拾い上げるには，自分の身体に対してボールがどの位置にあるかを把握し，手先がちょうどその位置に向かうような関節の動きの組み合わせを決定しなくてはいけません。次に，その動きを実現するための筋の活動パターンを決める必要があります。前述の自由度を思い出してみると，この計算がどれだけ膨大かはすぐにわかるでしょう。

　この複雑な情報処理を担っているのは，大脳皮質の運動関連領野と呼ばれる部位です。運動関連領野は脳の中心溝の前方にあり，運動の計画や運動指令の生成，実行などに関わる一連の処理を，それぞれの領域で分担しています。このなかで，運動指令の出口に最も近いところにあるのが一次運動野です。この領域に弱い電気刺激を加えると，刺激の場所に応じて身体の各部位の運動が引き起こされます。つまり，この領域のなかには，身体の部位がそのまま表現されており，その活動を組み合わせることで，筋活動をコントロールするための出力信号がつくり出されると考えられています。これに対して，運動前野は視覚や体性感覚（身体の動きの感覚），聴覚などの感覚の情報を受け取り，これらの感覚情報に基づいて運動をつくり出していると考えられています。これは，熟練した運動の実行にとっては特に重要な機能です。このほかにも，補足運動野と呼ばれる領域は，より複雑な運動や"身体を動かそう"という意思に関係しています。この領野が障害を受けると，自ら進んでからだを動かすことがなくなったり，自らの意思とは無関係な動作をしてしまうこともあります。

　身体の動きが思いのほか複雑な処理によってつくり出されていることがわかりましたか。新しい動きを身につけるには，何度も何度も繰り返して練習する必要があるのも納得がいくのではないでしょうか。

（門田浩二）

▷4　平島雅也・大築立志（2005）．ヒトの高速多関節動作における相互作用トルクの制御　バイオメカニクス研究，**9**，18-25．

▷5　実際には運動関連領野だけではなく，他の脳部位や小脳，脳幹，脊髄など数多くの神経のネットワークが運動の生成に貢献している。

▷6　Penfield, W., & Rasmussen, T. (1968). *The cerebral cortex of man.* Hafner Publishing.

▷7　Moll, L., & Kuypers, H. G. (1977). Premotor cortical ablations in monkeys: Contralateral changes in visually guided reaching behavior. *Science*. **198** (4314), 317-319.

▷8　Roland, P. E., Larsen, B., Lassen, N. A., & Skinhøj, E. (1980). Supplementary motor area and other cortical areas in organization of voluntary movements in man. *Journal of Neurophysiology*. **43**, 118-136.

II　運動の制御機構

2　運動における感覚・知覚の役割

1　感覚と運動

　スポーツをしている時には，日常生活とは比べ物にならないほどめまぐるしく状況が変化します。全力でタックルしてくる相手をかわしたり，鋭く変化するボールを打ち返したり。チームスポーツであれば複数の敵と味方が入り乱れたなかで，正確にパスを出すことも求められるでしょう。このような状況下でも，スポーツ選手は臨機応変に身体の動きを変化させ，柔軟に対処することができます。このような高い適応力は，ただ単に身体を動かす能力だけではなく，環境の変化を素早く捉える感覚・知覚能力によって支えられています。

2　運動に利用される感覚

　人間の感覚は五感と呼ばれる視覚，聴覚，触覚，味覚，嗅覚だけではありません。細かく分類すると20種類以上の感覚があることが知られています[1]。これらの感覚を生み出す根源は，身体の至るところに埋め込まれている感覚受容器です。光や音などの物理的な刺激が身体に与えられると，受容器がその刺激を検出して神経信号に変換します。この信号が中枢神経系に送られ処理されることで，わたしたちの意識に上る感覚知覚が生まれると考えられています。

○視　覚

　まず"見る"感覚，つまり視覚について考えてみましょう。視覚がスポーツにとって重要であることは言うまでもないでしょう。ボールやゴールがどこにあるかを知るためには，視覚情報に含まれる空間の情報が必要不可欠ですし，対戦相手の姿勢や動きの情報も視覚から得ています。これらの情報がなければ（たとえば目隠しをした状態では），いつも通りのプレーはほとんど不可能です。

　視覚の情報処理は，外界からの光が眼球のなかの網膜に到達するところから始まります。網膜内に存在する視細胞は光を神経信号に変換します。この信号が，最終的に脳の視覚野と呼ばれる部位に伝達され，私たちの実際の"見え"がつくられます。視覚信号の伝達経路には大細胞（マグノ）系と小細胞（パルボ）系があります。大細胞系の経路は信号の伝達が速く，光の強さの変化を素早く伝えることができるので，素早く動く物体の情報を捉えるのに長けています。他方，小細胞系は細胞の反応も遅く伝達にも時間がかかるため，情報の伝達は大細胞系よりもずいぶん遅れます。しかしながら，小細胞系は色や詳細な

▷1　これは感覚受容器の種類による分類であるが，実際の知覚は複数の感覚が組み合わせから生ずるものもあり，さらに数は多くなる。

形の情報を伝えることができます。つまり，物体の動きや変化を見るための処理は素早く，物体の詳細な特徴を見るための処理はゆっくりと，というように，視覚情報のなかでも独立した処理が行われているのです。

◯ 体性感覚

次に，体性感覚と呼ばれるからだの動きの感覚を見てみましょう。自分の身体が動いたという感覚は，主に筋紡錘やゴルジ腱器官と呼ばれる受容器によって検出されます（これらは固有受容器とも呼ばれます）。筋紡錘は骨格筋の筋腹周辺に数多く存在しており，関節が動いたり筋活動によって生ずる筋の長さの変化を検出します。他方，ゴルジ腱器官は筋線維と腱の移行部に多く存在し，筋線維が発揮した張力を検出しています。このほかにも皮膚や関節周辺の組織の変形を検出する受容器もあり，これらの情報を統合することで，身体の動きの感覚がつくり出されていると考えられています。

◯ 触　覚

皮膚の内部には触覚や痛覚，温度感覚などの皮膚感覚に関連する受容器がちりばめられています。そのため，わたしたちの身体はこれらの受容器で覆われた状態になっており，身体のどこかに何かが触れても気づくことができます。触覚の受容器は主に皮膚の変形を検出しています。そのパターンから物体と接触するタイミングや物体の形状，硬さ，表面の特性のように，接触した物体のさまざまな特徴を検出しています。この情報は，ボールや道具を操る際になくてはならない重要なものなのです。

◯ 平衡感覚

最後に平衡感覚について考えてみましょう。平衡感覚の感覚器としては，両耳の奥の内耳にある半器官が有名ですが，これは頭部の回転運動を検出しています。これに加えて，耳石器官という頭部の並進運動を検出する感覚器も内耳に存在しており，両者を合わせて前庭器官と呼びます。前庭器官からの情報は平衡感覚にとって重要ですが，ほかにも視覚や体性感覚，触覚なども平衡感覚に影響を与えます。平衡感覚は極めて複合的な感覚なのです。

３ 感覚から身体の動きへ

感覚受容器からの信号のうち，わたしたちの意識に上るものはごく一部に限られていることに注意する必要があります。感覚情報のほとんどは潜在意識下で処理されています。また，そのなかには直接身体の動きを引き起こすものもあります。つまり，わたしたちには，感覚情報から自動的にからだの動きをつくり出したり修正する仕組みが備わっているのです。自分が意識して身体を動かしているつもりでも，多くの部分が意識の届かないところで自動的につくられているのです。

（門田浩二）

▷2　つまり，動きの見え（運動視）は止まっている物体を見る時とは異なる神経の働きによってつくり出されている。
　村上郁也（編）(2010). 認知神経科学　オーム社

▷3　興味深いことに，身体が動く感覚が生ずる時には運動野の一部も活動することが明らかとなっている。これは運動と体性感覚（つまり動くことと，それを感じること）が密接に関係していることを示している。
　Naito, E., Roland, P. E., & Ehrsson, H. H. (2002). I feel my hand moving: A new role of the primary motor cortex in somatic perception of limb movement. *Neuron*, 36, 979–988.

▷4　Johansson, R. S., & Flanagan, J. R. (2009). Coding and use of tactile signals from the fingertips in object manipulation tasks. *Nature Reviews Neuroscience*, 10, 345–359.

▷5　特に視覚は平衡感覚に強い影響を与えることが知られている。遊園地のアトラクションでもおなじみのように，風景が傾いて見えるとそれだけでまっすぐ立つことすら難しくなる。

▷6　門田浩二 (2010). 潜在的な運動制御からみたスポーツ動作　スポーツ心理学研究, 37, 123–131.

Ⅱ　運動の制御機構

3　運動における注意の役割

1　注意による情報の選別

　Ⅱ-2で触れた通り，わたしたちのからだのなかの感覚受容器は，時々刻々と感覚情報を脳へ送り込んできます。この膨大な情報のすべてを処理することは，現実的には不可能ですので，わたしたちは必要と思われる情報だけを選び出して利用していると考えられています。このより分けを行うのが注意の働きです。スポーツの場面では，周囲の変化に対して素早い判断や反応が要求されます。この反応に要する時間（反応時間）は，注意の向け方によって大きく左右されることが知られています。たとえば，相手チームの特定の選手の動きを常に気にかけたり，ボールが飛んできやすそうなコースを意識しておくことは，重要な情報に対して常に注意を向け，いち早く対応できるようにするための方策です。逆に，何人かの相手をマークする必要がある時や，複数のコースにボールが飛んできそうな場合には，反応時間が遅延してしまいます。適切なところに注意を向けることが（もしくは相手に注意を絞らせないことが），パフォーマンスにとって非常に重要であることがよくわかります。

▷1　たとえばパーティー会場で多くの会話が同時に聞こえてきても，自分が会話している相手の話だけを取り出して聞くことができる（カクテルパーティー効果）。

2　注意が反応時間に与える影響

　一般的には，注意を向ける目標の数や種類，属性などが少ない方が，その対象をより早く検出することができます。これに対して，複数の目標に注意を向ける必要がある時には検出が遅れます。これと同様に，何か別のことをしながら反応する，というような二重課題でも反応時間が遅延することが知られています。これらの結果は，目標検出のために要求される情報量が増えれば反応時間が遅延する，つまり，情報の処理量が反応時間に反映されていることを意味しています。たとえば，検出目標以外のものが多く存在すると，それらが妨害刺激となり反応時間を遅延させます。この時，目標が現れる位置や属性にあらかじめ注意を向けておくと，妨害刺激の影響は少なくなります。注意を向けることは，目標の情報をより多く収集するだけではなく，必要ない情報の処理を省くことにもなるのです。

▷2　このように注意の機能は空間内のある部分を照らすスポットライトに例えて説明されることが多い（注意のスポットライト説）。

3　2種類の注意

　注意は大きく2種類に分けることができます。1つ目は内発的注意と呼ばれ

るもので，本人が意図的に操作する注意です。相手の動きを先読みして，その場所にあらかじめ注意を向けておくことが，これに当てはまります（能動的注意）。他方，意識にかかわらず目立った（顕著な）刺激が呈示されると，強制的に注意が向いてしまう場合があります。これを外発的な注意と呼びます（受動的注意）。プレー中に，思いもよらないところから突然ボールが飛んできたら，思わず気をとられてしまう，というような場合です。また，一旦注意を向けると，再度そこに注意を向けるには少し時間が必要になります。これを復帰抑制と呼びます。通常注意は1か所にとどまらず，いろいろな位置に移動し，環境の新たな変化を見出そうとします（試合中にパスを出す相手を探す時を想像してみてください）。この時，一度注意を向けたところにすぐに注意を向けても，同じ情報が得られるだけであまり意味がありません。つまり復帰抑制は，まだ注意を向けていないところに注意を向けやすくするための仕組みと考えられています。

▷3 能動的注意は内発的またはトップダウン，受動的注意は外発的またはボトムアップの注意処理とも呼ばれる。

④ 手がかりの影響

目標に関する手がかりが事前に与えられていると，あらかじめ目標に注意を向けておくことができるため，手がかりがない時よりも目標に関する情報の処理が速く正確になります。手がかりとは空間的な位置や属性（重要な色や形など）のように，目標となる情報の検出の手助けをするものを指します。これとは逆に，手がかりと目標の情報が一致していない場合には，手がかりがない時よりも目標の処理が遅くなったり，間違いが多くなってしまうこともあります。

手がかりの効果は注意の種類によって異なることが知られています。外発的注意に対する手がかりの効果は過渡的です。手がかりが出てからすぐ（約50ミリ秒後）に効果が現れ始め，約100〜150ミリ秒で最大となった後，急激に効果が失われます。これに対して，内発的注意の効果が現れるまでには約300ミリ秒かかりますが，その後は1分以上効果が持続します。

⑤ スポーツのパフォーマンスと注意

スポーツの熟練者は，その競技に関連した刺激に対して素早く正確に反応できます。つまり熟練者は，重要な情報のありかを経験的に知っており，より効率よく情報を収集しているようです。たとえば熟練した選手とそうでない選手では，プレー中の視線の移動が異なることが知られています。プレー中にいつ，どこに注意を向けているのか，その方法がプレーの質に大きく影響することは間違いありません。スポーツにおいても"目のつけどころ"が重要なようです。

（門田浩二）

▷4 視線の方向のように行動に現れる注意をovert attentionと呼ぶ。これに対して行動に現れず注意だけが移動する場合もある（covert attention）。

Ⅱ　運動の制御機構

4　スポーツの熟練者の記憶

▷1　太田信夫・多鹿秀継（編）(2000).　記憶研究の最前線　北大路書房

▷2　**感覚記憶**
視覚，聴覚，触覚，体性感覚などの感覚の記憶。たくさんの情報が感覚として入ってくるが，その情報は数秒以内に消失する。

▷3　**作動記憶**
注意をコントロールしたり，感覚記憶や長期記憶の情報に基づいて考えたりする記憶。思考することのように出入りする情報の操作ができる作動記憶だが，数秒間呈示されたランダムな文字や数字を一度に覚えることができる範囲は7±2字くらいで，その情報は心のなかで維持リハーサルなどをしないと数十秒以内に消失する。

▷4　**長期記憶**
知識などの情報を蓄えている記憶。長い時間にわたって膨大な情報を保存できるのだが，そのためには精緻化リハーサルなどの心的な努力を必要とする。

▷5　シュミット, R. A.　調枝孝治（監訳）(1994).　運動学習とパフォーマンス　大修館書店　pp. 41-44.

　わたしたちの記憶にはさまざまな種類があります。スポーツはとても複雑なのでたくさんの記憶が関係しますが，特に運動中の**感覚記憶**，**作動記憶**，**長期記憶**の情報の利用を考えてみます（図Ⅱ-2）。これらの記憶のシステムはそれぞれに特徴がありますが，目標を達成するために助け合いながら働きます。特に，熟練者のその働きは驚くほど素早く精確になります。

１　熟練者の視覚と長期記憶

　わたしたちは初めて見るものが何を意味するのかわからないことがあります。たとえば，初めて英単語を見た時のことを思い出してください。それが何を意味するのかわからず，他の単語と区別ができなかった経験があると思います。しかし，慣れてくると，その単語は英文のなかにあってもすらすらと読めるようになります。実は，運動やスポーツでも同じようなことが起きています。
　スポーツの熟練者は，初心者にはバラバラに動いているように見えるコート上のプレーヤーを，戦術的な動きのパターンとして見ることができます。そのような見方をするために，まずプレーや戦術について重要なポイントに注意を向けます。これを選択的注意（selective attention）といいます。そして，長期記憶にあるすでに知っているパターンの情報と，目の前にある情報とを照らし合わせて，パターンの一致度や違いを見分けてより速く精確に状況を知ることができるのです。これをパターン認識（pattern recognition）と呼びます。この方法は，いくつかの情報を意味の単位にまとめるチャンク化（chunking）によって見ることを促すので，意味がわからない情報を個別に見る時と比べると，認識のための処理の負荷を低減することに繋がります。このようにして視覚から入る情報を効率よく得ているのです。ただし，ゲームのハーフタイムでの動きのように無意味な動きのパターンなどは認識することができません。これはわたしたちが意味のわからない単語や文章などをすぐに認識できない時と同じような現象といえます。

２　熟練者の作動記憶と長期記憶

　作動記憶では注意のコントロールをしながら，感覚記憶と長期記憶の両方から必要な情報を引き出して，どのように運動をするのかなどを考えたりします。しかし，運動やスポーツを実行している時には，周りで何が起こっているのか

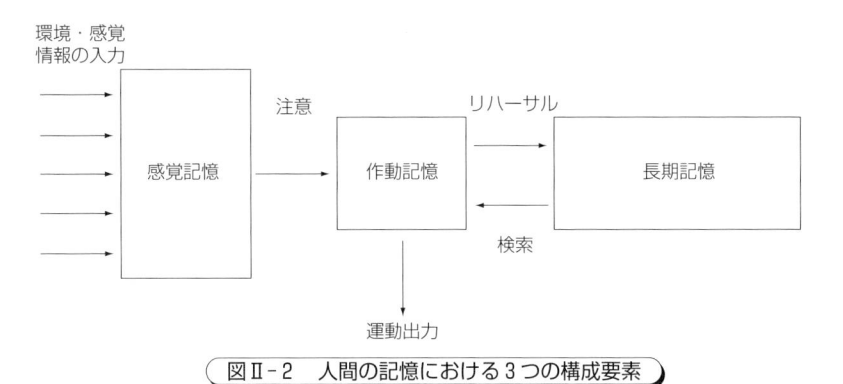

図Ⅱ-2 人間の記憶における3つの構成要素

出所：シュミット（1994）．より作成．

をじっくり観察する時間はなく，考える時間も限られています。そのため，スポーツの熟練者は，ある状況に対して選択すべき運動を結びつけて記憶することで，素早く精確に状況の把握，展開の予測，運動の選択などができるようにしています。たとえば，わたしたちが慣れ親しんだ内容の会話をしている時，話が終わる前に内容を把握するだけではなく，次の話を予測して返答を考えることができます。熟練者はスポーツの活動中に運動を見て同じようなことができます。また，わたしたちが得意な分野の事柄をよく覚えるように，熟練者はスポーツでの出来事をよく覚えます。さらに，突然の会話の変化に対応するように，熟練者は急激な環境の変化に柔軟に対応することができるのです。これは熟練者が経験の積み重ねによって，運動やスポーツに役立つ情報を知覚し記憶して，感覚・作動・長期記憶のなかで素早く上手に操作できることを示しています。

3 宣言的記憶と手続き的記憶

長期記憶に保存されている情報は宣言的記憶と手続き的記憶に分類されることがあります。宣言的記憶は「事実を知る」ことで，言葉やモノの意味や経験したエピソードについての記憶といわれ，言語や心的イメージで内容を表現することができます。手続き的記憶は「仕方を知る」ことで，運動や認知の操作の仕方（技能）についての記憶といわれ，言語で表現することが難しく，その技能の実行によって初めて表現することができます。運動学習の初期段階では，宣言的記憶による意識的な制御で技能が実行されますが，反復によって学習が進むと，手続き的記憶による自動化された技能の実行がなされます。つまり，運動やスポーツでも初心者の頃は動き方や力の入れ方などに言語やイメージを用いていちいち注意を払う必要があったのが，熟練者になるとあまり注意しなくても技能をうまく実行できるようになるのです。

（奥村基生）

▷6 Williams, A. M., Davids, K., & Williams, J. G. (1999). *Visual perception and action in sport.* Spon Press.
Tennenbaum, G. (2003). Expert athletes: An integrated approach to decision making. In. J. L. Starkes, & K. A. Ericsson (Eds.), *Expert performance in sports: Advances in research on sport expertise.* Human Kinetics. pp. 191-218.

▷7 苧阪満里子（2002）．脳のメモ帳――ワーキングメモリ　新曜社

▷8 Williams, A. M. et al.(1999). Ibid.
Tennenbaum, G.(2003). Ibid.
Ericsson, K.A., & Kintsch, W. (1995). Long-term working memory. *Psychological Review*, **102**, 211-245.

▷9 アンダーソン，J. R. 富田達彦ほか（訳）（1982）．認知心理学概論　誠信書房　pp. 235-270.

（参考文献）
奥村基生（2008）．記憶　スポーツ心理学会（編）スポーツ心理学事典　大修館書店　pp. 177-179.

Ⅱ　運動の制御機構

5　運動の言語化

1　運動の言語化とは

運動を表す方法として，言語で表現する，図を利用する，ビデオで撮影することが考えられます。ここでは言語で表現することを考えてみましょう。運動の言語化とは「自分が行っている運動を言語で表現すること」といわれていますが，ここでは運動を言語で表現することについて，もう少し幅広く考えてみましょう。

▷1　杉原隆（2003）．運動指導の心理学　大修館書店　p. 82.

2　運動の言語化を分類する

○科学的に運動を記述する表現

一般に運動を言語で表現しようとする時，最も客観的な方法は，科学的な方法で分析し，客観的な事実に基づいて記述することです。たとえばゴルフのスイングを例にとると，上級者のスイングを分析して，どのようになっていたかを記述することになります。具体的には左手の動きについて「フォロースルーではより身体の近くを通過していたことと，体幹に投影した図から振り下ろしと振り上げる動作が見られ，技術レベルの高い被験者の左手の動きからパワーを生むメカニズムを示唆することができる」という表現になります。しかし，このように表現されても，どのように運動を実施したらよいかが，誰にでも理解できるわけではありません。

▷2　池上久子ほか（2010）．ドライバーショットにおけるスイング動作と手の動き　ゴルフの科学，23（2），40-41．

○運動を指導や説明するための表現

次は運動の方法を説明する，一般的には「やり方」といわれるものです。先のゴルフのスイングについては，全体的なやり方を示すことです。たとえば「クラブを持って構えます。その時，肩，腰，膝，爪先が目標と平行になるように構えます。クラブを後ろに引く時は，肩の回転を利用して，手だけで上げないように注意します」というように，やり方を説明します。しかし，実際の運動学習においては，見よう見まねでやってみることが多いでしょう。実際にやってみてうまくいかない時に，解説書を改めて見るという方法をとるでしょう。これは新しい携帯電話を手にした時，解説書をすべて読んでから使うのではなく，わからなくなった時に解説書を改めて見るのと同じです。

○運動を実施するための表現

上述したように，運動の実施者は試行錯誤しながら徐々に自分の感覚で重要

表Ⅱ-1 言語教示の種類

比喩的表現	擬態語	リズムをつくる言葉
・むちを振るような感じ	・ポンと	・タ, タ, ターン
・卵をつぶさないようにそっとにぎる	・シュッと音がするように	・ターン, タ, ターン
・タオルを首にまきつける感じで	・ピシャとたたく	・チャーシューメン
・はえたたきの要領で	・風をきるように	・イチニーサン
・布団たたきの感じで	・すっすっはっはっ	・ポーンポン
・ほうきではらう感じで	・うーんぱっ	
・左腰に壁をつくるような感じで	・フワッと滑る	
・空手チョップできりおろす感じで		

出所：日本体育協会（2008）．より．

なポイントを意識するようになります。自分の運動を意識して考えることを自己観察といいますが、自分の感覚を言語で捉えることが自己観察の前提条件であるといわれています。そして、言語で捉えた自分なりの運動のやり方を、自分なりの「コツ」ということができます。これは単に視覚的な動きを表現するものではなく、運動感覚を自分なりの言語で表現することが重要です。自分の運動をしっかりと言語化でき、意識化できれば、運動の修正や精緻化が可能です。たとえば意識されていない「歩く」という移動のための運動を修正することが難しいのは歩くという運動を言語化できていないからです。

また、「サッと動く」や「ギュッと握る」というように、擬音で表すことも一種の言語化と考えていいでしょう。これはオノマトペといわれ、スポーツオノマトペとして研究されています。スポーツオノマトペはパフォーマンスの向上、パワー、スピード、リズム、タイミング等に役立つといわれています。

▷3 マイネル，K. 金子明友（訳）(1981)．スポーツ運動学　大修館書店　p.125.

▷4 藤野良孝（2008）．スポーツオノマトペ　小学館

3 運動の言語による指導

運動を言語化するということは、自己の運動の向上だけでなく、第三者に伝えることができるということになります。指導者は、運動を適切な表現で言語化することによって、言語教示という方法で、生徒や選手に身体の使い方をうまく伝えることができます。また、指導者の言葉がそのまま「コツ」となって、生徒や選手の運動の言語化を促すことができます。言語教示についてはその種類とともに表Ⅱ-1に示した通りです。表Ⅱ-1にある「擬態語」「リズムをつくる言葉」は先に示したスポーツオノマトペであると考えられます。

この表Ⅱ-1に示されている比喩的表現は、運動を習得したり、指導する場合に大変有効な方法です。単に「腕を伸ばす」「頭を動かさない」という表現では、表現の理解が人によって異なるため、実際の運動では異なったことを実施してしまうことがあります。指導者がその都度、適切に指導できればよいのですが、書籍等で表現されている場合、間違った理解に基づいて練習し、悪い癖がつく場合があります。そうならないためにも、運動感覚を適切に表現できる言語化が大切です。

▷5 日本体育協会（2008）．公認スポーツ指導者養成テキスト　共通科目Ⅱ：スポーツの心理Ⅰ　財団法人日本体育協会　p.59.

（鶴原清志）

II 運動の制御機構

6 運動イメージ

▶1 リチャードソン, A. 鬼沢貞ほか (訳) (1973). 心像 紀伊國屋書店 pp. 11-26, 214-222.

▶2 鶴原清志ほか (1981). 運動学習の領域における用語の問題 (その2) スポーツ心理学研究, 8, 48-50.

▶3 Mahoney, M. J., & Avener, M. (1977). Psychology of the elite athlete: An exploratory study. Cognitive Therapy and Research, 3, 361-366.

▶4 目標としている運動をイメージで描こうとしても、あるところで止まってしまったり、重要な部分が消えてしまったりすることがある。また、悪いイメージがよみがえって、それを修正できないということもある。そのような場合、イメージを描くことがマイナスになることがある。

▶5 鶴原清志 (1991). 運動イメージの正確性と技能水準との関係について 三重大学教育学部研究紀要 (自然科学), 42, 119-125.

▶6 西田保ほか (1986). 運動イメージの統御可能性テスト作成の試み 体育学研究, 31, 13-22.

Roberts, R. et al. (2008). Movement imagery ability development and assessment of a revised version of the vividness of movement imagery questionnaire. Journal of Sport & Exercise Psychology, 30, 200-221.

1 運動イメージの定義

イメージは「準感覚的ないしは準知覚的経験」[1]と定義されており、実際の刺激がない状態でも、あたかもそれを体験しているかのように感じるものといわれています。イメージをこのように捉えると、運動イメージは「過去の運動経験によって蓄えられた視覚的・筋感覚的・体性感覚的その他の感覚的記憶から生じたある身体運動についての準感覚的な体験」[2]と考えられます。

2 運動イメージの役割

運動イメージには、自分の実施した運動を思い出し、それをイメージに描くことによって、どのように運動を実施し、どの部分がうまくいったか、またどの部分がうまくいかなかったかを明らかにすることができます。つまり、実施した運動を修正するための手がかりに利用することができるということです。そして、もう1つは、これから実施しようとする運動をどのように実施するかを思い描くことです。つまり目標とする運動を計画し、実施する運動の計画書をつくることを意味します。

このように運動イメージには、運動を修正する役割と運動の目標を設定する役割があり、運動を実施していく上で、極めて重要な役割を果たしているといえるでしょう。

3 運動イメージの種類

運動イメージを描く場合、多くの人がビデオを見ているような映像を考えるかもしれません。または、自分が実際に実施しているような感覚を呼び起こしていることもあるかもしれません。このようにさまざまな運動イメージが考えられますが、まずは、感覚情報に基づいた運動イメージがあります。その感覚情報とは、視覚、聴覚、触覚、筋感覚等です。テニスサーブを例にとると、ボールのトスから打ち終わるまでをイメージに描く場合、ビデオを見ているような映像であれば、視覚イメージを用いていることになるでしょう。また、ラケットが手に触っている感じを再現すれば触覚イメージ、体をひねる感覚や腕を振っている感じを再現すれば筋感覚イメージを用いていることになります。

また、同じ視覚イメージでも自分がビデオに映っているように描く場合と実

際に運動している時に見えるように描く場合があります。前者の場合を三人称的なイメージ，後者の場合を一人称的なイメージといいます。エリート選手は一人称的なイメージを利用しているとの報告もあります。◁3

4 運動イメージの質

上述したようにさまざまな運動イメージがありますが，それぞれのイメージについて質を考えてみましょう。それは運動イメージをいかに鮮やかに描くことができるかという明瞭性（鮮明性ともいう），また，描いた運動イメージを自由に動かすことができるかという統御可能性があります。つまり，より鮮やかに自由に動かすことのできるイメージが質の高いイメージとなります。運動イメージにおいて鮮やかに描くことができてもそれを動かすことができないと，かえってマイナスに作用することもあります。◁4

さらに運動イメージの質として重要なのが正確性です。たとえば自分の運動をビデオに撮ってどのように動いたかを確認する時，自分が思っていた動きと違う場合がありませんか。その場合，運動イメージの正確性が低いことになります。運動イメージの正確性が低いと，自分が思っている動きと違う動きをしていても，そのことに気づくことができません。運動イメージを現実の運動と一致させていくことが，運動がうまくなっていく過程であるといっても過言ではありません。実際，熟練者の方が運動イメージの正確性が高いという報告があります。◁5

5 運動イメージのテスト

運動イメージに関するテストにはさまざまなものがあります。運動イメージの明瞭性のテストや統御可能性のテストがあげられます。◁6 これらの多くは，一般的な運動に関する質問でできています。一般的な運動でも，普段運動を実施しているスポーツ選手は，運動イメージの得点が高くなっています。したがって，ある特定の運動技能についての運動イメージについては，先にも示しましたが，その技能が習熟するに従ってその内容や質も高くなっていきます。普段から積極的にイメージを利用していくことが大切です。

6 スポーツにおけるイメージの利用

運動イメージについては，ある特定の運動技能についてのイメージを想定して，その説明を述べてきましたが，スポーツ場面ではメンタルトレーニングやイメージトレーニングとの関係でさまざまなイメージが用いられています。それらを整理すると5つの側面に分類されています。◁7 動機づけに関するものが3つ，認知的な側面に関するものが2つになっています。これらを参考にして，イメージを利用することも必要だと思います。

（鶴原清志）

▷7　5つの側面については以下に示す通り。また，それぞれの側面には6つのイメージが示されているが，その例を1つずつあげておく。
①具体的動機づけの側面（Motivational-Specific：MS）としては，「メダルを勝ち取ったイメージを描く」
②一般的（覚醒）動機づけの側面（Motivational-General-Arousal：MG-A）としては，「競技に関係している興奮をイメージする」
③一般的（制御）動機づけの側面（Motivational-General-Mastery：MG-M）としては，「精神的に強い自分をイメージする」
④具体的認知的側面（Cognitive-Specific：CS）としては，「特定のスキルを試みる前に，それを完璧に実施している自分をイメージする」
⑤一般的認知的側面（Cognitive-General：CG）としては，「自分の頭で新しいプランやストラテジーをつくり上げる」

Hall, C.R. et al. (1998). Imagery use by athletes development of the sport imagery questionnaire. *International Journal of Sport Psychology*, 29, 73-89.

日本体育協会（編）(2005). 公認スポーツ指導者養成テキスト　共通科目Ⅲ——スポーツの心理Ⅱ　財団法人日本体育協会　p.51.（5つのイメージの側面が日本語で示されている。）
イメージ技法については Ⅷ-6 参照。

Ⅱ　運動の制御機構

7　運動における予測の役割

1　予測による反応時間の短縮

　日常生活においてわたしたちは，次に要求される行動をある程度予測することができます。遠くに青信号が点灯していると，「自分がここに差しかかる時には黄色に変わっているかな？」あるいは「もっと速く動けばそのまま交差点を渡りきれるかも？」といろいろな予測を立てます。ポールトン（Poulton, E. C.）はこういった予測の働きを2つに分けました。1つは次に何が起こるか，あるいは次に自分がどういった行動を要求されるかを眼や耳からの情報で見立てる受容器予測です。そしてもう1つは要求された時点に行動を間に合わせるために，自分自身の動作時間を見積もる効果器予測です。

　事前に手がかりを与えてこの2点を機能させることで，運動における予測の働きが研究されてきました。一連の詳細は割愛しますが，ある運動中に次にすべきことを知らせるとその動作の完了から次の動作への切り替えが速く円滑になること，「用意-ドン」のインターバルを一定にして繰り返し反応させると反応時間がゼロ近辺まで短縮することがわかりました。しかしその一方で，嘘の手がかり，いわばフェイントを与えると，（間違い反応の修正がなくとも）反応が通常より40msばかり遅れること，そして「用意-ドン」のインターバルが一定でも，「用意」から「ドン」までの時間間隔が長ければ反応時間は230ms程度にしか短縮されないこともわかりました。

　一連の基礎実験からわかることは，時間的・空間的に高い精度で動作を合わせるには何らかの手がかりが必要であること，その手がかりが確実でしかも然るべき時刻に与えられないと反応に大きな遅れが伴うことを示しています。以降では主に野球や卓球の打者を例にとり，彼らが投手の動作やボールの軌道から何を予測しているのか，そして予測した事柄がバッティングという動作にどう役立っているかを考えてみたいと思います。

2　バッターがボールの軌道を予測する手がかり

　シャンク（Shank, M. D.）らは野球のバッターに投手がボールを投げている映像を見せて，その時バッターの目（視線）がどちらを向くか測定しました。映像上の選手が投げたボールを今まさに打とうとしている状況を実験室に再現して，彼らがどこを見てバットを振っているかを確認しようとしたわけです。

▷1　Poulton, E.C.(1957). On prediction in skilled movements. *Psychological Bulletin*, **54**, 467–478.

▷2　msは時間の単位 millisecond（ミリ秒）の略。1 msは1000分の1秒。

▷3　Shank, M.D., & Hayward, K. M. (1987). Eye movements while viewing a baseball pitch. *Perceptual and Motor Skills*, **64** (3), 1191–1197.

皆さんはバッターがどちらを向いていると思われますか？

　通常，野球の指導では「ボールをよく見ろ！」といいます。このことを思い出せば，バッターの眼は絶えずボールを追いかけていると考えるでしょう。しかし測定結果は意外にも違いました。バッターは手からボールが放たれる位置に固定される傾向が強かったのです。「ボールをよく見ろ！」という教えは，実はボールを追いかけろという意味ではなく，ボールが放たれる時点とその瞬間に始まる飛球の軌道を見ろという意味なのかもしれません。

　次に紹介する研究は，野球のバッティングよりやや難しい，クリケットという競技のバッターがどこを見ているか確認した研究です[4]。ところで今，野球のバッティングより難しいといいました。何が難しいかというと，球がワンバウンドしてから打たなければならない点です。投げた球には回転がかかっていますし，飛んでくる方向が違えばバウンドする方向も違ってくるでしょう。さてバッターはどこを見ているでしょうか？

▶4 Land, M. F., & McLeod, P. (2000). From eye movements to actions: how batsmen hit the ball. *Nature Neuroscience*, 3, 1340-1345.

　見ている点は2つでした。1つ目は球が投げ出される点でした。これは野球と共通ですね。もう1つの点はボールがバウンドする点から後のボールの軌道でした。つまりバッターは，球の軌道が急激に変化する前の軌道および終点から後の軌道を見ていたことになります。ここでもやはり，バッターはボールをすべて追いかける必要がなかったわけです。

　ちなみにこの研究では技能水準が異なる3名のバッターの視線を測定しています。3名の技能差を具体的に示すと，最も高い技能をもつ被験者が英国のプロ選手，これに続いてマイナーリーグ選手，そしてアマチュア下位のクラブチーム選手という具合です。3名の選手はいずれもボールがバウンドする地点に即座に視線を移し，あたかもボールのバウンドを待ち構えているかのような行動をとったのですが，さらにプロとマイナー選手においては，ボールが地面に向かう速度に応じて視線を移動する早さを調節していることがわかりました。そしてさらにプロ選手のみにおいては，ボールのバウンド地点に応じて，視線がボールを待ち構える位置は高い精度で変化していました。ボールのバウンド時点・地点と視線が待ち構える地点を一致させること，つまりボールのバウンド時点・地点を高い精度で予測することにより，高い技能水準にある選手はバウンド後のボールの軌道にそって視線を動かし，まさに手元に来るボールを「よく見る」ことを可能としていたわけです。

　2つの実験からいえそうなことは，習熟したバッターは相手の投手が構えて球を投げる動作を起こして，実際に球を投げてからその球が手元まで飛んでくるまで，少なくともすべてにわたってボールを見ていないということです。明らかに彼らは全体のなかから重要な部分を切り出し，その部分の様子から，「いつ，どこに」球が来るかを予測していると思われます。

Ⅱ　運動の制御機構

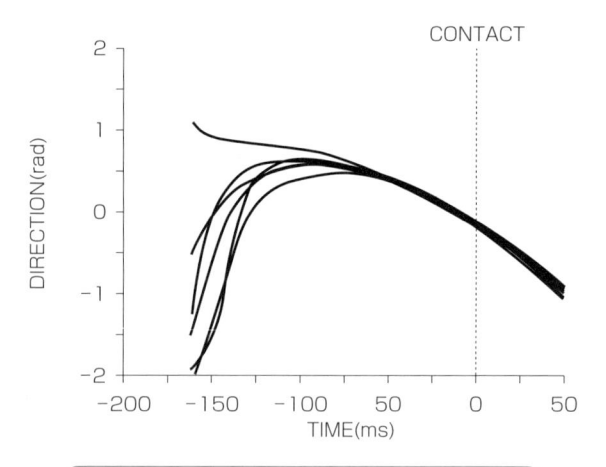

図Ⅱ-3　卓球熟達者によるラケットの移動方向

（注）横軸の0はラケットと球とが衝突した時点。マイナスは衝突前，プラスは衝突後の時刻を表す。1 msは1000分の1秒。縦軸はボールの軌道に対するラケット面の角度。
出所：Bootsma, & van Wieringen (1990). p.26. より引用。

3　「いま」「ここ」に動かす身体の予測

　先ほどのクリケット実験の続きで考えてみましょう。ボールがバウンドしてからバッターに求められることは何でしょうか？　実際にボールを打つ場面において，球が「ここにくる！」とわかっていても，「ここ」に来る前，あるいは「ここ」を過ぎ去ったあとにバットを出しても当たりません。また前もってバットを出しておいてもだめで，バットが後ろから勢いよく出てこないとすべてボテボテのゴロになってしまいます。ヒットを打つためにはやはり，あらかじめバットを振りかぶって，前に出してくる途中で球に当てなければなりません。

　上記のクリケット研究ではこの答えが示されていませんが，おそらくバッターは，バウンドしたボールが手元に向かってくる軌道とバットを振る動作とを，時間的に一致（同期）させる必要があります。冒頭に示したように，スポーツにおいては，この「時間的に一致させる」効果器予測の働きも大事です。さて，自分が予測した「いま」「ここ」にバット（あるいは身体）を合わせようとする時，どういった仕組みが働くのでしょうか。

　この仕組みを考える上で参考にすべき観察例があります[5]。図Ⅱ-3はトップ水準の選手における7本の卓球フォアハンドドライブの様子を描写したものです。横軸に時間（ボールをヒットする時点を縦線（0秒）で揃えた），縦軸にボールの軌道に対するラケット面の角度をとっています。最初のラケットの傾きがどうであろうと，ボールをヒットする直前になってほぼ一定の角度をとっています。驚くべきは0.2秒という非常に短い間で，最初の異なる姿勢から，綺麗に一定のラケット面をつくっているということです。

　また振り出しの開始時点から，球とラケットとが衝突する（させるべき）時点との間が短いとラケットを勢いよく振り出す傾向が強く，逆に振り出しから

[5] Bootsma, R. J., & van Wieringen, P. C. W. (1990). Timing an attacking forehand drive in table tennis. *Journal of Experimental Psychology: Human Perception and Performance*, **50**, 21-29.

[6] Katsumata, H. (2007). A functional modulation for timing a movement: a coordinative structure in baseball hitting. *Human Movement Science*, **26**, 27-47.

衝突時点までの間が長いと，振り出しの勢いは弱い傾向もあったようです。時間的に余裕があるとゆっくり，時間的に余裕がないと急いでラケットを振るということですが，たったの0.2秒でこの対応を調整していることも驚きです。なお野球のバッティングに関する研究報告のなかで，球速と重心移動時間においても，こういった時間的な連関が見られたことが報告されています。ひと振りひと振りのバラつきが，足の踏み込み時点より前方への荷重時点，荷重時点より振り出し時点，そして振り出し時点より打球時点といったように，打点に近づくにつれてどんどん小さくなっていることもわかりました。

こういった極めて短い時間における動作の調整は必ずしも予測の作用ではなく，**知覚-運動連関**（perceptual-motor coupling）という，予測とはやや異なった働きと考えられています。「いつ」「どこ」に球が来るかという予測は，この連関を成立させるお膳立てをしているのでしょう。あらかじめ球をバットに当てる地点・時点に先回りしておいて，短時間かつ高精度の調整を実現する「構え」をつくることが予測の重要な役割だと考えられます。

❹ 移動方向の急激な変更における姿勢調整

ここでは，歩くもしくは走る方向を急激に変更させる動作を切り返しと呼びます。この動作においては，切り返す方向へ踏み出す手前の一歩でこの「構え」が生じます。ある実験では，切り返す角度，踏み出し足，歩く速度をそれぞれ変えると，「一歩手前の」姿勢が一定の規則で変化したことを報告しています。たとえば速度が上がると身体が後ろにそっくり返る傾向があり，切り返す角度が大きくなると切り返すべき方向へと身体が大きく傾きました。また両足を交差させるように切り返す時は，股を開くように切り返す場合より，身体の傾きが大きくなることがわかりました。歩行者がとっさにステップを踏む時には，然るべき方向・大きさの力を地面に伝えなければなりません。歩行者はその必要条件を一歩前で予測しながら，その「構え」をとっておく必要があったのです。

一歩前の構えに続く切り返しステップが，ラケット・バットと同様に知覚運動連関に基づいて調整されるか否かはわかりません。むしろ歩行においてはそういった報告が皆無であることから，切り返しのステップを踏む仕組みは打球動作とは異なると考えた方がよいかもしれません。ただ予測の働きは，2つの動作にある程度共通していると考えてよさそうです。1つは「いつ，どこ」にバットや四肢を出すか，つまり動作の目標を判断すること，そして次に「いま，ここ」にバットや四肢を出せるような姿勢の調整をすることです。わたしたちの眼を引く，もしくはわたしたちが何気なくやっている短時間かつ精巧な調整は，この予測の機能があって初めて成立するのでしょう。

（木島章文）

▷ 7 　**知覚-運動連関**
人間やほかの生き物には，中枢から筋への一方向的な指令で成立する運動がある。この時，たとえ事前の予測が正確であったとしても，指令が出た時点と筋が運動を出力した時点との間に大きな時間差があれば，運動指令の内容は必ずしもいまここの環境の状態に完全に応じた内容にはならない。しかし図Ⅱ-3にあるように，極めて細かい環境の変化に極めて高い精度で対応することができるケースもある。知覚-運動連関はこういった高精度な調整の仕組みを理解する上で有用な概念である。高い時間・空間精度で運動を調整するためには，運動主体自らの身体運動情報と外部環境との相対的特徴を，予見的かつ連続的に取り入れなければならない。リー（Lee, D. N.）はこういった情報の例として光学的流動をあげ，網膜上を拡散-収束する環境像の流動が，不安定な土台における立位姿勢を調整（電車で立っている状況など）している可能性に言及した。

Lee, D. N. (1980). The optic flow field: The foundation of vision. *Philosophical Transaction of the Royal Society of London. Series B, Biological Sciences*, **290** (1038), 169-178.

▷ 8 　Xu D., Carlton, L. G., & Rosengren, K. S. (2004). Anticipatory postural adjustments for altering direction during walking. *Journal of Motor Behavior*, **36**, 316-326.

Ⅱ 運動の制御機構

8 運動における速さと精度

1 速度－精度相反性

物事を早くやろうとすると仕上がりは粗くならざるを得ず，時間をかけてやると精度を上げて仕上げやすくなります。しかしスポーツの場面では，そうゆっくりプレーする余裕がないこともあります。この時やはり，運動出力の精度は落ちるのでしょうか。

フィッツ（Fitts, P. M.）という研究者は，左右水平に2つ並べた標的を交互に，20秒間でできるだけたくさん叩かせるような実験を行いました[1]。すると，標的間の距離が長く，かつ（もしくは）標的が小さくなると，速く交互に叩くことが難しくなることがわかりました。シュミット（Schmidt, R. A.）らはこれに続いて，動作時間を指定し標的間の距離をさまざまな値に操作した時，動作の終点が標的からどれだけばらつくかを確認しました[2]。標的間の距離を動作時間で割ることで，叩く動作の速さがわかります。この速さに応じた終点のばらつきを図Ⅱ-4に示しました。横軸にとった動作の速さと縦軸にとった終点のばらつきとが比例関係になっています。やはり，速くやろうとすると運動が不正確になるようです。この現象を速度－精度相反性といいます。わたしたちの直感通り，確かに速く動かすと精度は損なわれるようです。

しかし身体動作に関して，この規則が当てはまる範囲には限界もあります。たとえば「最大」力量を発揮して手が到達する位置は，少なくとも理屈の上では1点に決まります。よって発揮される力が最大に近づいた時，つまりできる限り高速で手を動かした時，動作終点のばらつきはゼロと考えざるを得ません。実際におもりを持たせて手を水平に移動させると，最大力量の約60％程度までは終点のばらつきが増えていきますが，そこから先は徐々にばらつきが減っていくそうです[3]。これによれば相反の規則が当てはまる範囲は個人が発揮できる最大速度の60％あたりまでに限られるのかもしれません。

▷1 Fitts, P. M. (1954). The information capacity of the human motor system in controlling the amplitude of movement. *Journal of Experimental Psychology, 47*, 381-391.

▷2 Schmidt, R. A., Zelaznik, H. N., Hawkins, B., Frank, J. S., & Quinn, J. T. Jr. (1979). Motor-output variability: A theory for the accuracy of rapid motor acts. *Psychological Review, 86*, 415-451.

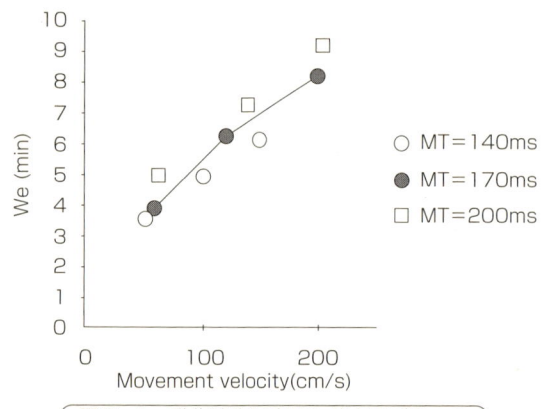

図Ⅱ-4 動作速度に応じた終点のばらつき

（注）：Movement velocity は動作速度，W_e（effective target width）は個人内の動作終点のばらつき，MT（movement time）は動作時間をそれぞれ示す。

出所：Schmidt, R.A., & Lee, T.D. (1999). *Motor control and learning.* Human Kinetics, p. 178. より作成。

2 習熟者における速度‐精度相反性の例外

　こういった規則がスポーツ技能にどれだけ当てはまるか確認した実験を紹介します。この実験では「おかしな形状の」パターを初心者とゴルフ習熟者の実験協力者に持たせ，2通りの教示を与えてパットを100回打たせました。1つ目の教示は「どれだけ時間をかけてもいいから高い精度で打ちなさい」という教示，2つ目は「できるだけ急いで，でもできるだけ高い精度で打ちなさい」という教示でした。ホールからボールの停止位置までの距離，協力者がボールを置いてからスウィングを開始するまでの準備時間，およびバックスウィング開始からボールとパターの接触までの動作時間を測定しました。教示に応じて最初40打と最後40打との差を比較したところ，初心者においては最初40打と最後40打どちらの場合も，時間をかけさせた方がホールの近くにボールが集まることがわかりました。また準備と動作との双方に時間をかけると球がホールに近づくこともわかりました。ここまでの結果はすべて速度‐精度相反性で予測される結果です。

　しかしゴルフ習熟者における結果は速度‐精度相反性の規則に反していました。彼らにおいても「おかしな形の」パターに慣れるまでは確かに，準備時間・動作時間ともに短いと，球がホールから離れていく傾向がありました（初心者ほど顕著ではありませんでしたが）。しかし最後40打，つまりパターに慣れてしまうと，動作時間と球の位置との相反はなくなり，さらには準備時間が長いと球がホールから離れていく傾向さえもが見られました。ちなみに彼らが事前に行った「普通の」パターを用いた先行実験では，習熟者の成績は，最後40打の結果と同様に，準備時間が長いと悪く，動作時間とは関係ないという結果が得られたそうです。

　実験結果から推測できることは，速度‐精度相反性が未習熟の技能においては成立するが，習熟した動作においては成立しないということです。ベイロック（Beilock, S. L.）らが仮定した理由を簡単にいえば，訓練を積んだ人においては，パットの打ち方（動作計画といいます）があらかじめあって，動作の準備に余計な時間をかけるとその計画が阻害されるからだということです。ただしベイロックら自身が明記しているように，これは推測にすぎません。また本来，正確性と関係すべき動作時間と動作成績との関連が見られないことの説明にはなっていません。

　習熟したスポーツ動作の仕組みはまだまだ不明な部分が多いです。こういったなかで速度‐精度相反性のような一般的な身体運動の法則から外れた現象が，習熟技能に独特の性質を表現しているようにも思えます。必ずしもサンプルが豊富でない習熟動作を理解するためには，こういった一般則から外れた現象を記録・蓄積することが重要になると思われます。

　　　　　　　　　　　　　　　　　　　　　　　　　　（木島章文）

▷3　Schmidt, R. A., & Sherwood, D.E.(1982). An inverted-U relation between spatial error and force requirements in rapid limb movements: Further evidence for the impulse-variability model. *Journal of Experimental Psychology: Human Perception and Performance*, 8, 158-170.

▷4　Beilock, S. L., Bertenthal, B.I., Hoerger, M., & Carr, T.H.(2008). When does haste make waste? Speed-accuracy tradeoff, skill level, and the tools of the trade. *Journal of Experimental Psychology: Applied*, 14, 340-352.

Ⅱ 運動の制御機構

9 身体運動の協応構造

1 馬の歩行にみる消費エネルギー最小の移動動作

競馬場の馬は出走前にパドック（馬の調子を下見する広場）を周りますが，その足運び（歩容と呼びます）は競争の時の運びとは大きく異なります。このように歩容を大きく変化させることによって，馬はどういった利点を得ているのでしょうか。

実際，馬は移動速度を上げるに連れて，歩行（walk）から駈足（かけあし：trot），襲歩（しゅうほ：gallop）へと歩容を変化させます。そしてこれが切り替わる速度において一時的に消費エネルギーが大きくなる一方，そこから一定の速度に達すると消費エネルギーが減少していき，次の歩容へと切り替わる時点で再び消費エネルギーが大きくなります。さらに，歩容の変化に応じて体幹の屈伸から生じる弾性エネルギーを増大させ，結果として身体全体が地面に与えるパワーの総和（仕事量）を段階的に上げていくのだそうです[1]。弾性エネルギー自体は馬自体が消費するエネルギーではないので，疲れを最小に留めて効率的に高速疾走することができます。

力学系という考え方においては馬における歩行 – 駈足 – 襲歩のようにそれぞれ異なる歩容パターンをアトラクタと呼び，その切り替えを相転移と呼びます。馬の歩容は効率性を最大化するように相転移すると考えられます。ここでいう効率性のように相転移を規定する変数を，ここでは目的関数と呼びます。

2 人間における歩 – 走行相転移の複雑さ

人間においても歩容は段階的に変化します。ルームランナー（トレッドミル）の速度を上げていくと，歩きでは追いつかなくなり，車のギア比を上げるように走らざるを得なくなります。こういった，わたしたちに身近な動作の切り替えにおいても効率性が目的関数となっているのでしょうか。実は同じ歩容の相転移でも，人間あるいは二足歩行となると，馬とは事情が違うようなのです。実際に徐々に速度を上げながらトレッドミル上で人間を歩行および走行させ，その時のエネルギー効率から最適な転移速度を算出してみると，その値は実際に歩行から走行へと切り替わる速度より大幅に高かったのです[2]。ただしこれに反する研究結果も報告されていることから，今のところ明確には結論できないようです。

[1] Minetti, A.E., Ardigo, L.P., Reinach, E., & Saibene, F.(1999). The relationship between mechanical work and energy expenditure of locomotion in horses. *Journal of Experimental Biology*, **202**, 2329-2338.

[2] Hreljac, A. (1993). Preferred and energetically optimal gait transition speeds in human locomotion. *Medicine & Science in Sports & Exercise*, **25**, 1158-1162.

こういった状況でパトラ（Patla, A. E.）は，少なくとも人間の歩行に関しては効率性を最大にすること「だけ」が相転移速度を規定し得ないと考えました。その説明として，まず人間が四足歩行から二足歩行へと進化した利点は長距離を速く移動することではなく，前足を手として使えるようにする意味合いが強かったこと，そしてこの利点と引き換えに二足歩行では四足歩行より安定性が低いという不利があることを指摘しています。この不利から二足歩行においては効率性だけを問題にはできず，少なくとも四足歩行よりは安全性の確保も重要な条件になるはずだというのです。つまり二足歩行では効率性だけではなく安全性も歩容の転移を規定する目的関数になり得るということです。人間の動作は動物に比べて多目的です。こういった多目的性に応じて目的関数も複合的に考える必要があるのかもしれません。

3 相転移が生じる速度から見た身体技能の習熟差

あるスポーツ研究組織では自由形のエリート競泳選手の動作分析を行い，3,000m，1,500m，800m，400m，200m，100m，50m の各距離を泳ぐ泳動作，および最大速度で泳ぐ動作を2つの協応パターンに分類しました。分類の手がかりは左手（右手）が水をかき終えた時刻から，次の右手（左手）が水をかき始めるまでの時刻を差し引いた値です。1かき間の時間間隔といってよいでしょうか。この間隔を1かきに要する平均時間の100分率で表した値（協応指数）を算出し，その差が小さい動作同士をひとまとまりにしたわけです。

その結果，3,000〜200m までの5つの泳動作は協応指数の値が−8.43% あたりでまとまっており，100m から全力泳に至るまでの3つの動作は協応指数が0.89% あたりでまとまっていました。前者の指数が負であることは，片手のかきが完全に終了してからもう一方のかきが始まること，8.43という値は両手間の遅れ時間が1かきにかかる時間の約8.43%程度であることを示しています。一方の後者の値は片手のかきが終了する前にもう一方の手のかきが始まり，両手のかきが重複する時間が1かきの0.89%であることを示しています。前者の協応パターンから後者への相転移速度は1.8m/sでした。これらのことはつまり，選手が泳速に応じて異なる2つの協応パターンを使い分けていること，使い分けの基準が泳速1.8m/s前後であることを示しています。速度に応じて協応パターンが相転移する仕組みは馬や人間の歩容と同じです。

ところで，一般的な競技者は100mを1.5m/sで泳ぐそうです。上記によれば，エリート泳者はこの泳速なら3,000〜200m泳とほぼ同様の動作で泳げます。こう考えると両者のタイム差が，動作協応に関するある種の特徴，たとえば両手のかきの協応パターンからもたらされていると判断できるでしょう。こういった見立ては，体力向上でなく，動作修正から訓練計画を練る有効な資料となるはずです。

（木島章文）

▷3 Patla, A.E., & Sparrow, W.A.(2000). Factors that have shaped human locomotor structure and behavior: The "joules" in the crown. In W.A. Sparrow（Ed.）. *Energetics of human activity*. Human Kinetics.（パトラ，A.E.・スパロー，W.A.（2006）.ヒトのロコモーションの構造と行動を形成する要因 スパロー，W.A.（編）松尾知之ほか（訳）身体運動学——行動選択の基準と運動の経済性 pp. 35-53.）

▷4 Seifert, L., Chollet, D., & Bardy, B.G.(2004). Effect of swimming velocity on arm coordination in the front crawl: A dynamic analysis. *Journal of Sports Sciences*, **22**, 651-660.

II 運動の制御機構

10 環境との相互作用で生じる運動

わたしたちの運動は,同じような運動を行う場合でも環境によって異なる動きを見せます。それはわたしたちの運動が,スポーツのみならず日常生活のなかでの身体運動であっても,合目的的なものであって,環境に働きかけるための運動であるからです。

1 対象物の大きさや形,材質で異なる手の動き

わたしたちが何かの対象物をつかもうとする時の手の動きを詳細に観察すると,対象物の大きさによって手の開き方が異なることがわかります。たとえば,鉛筆をつかむ時と,ペットボトルをつかむ時の親指と人差し指の開き具合に注目してみましょう。明らかにペットボトルをつかむ時の方が親指と人差し指を大きく開いていることがわかるでしょう。

もう1つの例は,同じ大きさのテニスボールとガラスの球があったとします。今度は同じ大きさですから親指と人差し指の開き具合は同じになるでしょう。しかしながら,テニスボールは強くつかむことができますが,ガラスの球は強くつかむと割れそうな気がします。すると,今度はつかむために動く手の早さが変わってきます。つまり強くつかめる材質だと素早く手を動かしてつかむ動作ができますが,柔らかくつかまないといけないと感じる材質だと手の動きは遅くなります。これらが,環境との相互作用によって生じる運動の1つです。

2 時間圧と動きの切り替えによって生ずる動き

スポーツでは複数の運動パターンを切り替えながら行うことが多く,野球でボールを捕球する動作とその後の投球動作が1つの例です。しかしながら,投球を焦って捕球をしそこなうことがあるように,時間圧が高い状況で運動パターンを切り替えながら行うのは難しいのですが,逆にこうした時間圧が高い状況から新たな運動パターンが規則的に表れる場合もあります。

テニスのフォアハンドとバックハンドのどちらか一方を繰り返し打つ場合(周期入力)と,ランダムに切り替えながら打つ場合(切り替え入力)とではその運動パターンが異なってきます。図II-5のように,繰り返し打つ場合には,フォアハンドとバックハンドのそれぞれのボールに対応してほぼ一定の軌道(A_F, A_B)を描いているのがわかります。これがその選手の基本パターン,打ち方です。これを,同じ動作を繰り返す場合にはほぼ同じ動きに引き込まれる

▷1 山本裕二(2001).打球動作の運動制御と学習へのダイナミカルシステムアプローチ 体育の科学,51, 215. より作成。

▷2 励起アトラクタ
物体の運動は,位置と速度によって記述でき,これらを空間上に表したものを相空間あるいは状態空間と呼ぶ。そこでの軌道がシステムの振る舞いを表す。アトラクタとは,ある状態に引き込まれ安定する状態空間での領域のことをいい,ポイント(点),リミットサイクル(閉軌道),トーラス,カオスアトラクタなどがある。さらに,外部からの入力によって励起されるアトラクタを特に励起アトラクタと呼ぶ。

Ⅱ-10 環境との相互作用で生じる運動

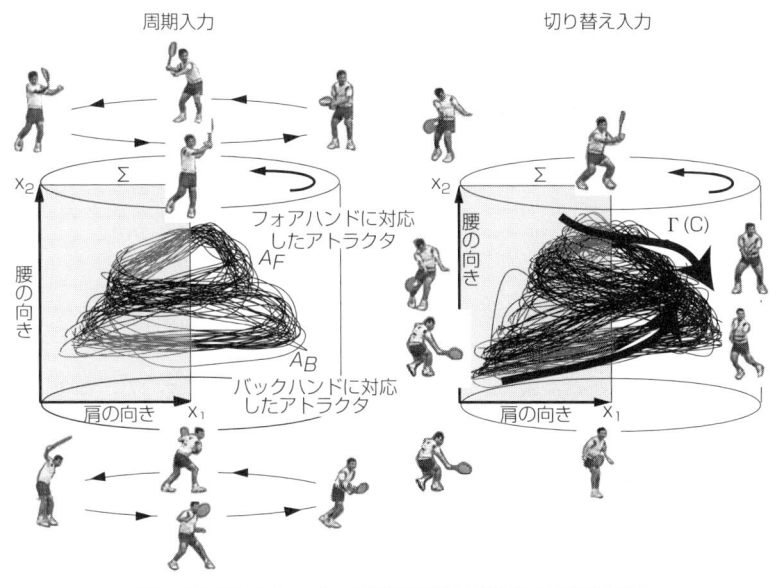

図Ⅱ-5 周期・切り替え入力条件での運動パターン

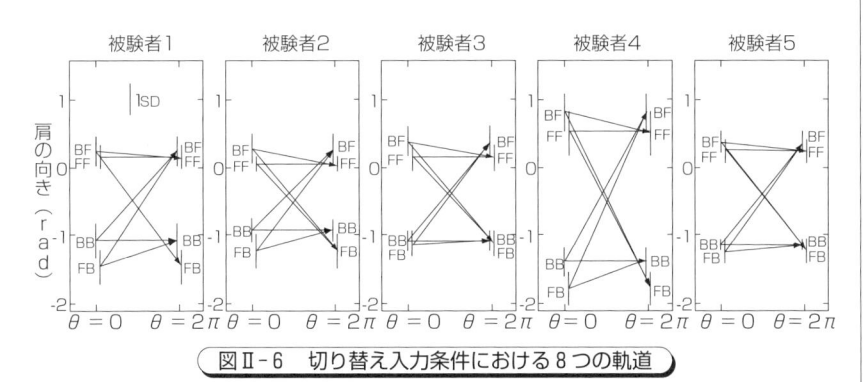

図Ⅱ-6 切り替え入力条件における8つの軌道

という意味で**励起アトラクタ**と呼びます。しかし,ランダムに切り替えながら打つ場合には軌道が複雑に見えるでしょう。

この複雑に見える軌道のボール発射時点での状態をみると,入力によってフォアを打ってからフォアを打ち終えた場合(FF),フォアからバック(FB),バックからバック(BB),バックからフォア(BF)という4つのクラスタ(塊)があることがわかり,その4つのクラスタを結ぶと8つの軌道があります(図Ⅱ-6)。さらに,4つのクラスタの順序が,全員同じです。つまり,複雑に見えるテニスの打動作が,少なくとも2つ前までの過去の入力系列の影響を受け,規則正しく表れていることを示しています。この規則は**フラクタル**(fractal)な集合である回転のある**カントール集合**(Cantor set)の時間発展と一致します。

これは複雑に見える運動に見られる規則的な融合パターンの例であり,ここでは体幹の回旋の慣性という物理則に従って運動は自己組織的に新たな運動パターンを生成していると考えられます。

(山本裕二)

▷3 図Ⅱ-5のグレーの面がポアンカレ断面と呼ばれ,その断面を軌道が横切るところをポアンカレ写像点として求める。このポアンカレ写像点を観察することによって軌道の特徴,すなわちシステムの振る舞いを知ることができる。

▷4 Yamamoto, Y., & Gohara, K. (2000). Continuous hitting movements modeled from the perspective of dynamical systems with temporal input. *Human Movement Science*, 19, 361.

▷5 フラクタル
自己相似性(self-similarity)をもつ構造,すなわち図形の部分が全体と相似となっている構造のことである。海岸線などは細かい部分を拡大していくとどこまでも同じように複雑に入り組んだ形を示す。カオスアトラクタを空間的に表現するとフラクタルな性質をもつ。

▷6 カントール集合
最も単純なフラクタル図形の1つであるが,線分を3等分し,真んなかの3分の1を取り除き,残っている両側の3分の1ずつの線分についてこの操作を繰り返すことによってできる図形である。

▷7 Yamamoto, & Gohara (2000). Ibid, 341-371.
山本裕二 (2005). 複雑系としての身体運動 東京大学出版会

II 運動の制御機構

11 身体運動とリズム

❶ リズムの引き込み

　音楽と運動は，密接な関係にあります。ノリのよい曲を聴いていると，つられて思わず身体が動き出してしまいます。ワルツやマーチという音楽のジャンルはもともと，踊りや行進のためにつくられた音楽です。音楽に合わせて運動することにより，息の合った演技やぴたりと歩調の揃った行進が可能になるのです。このように，あるリズムをもった事象（ここでは音楽）に，別のリズム（ここでは運動）が同調してしまうことを，**引き込み現象**といいます。リズミカルな音情報を用いることで，運動の時空間パターンが安定することが知られています。たとえば，ゴルフのスイングやテニスのサーブなど，タイミングを指定するかけ声に合わせて動作を行うことで，時空間的な安定性が向上します。これらは，リズムの引き込みを利用した例です。リズムは時間的な事象ですが，運動において時間と空間は不可分であるため，時間的な安定は空間的な安定をもたらすのです。

❷ リズムとゆらぎ

　運動の上手な人が同じ動作を繰り返す時，いつも同じことをしているように見えます。しかしながら，厳密に1回ごとの運動を測定すると，少しずつ異なっています。**フラクタル解析**という手法を用いることによって運動のゆらぎを定量化すると，ジョギング時のストライド間隔のゆらぎはフラクタル性をもっており，さらに陸上の長距離選手と一般人では，ゆらぎの性質が異なることが明らかになりました（図II-7）。これらの結果は，長距離選手における動作の正確さや制御の柔軟性を反映していると考えられています。

❸ リズミカルな運動とリズミカルでない運動

　テニスのストローク練習で，リズムに乗って打ち合っていると，なんとなく上手になった気がしませんか？　しかし，試合になると，そうはいきません。打つ前に迷ったり，打ち急いでしまったり，余計な力が入ったりすることがよくあります。これは，リズミカルな運動では連続的な繰り返しにより，タイミングなどの予測が容易になる分やりやすくなるのに対し，リズミカルでない運動では，コースや球種も含めた予測が難しくなるためです。したがって，練習

▷1　**引き込み現象**
2つの異なる周波数（リズム）をもった振動子が，1つの同じ周波数になることを引き込み（entrainment）と呼ぶ。その際に2つの正弦波のようにまったく同じ位相の場合を同相同期，正弦波と逆正弦波のようにちょうど正反対の位相を逆相同期と呼ぶ。リズミカルな両手の協調動作においても引き込み現象が認められる。
⇒ II-13 参照。

▷2　Kudo, K., Park, H., Kay, B.A., & Turvey, M.T. (2006). Environmental coupling modulates the attractors of rhythmic co-ordination. *Journal of Experimental Psychology: Human Perception and Performance*, 32, 599-609.

▷3　**フラクタル解析**
フラクタルとは，全体と部分とが相似形となる構造のことをいう。フラクタル構造を定量化する方法の1つである傾向除去フラクタル解析によって算出された長期相関指標（α）が0.5＜α≦1.0の時，その時系列はフラクタル特性をもつと判断される。

▷4　Nakayama, Y., Kudo, K., & Ohtsuki, T. (2010). Variability and fluctuation in running gait cycle of trained runners and non-runners. *Gait & Posture*, 31, 331-335.

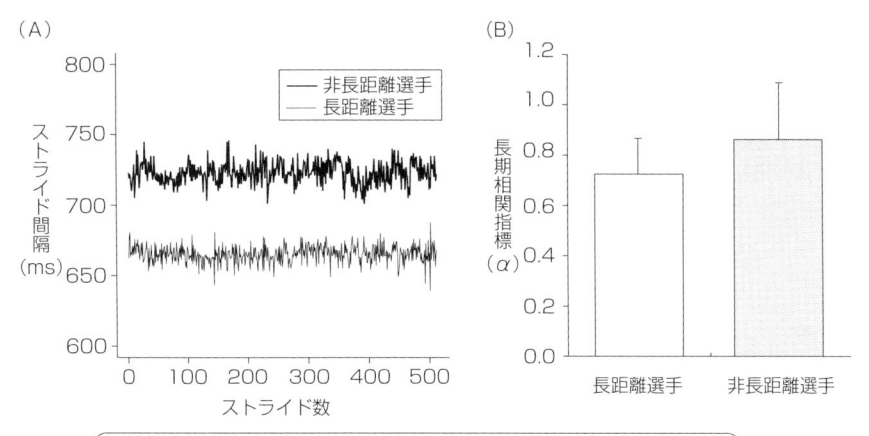

図Ⅱ-7 走行時のストライド間隔（A）および長期相関指標（B）

（注）ストライド間隔は，一方の足の踵接地から次の踵接地までの時間として算出した。
出所：Nakayama, Kudo, & Ohtsuki（2010）．より。

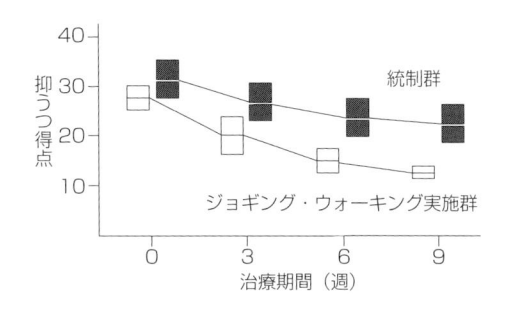

図Ⅱ-8 ジョギング・ウォーキング運動の実施による抑うつの低下

（注）図内の大きさの違いは，誤差範囲を表す。
出所：Martinsen, Medhus, & Sandvik（1985）．より作成。

においては，リズムの特性を理解し，それを上手に使うことが必要になります。時にはリズムを崩したり，1回ごとに分けた練習を取り入れることが必要になります。

4 リズムとメンタルヘルス

　子どもの遊びを観察すると，さまざまな場面でリズミカルな運動を見ることができます。ブランコ，なわとび，フラフープなど，リズミカルな運動をする子どもは，いかにも楽しそうに見えます。しかめ面や泣きべそをかきながら跳ね回る子どもを見かけることがないのはなぜでしょうか？　実は，リズミカルな運動は，気分をよくする作用があるのです。一般に，ジョギングなどの運動は，気分の向上，不安の解消，抑うつの軽減に役立つといわれています。たとえば，うつ病と診断された人たちに対して1日1時間のジョギングまたはウォーキング処方を行った研究では，運動群（ジョギング・ウォーキング実施群）が統制群に比べて有意に抑うつが改善したことが明らかになりました（図Ⅱ-8）。このことは，リズミカルな運動が，わたしたちの身体面のみならず精神面においても大きな効能をもつことを示しています。

（工藤和俊）

▷5　試合では，対戦相手がいるためにボールに対する注意が低下したり，コースが限定されていることに対するプレッシャーから打ち損じをすることもある。

▷6　モーガン，W.P. 竹中晃二・征矢英昭（監訳）（1999）．身体活動とメンタルヘルス　大修館書店

Martinsen, E. W., Medhus, A., & Sandvik, L. (1985). Effects of aerobic exercise on depression: A controlled study. *British Medical Journal* (Clinical Research Ed.), 291(6488), 109.

II　運動の制御機構

12　自己組織する身体運動

1　自己組織化とは

　空に移ろう白い雲は，わたしたちの想像を豊かにしてくれます。雲は空中に浮かぶ小さな水滴の集合体ですが，季節や気候によってさまざまに形を変え，傘や，ひつじの群れや，妖怪大入道のような姿を現します（写真II-1）。これらの形はどのようにしてつくられるのでしょうか。

　雲の形を指定する設計図を想像してみましょう。無数にある水滴一つひとつの位置を指定することができれば，形を一意に決めることができます。しかしながら，この方法は理論的には可能かもしれませんが，現実的ではありません。指定すべき値の数が膨大になってしまうためです[1]。実際のところ，雲の形は周辺の気温や湿度など複数要因の複雑な相互作用によって決まります。これらは一つひとつの水滴の位置や運動を指定するものではありませんが，ある一定の条件が揃うことにより，たとえばひつじ雲のような規則的なパターンが形成されるのです。

　このように，個別要素の振る舞いに関する詳細な指定（設計図）なしに要素が全体として秩序づけられることを，自己組織化と呼びます。自然界における自己組織化の例としては，結晶や動植物の形態形成など，数多くの例が知られています（写真II-2：A，B）。

2　制御変数と相転移

　上記のようなパターン形成は，どんなところでも生じるわけではありません。たとえば，水の入ったビーカーに墨を1滴たらすと，墨は徐々に広がっていき，ビーカー全体が薄く墨色に染まります。しかし，そのなかに特定のパターン（たとえば格子模様など）が形成されるわけではありません。あるいは，フライパンに水を入れて放っておいても，特に何も起きません。しかし，このフライパンを下から熱すると対流が生じ，複雑に変化する模様が現れます（写真II-2：C）。また，水は，熱すると沸騰して水蒸気になり，冷却すると氷になります。これらの変化は，気相・液相・固相という分子構造の質的な変化であることから，相の不連続な変化という意味で，**相転移**と呼ばれています[2]。

　この時，水分子の振る舞いや構造を決定づけているのは，熱伝導や温度に関わる変数です。このような変数を，制御変数と呼びます。水分子一つひとつ

▷1　コンピュータによる計算を行う場合，変数の数が多くなると計算時間も長くなる。このため，膨大な数の要素をもつシステムをコンピュータでリアルタイムに制御することは困難となる。

▷2　**相転移**
相とは，物質構造の状態のことをいう。同じ水分子であるにもかかわらず，その構造が変わることが相転移である。
⇒ II-9 参照。

〈A〉　　　　　　　　　〈B〉　　　　　　　　　〈C〉

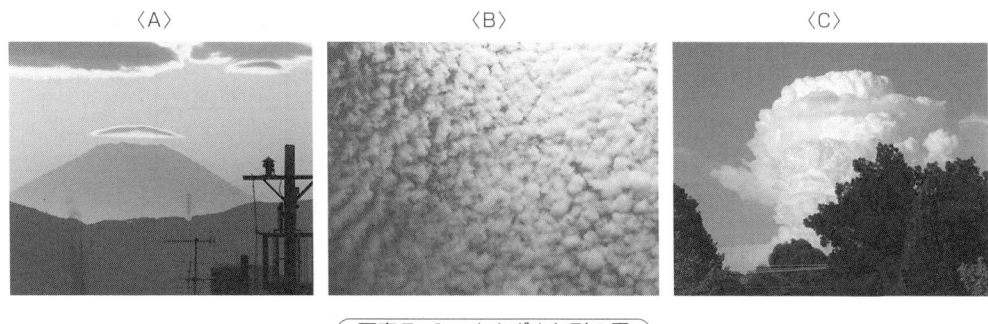

写真Ⅱ-1　さまざまな形の雲

（注）　A：傘雲，B：ひつじ雲，C：入道雲。
出所：A：http://ja.wikipedia.org/wiki/%E3%83%95%E3%82%A1%E3%82%A4%E3%83%AB:Fujiyama-kasagumo_01.JPG より。
　　　B：http://ja.wikipedia.org/wiki/%E3%83%95%E3%82%A1%E3%82%A4%E3%83%AB:Altocumulus1.jpg より。
　　　C：http://ja.wikipedia.org/wiki/%E3%83%95%E3%82%A1%E3%82%A4%E3%83%AB:Wegga-Cumulonimbus.jpg より。

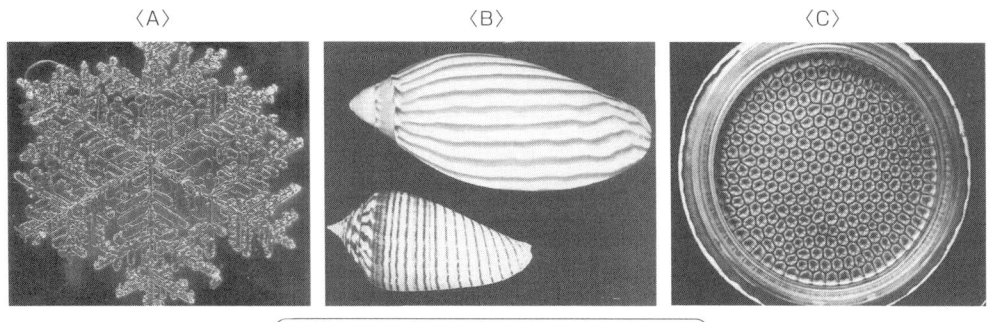

〈A〉　　　　　　　　　〈B〉　　　　　　　　　〈C〉

写真Ⅱ-2　自己組織化によるパターン形成

（注）　A：雪の結晶，B：貝の縞模様，C：対流。C図では，対流による模様をわかりやすくするため，水よりも粘性の高い液体（シリコン油）を用いている。
出所：http://www.scholarpedia.org/article/Self-organization より。

振る舞いを直接操作することは現実的に不可能ですが，制御変数を操作することによって，マクロなパターン形成やパターン変化を促すことが可能になるのです。また，この時，1つの水分子を取り出してその振る舞いをいくら解析しても，集合的な水の振る舞いはわかりません。つまり，水の相転移現象とは，1分子の要素には還元できない性質であるといえます。

３　ゆらぎの役割

　水は一般に摂氏０度になると凍りはじめます。しかしながら，水を十分に安定させた容器に入れ徐々に温度を下げると，過冷却水という状態になり，０度以下になっても凍りません。この時，容器をほんの少しゆらすと，水は一気に凍りはじめ，固体へと変化します。すなわち，自己組織化するシステムの大規模な変化（相転移）にはゆらぎが不可欠なのです。スポーツ動作においても，ゆらぎは変化の前兆になります。たとえば野球における送球動作の学習過程を検討した研究では，熟達化に伴いゆらぎの小さなフォームと大きなフォームが繰り返し表れる例が報告されています（図Ⅱ-9）。練習を続けている時にフォームやパフォーマンスが不安定になると，「スランプになったのではないか？」と心配しがちですが，これは学習が順調に進行している際に自然に起き

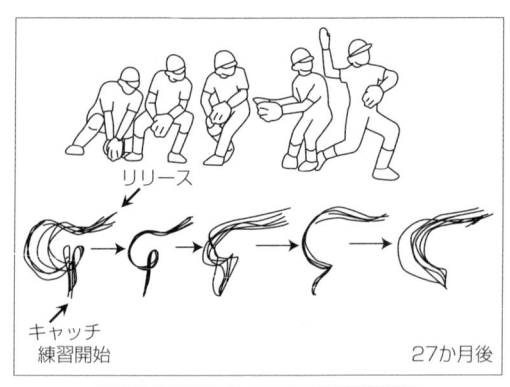

図Ⅱ-9　内野手の送球フォーム

出所：松永尚久（1974）．内野手の投球動作の習熟　体育の科学, 24, 450. より作成．

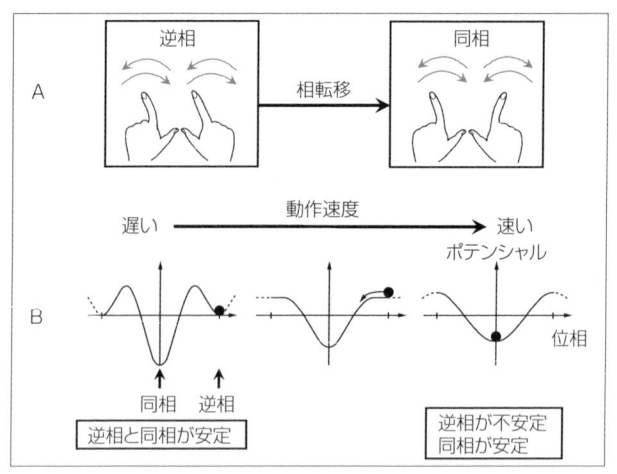

図Ⅱ-10　両手協調動作の相転移

（注）　A：速度増大に伴う逆相から同相への相転移．
　　　　B：ポテンシャル関数による相転移モデル．両手運動の位相は，縦軸に示されたポテンシャルの高いところから低いところへ移動する傾向をもつ．制御変数である動作速度がある値を超えると，逆相のポテンシャルが相対的に高くなり，動作は同相へと転移する．

▷3　Kelso, J.A.S. (1981). On the oscillatory basis of movement. *Bulletin of the Psychonomic Society*, **18**, 63.

▷4　この場合，要素としての指振り運動は左右で同一であるにもかかわらず，運動速度の増大に伴い全体としての運動構造が変化していることから，やはり相転移であると考えられる．

▷5　HKBモデル
この運動パターンの変化を記述した著者らの名前（Haken, Keiso, Bunz）を取ってHKBモデルと呼ばれている．

Haken, H., Kelso, J. A. S., & Bunz, H. (1985). A theoretical model of phase transitions in human hand movements. *Biological Cybernetics*, **51**, 347-356.

得る現象なのです．

❹ 自己組織する身体運動

　身体運動においても，1980年代にリズミカルな両手協調動作を用いた実験で自己組織化の例が発見され，実験と数理モデルを用いた研究が進みました．この実験では，メトロノームによって指定されたテンポで両手の人差し指を左右に振ります．このとき，はじめ図Ⅱ-10；Aに示されているように逆相で振り，徐々にテンポを速くしていくと，逆相で始めた動作が同相に転移しました．このような相転移はほかにも，たとえば手足の運動において同様に認められます．たとえば，手と足でそれぞれお腹と地面を交互に叩くと，速度の増大に伴って，いつの間にか交互ではなく同時動作になってしまいます．また，相転移を起こさせまいと努力しても，しばしば意図に反して相転移が生じてしまうことから，このようなパターンは生得的に安定していると考えられます．これらの例に代表されるような相転移の存在は，身体運動が自己組織化されていることを示す強い証拠であると考えられています．さらに，これらの振る舞いを図Ⅱ-10；Bに示すような力学系モデル（**HKBモデル**）によって説明できることが明らかにされています．

　また，最近になって，運動の熟練者は，生得的に生じやすい相転移を抑制できることが報告されています．この研究では，ストリートダンスの熟練者と非熟練者が，「ダウン」と「アップ」という2つのリズミカルな動作を行いました（図Ⅱ-11）．これらの動作はどちらも立位での膝屈伸運動ですが，「ダウン」

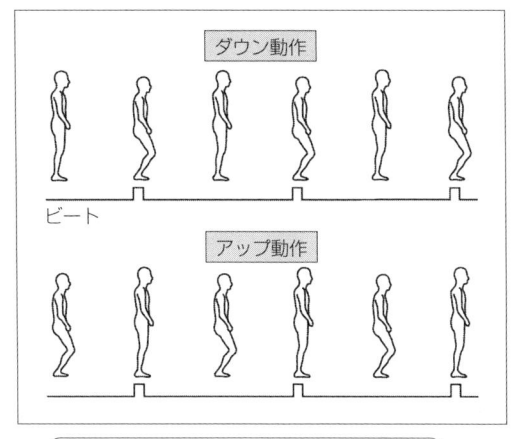

図Ⅱ-11 ストリートダンスの基本動作
出所：Miura, Kudo, Ohtsuki, & Kanehisa (2011). より。

動作では音楽のビートに合わせて膝を曲げるのに対し，「アップ」動作では膝を伸ばします。この時，ストリートダンスの熟練者は，音のテンポを速くしても「ダウン」と「アップ」の両方の動作が遂行できました。一方，非熟練者は，「ダウン」の動作はすべてのテンポで可能でしたが，「アップ」の動作については遅いテンポでできたものの，テンポが速くなると，「アップ」動作が「ダウン」動作に切り替わってしまいました。

このような研究結果から，ストリートダンスにおいて初心者の運動がぎこちなく不自然に見えるのは，生得的な運動パターンに縛られており，ビートに合わせることのできる動きが限定されていることが一因と考えられます。一方熟練者は，このような制約から解放され，音楽のビートに対して多様な運動の局面を同期させることにより，多様で洗練された表現を獲得しているといえます。

▶6 Miura, A., Kudo, K., Ohtsuki, T., & Kanehisa, H. (2011). Coordination modes in sensorimotor synchronization of whole-body movement: A study of street dancers and non-dancers. *Human Movement Science*, 30, 1260-1271.

5 身体運動の制御

身体は，極めて多くの細胞から構成される複雑なシステムです。したがって，ある運動パターンを形成するために，全身の筋に対する詳細な活動計画を立てることは現実的ではありません。身体が自己組織するシステムであるとするならば，適切な制御変数を発見し，操作することによって，特定の運動パターンの生成が可能になるはずです。また，望ましくない運動パターンや相転移の発現を抑制するためには，生得的に安定しているポテンシャル場の構造を変化させることも必要になります。

身体運動を複雑なシステムの自己組織化現象であると考えると，なぜ未熟練者が同じ動作を繰り返し再現するのが難しいのか理解できます。空に浮かぶ雲は，風が吹けばあっという間に形が変わってしまいます。さまざまな条件のもとで一定の動作を繰り返し行うことは，雲の形を一定に保つくらいに難しいことなのです。

(工藤和俊)

II 運動の制御機構

13 対人・集団運動のダイナミクス

▷1 HKBモデル
⇒ II-12 参照。

▷2 Schmidt, R. C., Carello, C., & Turvey, M. T. (1990). Phase transitions and critical fluctuations in the visual coordination of rhythmic movements between people. *Journal of Experimental Psychology: Human Perception and Performance*, **16**, 227-247.

▷3 Amazeen, P. G., Schmidt, R. C., & Turvey, M. T. (1995). Frequency detuning of the phase entrainment dynamics of visually coupled rhythmic movements. *Biological Cybernetics*, **72**, 511-518.

▷4 引き込み現象
⇒ II-11 参照。

▷5 Hristovski, R., Davids, K., Araújo, D., & Button, C. (2006). How boxers decide to punch a target: emergent behavior in nonlinear dynamical movement systems. *Journal of Sports Science and Medicine*, CSSI, 60-73.

▷6 ボールと選手全体の相対距離は，攻撃側ゴールからボールまでの距離から選手全員のゴールからの距離の平均を引いたもので，ボールがすべての選手の位置に対して攻撃側ゴールに近い位置にあるのか遠い位置にあるのかを示す。また相対距離の標準偏差は，すべての場面におけるボール

生命現象を説明する理論モデルによって，対人や集団などの個体間のダイナミクスの理解が得られています。ここでは，そうした研究の一端を紹介します。

1 対人運動のダイナミクス

2者の運動が協調する様子は，個体内の運動協応を説明するHKBモデルを用いてさまざまな実験設定で説明されています。たとえば，隣り合って座っている2人が足を見ながら膝から下を左右に振る運動や，おもりを持って前後に振る運動などがあげられます（図II-12）。ここでは，左右あるいは前後交互に振る逆相同期の状態から，内外あるいは前後同方向へ振る同相同期の状態へと急激に変化する，2つの振動子の**引き込み現象**が確かめられています。振動子というのはメトロノームのようなもので，ある一定の周期（リズム）をもっています。引き込み現象とは，2つの振動子の周期を速くしていくと結果的に同相同期に急激に変化して，同相同期しか起こらなくなるというもので，2者の協調具合を表す秩序変数（order parameter）と，それに影響を及ぼす制御変数（control parameter）の関係を見ることによって説明されています。

また，ボクシングの打撃パターン，つまりジャブ，フック，アッパーカットという3つのパンチが，相手との距離によって決まることを示した研究があります。ここでは，相手との距離という制御変数によって，繰り出すパンチの種類，すなわち秩序変数が異なるということが示されています。2者間の距離によって攻防パターンが変化することは，剣道や空手などの対人スポーツにも通じるものがあると思われますが，実証的な研究は始まったばかりです。

2 集団運動のダイナミクス

距離による2者間の攻防の変化を，フィールドホッケーにおけるチーム間の攻防に拡張した研究もあります（図II-13）。ここでは，大人と子どものそれぞれ1試合しか見ていませんが，各チームのゴールキーパーを除くフィールドプレーヤーの攻撃側ゴールからの距離の平均を求め，2チームの平均の差をチーム間距離としました。すると，大人の試合では，チーム間距離がある一定の距離に近づくに従って，ボールがゴール方向へ次第に大きく動き，その結果としてシュートまでいく局面（成功）と攻撃が終わる局面（失敗）にゲーム状況が分かれることが示されましたが，子どもの試合ではこうした**分岐**が生じていま

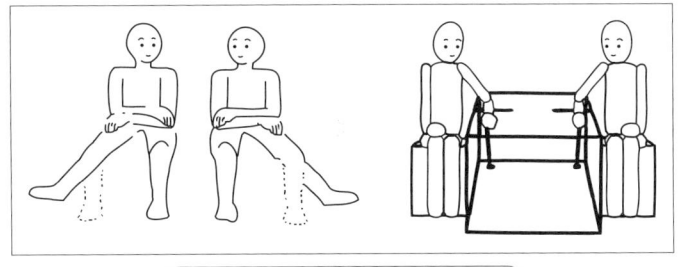

図Ⅱ-12　2者間の協応を示す実験

出所：Schmidt, Carello, & Turvey (1990). より。

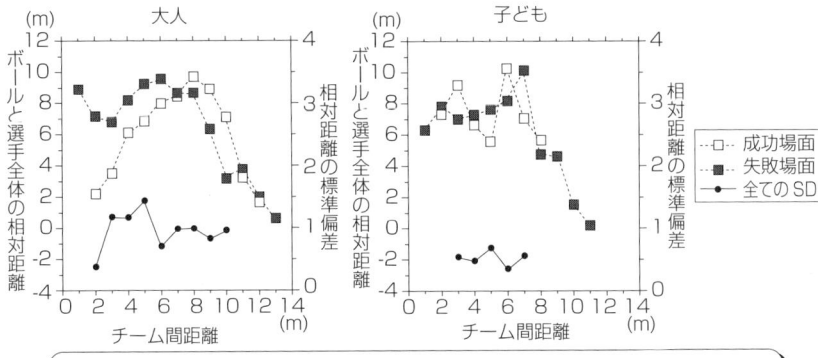

図Ⅱ-13　大人と子どものフィールドホッケーにおけるチーム間距離とボール全体相対距離の関係

出所：横山・山本 (2009). より作成。

せんでした。つまり，大人はチーム間の距離によって攻防が変化するのですが，子どもはチーム間の距離と攻防の変化に関係がないことを示しています。

　2者，あるいは2集団の関係は，HKBモデルを援用することによってある程度説明できそうですが，3者以上の適用は難しく，新たな考え方を用いる必要があります。1つの例として，**対称性のホップ分岐理論**を用いて，3者間の連携を検討した研究があります。ここでは，サッカーの3対1のボール保持課題を行う3者の連携が技能レベルによってどのように異なるかを検証しました。その結果，上級者は自分以外の2人の他者の動きに対応することで，3者が上手に時間的なずれをつくっていましたが，初級者は1人の他者にだけしか対応できないようです。つまり，上級者は初級者とは異なり，2人の他者の動きに「気づく」ことができることを示しています。ここで用いられた理論は，動物の歩容や粘菌などの生命現象について説明されていましたが，物理的な繋がりのない個体間のふるまいについては検討されていませんでした。ここで紹介した理論モデル以外に関しても，生命現象を説明する理論モデルを集団へと拡張することによって，集団の新たな理解が可能となるかもしれません。さまざまな知見を応用して検討していく必要があると考えられます。

（横山慶子・山本裕二）

と選手全体の相対距離のばらつきで，選手らに対しボールがゴール方向へ前後に動くほど高い値を示す。

横山慶子・山本裕二 (2009). ボールゲームの質的変化とその制御要因――6人制フィールドホッケーによる検証　体育学研究，**54**, 355-365.

▷7　**分岐**
力学系では，制御変数が変化することによって秩序が質的に異なることを分岐 (bifurcation) と呼ぶ。

▷8　**対称性のホップ分岐理論**
空間的に対称性をもって結合された複数の振動子の時空間的な振る舞いを予測できる理論で，HKBモデルとは異なり，各振動子やそれらの結合の詳細を知らずとも，起こり得るいくつかのパターンのリストをあげることができるため，少数の各振動子が複雑に振る舞うシステムの理解に優れている。

▷9　Yokoyama, K., & Yamamoto, Y. (2011). Three people can synchronize as coupled oscillators during sports activities. *PLoS Computational Biology*, **7**, e1002181.

▷10　Collins, J. J., & Stewart, I. N. (1994). A group-theoretic approach to rings of coupled biological oscillators. *Biological Cybernetics*, **71**, 95-103.

▷11　Takamatsu, A., Tanaka, R., Yamada, H., Nakagaki, T., Fujii, T., & Endo, I. (2001). Spatiotemporal symmetry in rings of coupled biological oscillators of physarum plasmodial slime mold. *Physical Review Letters*, **87**, 078102.

Ⅲ　運動の学習と指導

1 運動プログラムの獲得

わたしたちは，どのようにして運動を行っているのでしょうか。その運動を行うメカニズムをどのように獲得していくのかについて考えてみます。

1 運動プログラムとは

コンピュータに計算をさせる場合には，事前に計算させるプログラムを作成しておき，それに数値を代入して計算をさせます。それと同様のメカニズムで，わたしたちが運動を行う場合，運動開始前にどのような運動をするのかを脳が筋肉に命令しているという考え方があります。この，運動開始前に作成した運動命令を運動プログラムといいます。たとえば，テーブルに置いてあるコップの水を飲むことを考えてみましょう。そのためには，コップに手を伸ばし，コップをつかんで，口へもっていく動作が必要になります。それには，手を伸ばす筋肉に力を発揮させ，あるタイミングで掌を開く筋肉に力を発揮させ，掌を閉じる筋肉をあるタイミングで収縮させ，手を口まで引き寄せる筋肉を収縮させるなどの運動命令を作成する必要があります。

2 運動プログラムの数は，どれくらい必要になるのか

先ほどの例を，コップではなく，ワイングラスの場合で考えてみましょう。ワイングラスではつかむ位置の高さによって太さが異なり，閉じる掌の大きさも異なってくるので，つかむ位置によって異なる運動命令が必要になります。もし，グラスがテーブルでなく床に置いてあれば，伸ばす手の方向が変わってきます。さらに，床まで手が届くように，膝や足首を曲げるため，膝や足首にも運動命令を作成しなければなりません。そう考えると，器から液体を飲むという運動をするためだけでも，無限の運動命令が必要になってきます。さらに，わたしたちはそれ以外にもさまざまな運動を行っており，それらすべての状況に応じるために，あらゆる運動命令を記憶しておくことはとても不可能です。したがって，わたしたちの運動プログラムは，個々の筋肉の動きに直結したものではなく，器から液体を飲むという動作に共通した内的イメージとして考えた方がよいように思われます。そう考えると，コップの水を飲む運動も，ワイングラスからワインを飲む運動も，床に置いてある缶コーヒーを取って飲む運動も，1つの**運動プログラム**▷1で行えることになり，記憶しておく運動プログラムの数は大幅に少なくなります。

▷1　**運動プログラム**
特定の動作に共通するものという意味から，汎化運動プログラムや，一般化された運動プログラムといわれることもある。

3 まったく初めての運動をわたしたちはどうして行えるのか

　運動プログラムをすでにもっている場合には，その運動プログラムを調整して運動を行うことができます。たとえば，5m先まで上手投げでソフトボールを投げたことがある人は，初めて10m先まで投げるように要求されても，発揮する力加減を変えることによって，すぐに投げることができます。また，ソフトボールではなく，ドッジボールを投げるように要求されても，掌の大きさを変えたり，力を発揮する筋やタイミングを少し変えることによって，すぐにほとんど同じようなフォームで投げることができます。

　では，5mの時にはどのくらいの力を，また，10mの時にはどのくらいの力を発揮するかという，遂行したい運動の大きさと発揮する力の関数関係はどのように確立されていくのでしょうか。たとえば，5mを目指して投げたとします。その結果，自分自身の目や周囲の人のアドバイスによって，実際の運動が50cm短かったという情報が入ります。その時の筋肉の感覚も残っています。次に，情報に従って，以前よりも大きい力を発揮して運動を行います。その結果，30cm長かったとします。この時も筋肉の感覚が残っています。これら2回の結果に基づいて，1回目よりは大きいが，2回目よりは小さい力を発揮して3回目の運動を行っていきます。この過程を繰り返すことによって，発揮する力と運動結果の関係の精度を高めていきます。なお，発揮しようと計画した通りに実際に力を発揮できたかどうかの判断は，運動後に残る筋肉の感覚によって確認していきます。この自分の身体のなかに残る運動の感覚のことは，自己受容器感覚とか，筋感覚といわれます。一般的によくいわれる運動がうまいかどうかは，この筋感覚がどれくらい精度が高いかによると考えられます。

　しかし，今までやったことのない初めての運動をするように要求された時に，わたしたちはどのようにしてその運動を行うのでしょうか。たとえば，バレーボールのアタックを初めて行う時には，どのようにするのでしょうか。以前に上手投げの経験のある人は，上手投げとバレーボールのアタックが，同じような肩の回旋と手首の使い方をすることに気づき，上手投げの運動プログラムを修正し，新たにバレーボールのアタックの運動プログラムを作成するかもしれません。テニスのサーブの経験がある人は，テニスのサーブの運動プログラムを修正して，アタックの運動プログラムを作成するかもしれません。このようにして，わたしたちは，すでに獲得している運動プログラムを修正したり，組み合わせたりしながら，まったく初めての運動のプログラムを作成していきます。

　では，それらの運動の先駆けとなる最初の運動プログラムは，どのようにして作成されるのでしょうか。おそらく，赤ちゃんが生後間もなく生得的に行うさまざまな反射運動から生み出されるものと思われます。

（筒井清次郎）

▷2　ここで調整される力などのように，運動プログラムに代入される変数は，パラメータと呼ばれている。

▷3　関数関係については III-2 も参照。

参考文献
シュミット，R.A. 調枝孝治（監訳）(1994). 運動学習とパフォーマンス　大修館書店

Ⅲ　運動の学習と指導

2　一定練習と変動練習

運動プログラムを発達させるには,「どんなことを工夫すればよいのか。」「練習方法はどうすれば最適か。」について考えてみます。

① 運動プログラムは，発達していくのか

野球のボールを上手から投げる運動プログラムをもっている人は，10m先にいる人に対しても，20m先にいる人にも同じように投げ分けることができます。その際の投動作のパターンはほとんど同じで，違っているのは調整される力量です。遠くに投げる時には，近くに投げる時よりも，より大きな力量に調整され，その結果，より素早い投動作パターンが遂行されます。このように，目標通りに動作を正確に遂行するためには，調整される力量等と実際の遂行結果を正確に関係づけることが重要になってきます（図Ⅲ-1）。この運動プログラムの正確性は，練習を繰り返すことによって高まっていきます。一度この関数関係が成立すれば，それに基づいて，その動作パターンに最適と思われるように力量等を調整し，目標とする運動結果を産出することができるようになります。

② 運動プログラムの正確性を高める練習方法とは

では，その運動プログラムの正確性を高めるには，どのような練習が望ましいのでしょうか。たとえば，20m先の的をめがけてボールを投げるのが達成すべき課題であった場合，その20mの距離からのみ繰り返し練習した方がよいのか。それとも，他の距離からも練習した方がよいのか。この問題は，運動学習に関する研究者の関心を集め，1980年前後に，非常に多くの実験が行われました。

③ テスト課題の反復がよい練習か

先ほどの例でいうと，達成すべき距離と同じ距離から繰り返し練習する方法を，アダムス（Adams, J. A.）が閉回路理論（closed-loop theory）のなかで提唱し，一定練習（constant practice）とか，基準練習と呼ばれています。この考えでは，達成すべき距離から多く（たとえば，20回とする）練習すればするほど，誤差（error）が少しずつ修正されていき，その結果，達成すべき距離の成功が多くなり，その距離を正確に投げた時の感覚が強くなるということです。つまり，正しい運動を繰り返せば繰り返すほど，このような感じで投げれ

▶1　Adams, J.A.(1971). A closed-loop theory of motor learning. *Journal of Motor Behavior*, 3, 111-150.

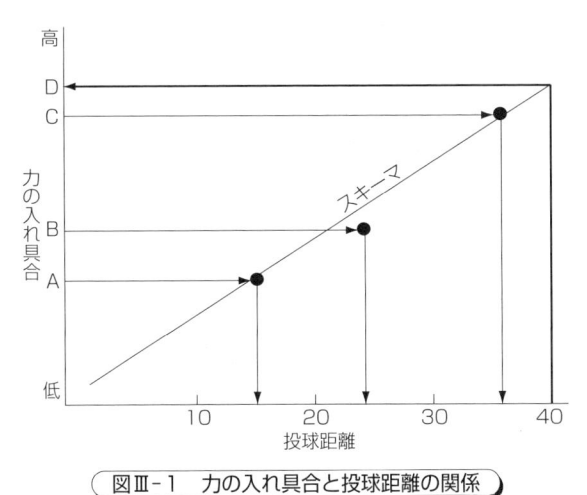

図Ⅲ-1　力の入れ具合と投球距離の関係

出所：シュミット, R.A. 調枝孝治（編訳）(1994). 運動学習とパフォーマンス　大修館書店より。

ばよいという運動イメージが強化されるため，運動プログラムの正確性が高まると考えられています。

4　変化に富んだ練習がよい練習か

それとは異なり，同じ数だけ練習できるのであれば，達成すべき距離（20m）周辺のいろんな距離から，（たとえば，10m，15m，20m，25mからそれぞれ5回ずつ）練習する方法を，シュミット（Schmidt, R. A.）がスキーマ理論（schema theory）のなかで提唱し，変動練習（variable practice）とか，多様性練習と呼ばれています。この考えでは，力加減と距離との関係の正確性は，練習回数が多いほど，また，多様な練習をしたほど，高まるということです。この考えに基づけば，同じ練習回数であれば，多様な距離から練習した方が，より優れた関数をつくることができることが仮定されています。つまり，力加減と距離との関数関係は，多くのデータポイントから推計した方が，少ないデータポイントから推計するよりも正確であると考えられています。

▷2　Schmidt, R.A.(1975). A schema theory of discrete motor skill learning. *Psychological Review*, **82**, 225-260.

▷3　このような関数関係のことを，運動スキーマ（motor schema）という。

5　一定練習と変動練習のどちらが有効か

代表的な研究結果をあげておきます。シーとコール（Shea, C. H., & Kohl, R. M.）は，目標とする力量を発揮させる握力課題を用いて，一定練習群と変動練習群を比較しています。一定練習群は目標力量のみを200試行遂行し，変動練習群は目標力量を100試行と，その前後の4種類の力量を25試行ずつ，合計200試行遂行しました。習得中は，異なる力量を発揮した変動練習群が同じ力量の発揮を繰り返した一定練習群よりも不正確でしたが，翌日の保持テストを見ると習得中とはまったく逆に，変動練習群が一定練習群よりも正確でした。このことから，一時的なパフォーマンスの向上ではなく持続的な学習効果を考える場合には変動練習の方が優れていることが明らかにされました。　　　（筒井清次郎）

▷4　Shea, C.H., & Kohl, R. M. (1990). Specificity and variability of practice. *Research Quarterly for Exercise and Sport*, **61**, 169-177.
Shea, C.H., & Kohl, R.M. (1991). Composition of practice: Influence on the retention of motor skills. *Research Quarterly for Exercise and Sport*, **62**, 187-195.

Ⅲ　運動の学習と指導

3　全体練習と部分練習

▷1　閉鎖技能と開放技能
閉鎖技能と開放技能は，外的な感覚知覚情報の必要性の度合いによる分類で，環境情報の入力を極力抑え自動化した運動を行うのが閉鎖技能（クローズドスキル）で，環境情報の入力に対応して運動を行うのが開放技能（オープンスキル）。

▷2　開回路制御と閉回路制御
制御結果に基づき，制御結果を目標値に合致させるために連続的に制御を行う仕組みがフィードバック要素で，このフィードバック要素をもつのが閉回路制御，もたないのが開回路制御。開回路制御は，あらかじめ目標値に基づき制御量を決定し初期制御のみ行うのでフィードフォワード（前向き）制御ともいわれる。

　スポーツ技能の多くは複合的で，いくつかの運動パターンを組み合わせて行われます。そこで**閉鎖技能**においても，**開放技能**においてもすべてを連続して練習する場合と，ある部分だけを取り出して練習する場合があります。前者が全体練習で，後者が部分練習に相当します。

1　閉鎖技能における全体練習と部分練習

○閉鎖技能の特徴
　閉鎖技能は，環境情報の入力が少なく，フィードフォワード的な**開回路制御**を行い，自動化された運動パターンを遂行します。たとえば，走運動が閉鎖技能の例としてあげられますが，走運動においては，走ること自体が全体練習と考えられます。しかしながら，スタートダッシュや腕振りを矯正するために腕振りだけを取り出して練習することは部分練習となります。

○全体練習と部分練習の取り入れ方
　ではこの全体練習と部分練習はどのように組み合わせればよいのでしょうか。まず，初心者の段階では全体練習を行い，運動パターン全体の特徴をつかむことが大切であると思われます。運動パターン全体の特徴をつかみ，運動が遂行できるようになってから，さらにいえば学習が停滞，すなわちある程度以上成績が伸びない状態になってから，いくつかの部分を修正するために部分練習を入れていくのが望ましいでしょう。しかしながら，運動パターンの要素，たとえば走運動における腕振りが部分練習によって修正されると，全体の運動パターンも当然異なってきます。したがって，部分練習だけを繰り返し行っていると全体の運動パターン自体が崩れてきて，いわゆる学習の停滞や後退，すなわち前までできていたことすらできなくなったり，成績が逆に低下することもあります。

　また，最初から運動パターン全体ができない場合があります。たとえば逆上がりです。逆上がりは最初誰もできません。模倣により見よう見まねでできるようになる子もいますが，多くはなかなかできません。そうした時に導入されるのが部分練習です。逆上がりで，身体と鉄棒が離れるのを防ぐために，跳び箱と踏切板を使った練習方法があります（図Ⅲ-2）。この踏切板を利用して助走すると逆上がりの前半の運動パターンが獲得され，それによって逆上がりができるようになります。ほかにも腰にベルトを巻いて，鉄棒に固定すること

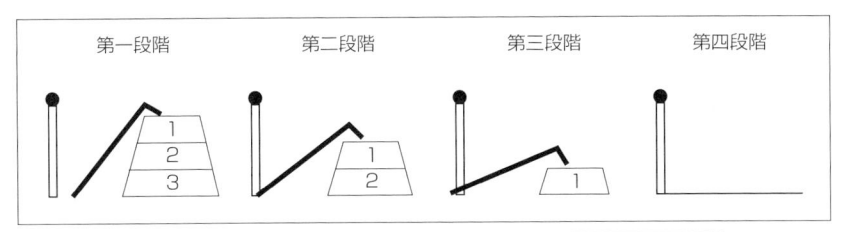

図Ⅲ-2 逆上がりの部分練習として用いられる跳び箱と踏切板

出所：辻岡義介（2003）．"誰でもできる逆上がり"新ドリル　明治図書出版より作成．

によって身体と鉄棒の距離感をつかむ部分練習法もあります。このように，最初からは運動パターン全体ができない場合に，その運動パターンを行うために必要な一部の運動パターンを取り出して練習するのが効果的な技能もあります。

2 開放技能における全体練習と部分練習

○開放技能の特徴

開放技能は，環境情報の入力に対応して，外的フィードバック情報を利用する閉回路制御を行います。そこでは，環境の変化への適応が重要な技能となるので，単に運動パターンを自動化する段階まで獲得しても，成績自体は高まらないことが多いのが特徴です。つまり，ブルペンエースといわれるように，打者が構えていない状況ではいくらよいボールを投球できたとしても，実際の試合では必ず打者に対して投球しなければいけません。空手や剣道，サッカーやバスケットボールなどの対人・集団競技では，必ず相手という予測不可能な環境への適応がその競技の中心課題となります。

○全体練習と部分練習の取り入れ方

では，こうした開放技能では全体練習と部分練習をどのように考えて練習していけばよいのでしょうか。いわゆる基本技能と呼ばれる運動パターン，つまり剣道ならば面打ち，サッカーならばパスといった技能を獲得し，自動化された動きとして遂行するためにも，全体練習と部分練習が考えられます。これは環境情報をなくして1人で行う閉鎖技能の獲得と同様に，素振りや敵のいないところでのパス練習を考えることができます。しかしながら，開放技能の特徴である環境情報への適応は，少なくとも相手という環境情報が必要となってきます。したがって，開放技能での全体練習は試合そのもの，部分練習は相手をつけたなかでの練習と考えることができます。たとえば，剣道のかかり稽古やサッカーでの3対1や4対2の練習は実際の試合の一部を取り出した部分練習です。他方，互角稽古やゲーム形式の練習は全体練習といえます。開放技能では少なくとも相手がいる環境のなかで練習をすることが，全体練習であれ，部分練習であれ重要となってきます。

（山本裕二）

▷3　スポーツ技能では閉鎖技能においても開放技能においても，何を部分と考え，何を全体と捉えるかが問題になる。1つの技術にも部分と全体はあり，スポーツ種目を全体として捉えると，個々の技術を繋ぐことも重要となってくる。いずれにせよ全体は部分の総和以上，つまり1＋1＝2以上になり得るので，個々の要素の関連を意識した練習が重要となるだろう。

Ⅲ　運動の学習と指導

4　学習はどのように進行するか

1　学習とパフォーマンス

　生物のなかで最も運動のレパートリーが広いのは人間です。人間は，自らの身体や道具を使いこなすことによって，ワシのように大空を舞ったり，イルカのように泳いだりすることができます。これらの幅広い運動が可能になるのは，人間が，脳の可塑性を背景とした学習能力を備えているためです。アスリートや楽器演奏者の優れたパフォーマンスも，練習や経験の積み重ねによる学習によって実現するものです。

　心理学や神経科学の分野では，学習とは中枢神経系の変化であると考えられています◁1。このため学習そのものは外部から直接観察することができません。そこで，学習状態を推定するために，外部から観察可能な行動すなわちパフォーマンスを手がかりとして用います。学習状態の違いは，さまざまな条件下でのパフォーマンスを比べることにより明らかになります。ごく易しい条件で同じようなパフォーマンスが発揮できていたとしても，熟練者はより困難な条件で同じスキルを遂行することができます。俗に言う「目を閉じてもできる」という状態です◁2。

2　上達の道は山あり谷あり

　上達の道は平坦ではなく，練習によってパフォーマンスは必ずしも直線的に向上するわけではありません。上達過程を山登りに例えるならば，複数ある山頂までのルートをどれか選んで，起伏にとんだ斜面を登っていくようなものです。傾斜がきつい時には，地面にはいつくばって登らなければならない場合もあるでしょう。段差を越えるには，いったん後退して助走する必要があるかもしれません。行き止まりになっていた時には，もと来た道まで戻らなければなりません。一時的に緩やかな道が続いている時には，楽々と山頂に近づいているような気になるでしょう。山頂と思える場所は周囲が滑りやすく，油断をするとすぐにずり落ちてしまいます。麓から見た時には山頂だと思った場所も，実際に行ってみるとその先により高い頂が見えるかもしれません。

　これらの例に見られるように，学習が順調に進んでいる時であっても，一時的にパフォーマンスが停滞することがあります◁3。近年の研究によって，このような停滞は，学習の複雑性に起因する現象として，順調な学習プロセスの一部

◁1　ある運動のトレーニングを続けていると，筋力や柔軟性などの身体的特性が変化する。これらの変化も含めて学習（あるいは知性の獲得）とする立場もあり，身体性認知科学と呼ばれている。
　ファイファー，R., シャイアー，C. 石黒章夫・小林宏・細田耕（監訳）(2001). 知の創成——身体性認知科学への招待　共立出版

◁2　より少ない手がかり情報や，少ない注意容量で運動が遂行可能になることをスキルの「自動化」という。

◁3　学習途中にしばしば見られるパフォーマンス向上の一時的な停滞現象のことを「プラトー」という。一般に，練習を重ねているにもかかわらず，長期的にパフォーマンスが停滞もしくは低下した場合を「スランプ」と呼ぶ。
⇒Ⅶ-4 参照。

図Ⅲ-3　ドラム演奏の熟達化モデル

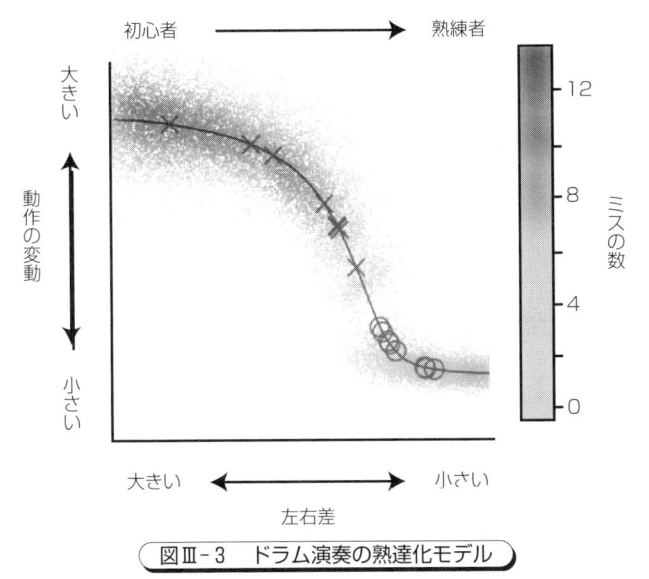

（注）　左右差の減少により、両手交互ドラミング動作のミスが減少する。左右差が直線的に減少する時、パフォーマンスは一時的に大きく向上するが、その後の向上は緩やかになる。

出所：Fujii, Kudo, Ohtsuki, & Oda（2010）．より作成。

として生じることが明らかになってきました。つまり、一時的な伸び悩みは学習が進んでいることの証であり、決して悲観することはないのです。

　また、上達の過程で1つの壁を越えることにより、その後のパフォーマンスが一気に変わることがあります。たとえば器械運動では、倒立が安定すると鉄棒の車輪や床運動の後転とびなど、そのほかの技も安定してできるようになります。また、ドラム演奏では、非利き手の操作能力が向上すると両手動作のミスが減少します（図Ⅲ-3）。ミスなく安定した演奏が可能になると、注意の対象を動作そのものではなく、音質や音の調和など、より高次の音楽性に対して向けられることになり、より高いレベルの演奏が可能になります。

3　学習は終わらない

　高いレベルの技能を長年にわたって維持することは、それを獲得すること以上に困難です。わたしたちの身体は日々変化し、年齢を重ねることによって、筋力低下などの影響がパフォーマンスに現れるためです。10年前と同じ技を実現するためには、10年間にわたる身体の変化に即した運動の制御を行う必要があります。たとえば、バドミントンの競技力を維持するためには、スマッシュの速度低下や筋力の低下を相殺できるだけの、コントロールや読みを身につける必要があります。

　いつまでも技の衰えない熟練者とは、日々弛まぬ鍛錬により自らを変化させ続けてきた人のことをいうのです。運動の学習に終わりはありません。熟練技能の維持とは、単なる保持ではなく創造にほかならないのです。（工藤和俊）

▷4　Fujii, S., Kudo, K., Ohtsuki, T., & Oda, S. (2010). Intrinsic constraint of asymmetry acting as a control parameter on rapid, rhythmic bimanual coordination: A study of professional drummers and non-drummers. *Journal of Neurophysiology*, 104, 2178-2186.

III 運動の学習と指導

5 自由度から見た学習段階

1 運動制御における自由度

　体育やスポーツにおける運動技能の学習では，常に技能が向上していくような直線的な進歩ではなく，停滞したり，時には一時的に低下する場合があります。さらに，学習者全員が同じような過程を経て，技能を習得していくのではなく，個々人で異なっています。しかしながら，ベルンシュタイン（Bernstein, N.）は，身体の自由度から学習段階を捉えた時，学習者に共通した過程があることを提案しました。[1]この自由度とは，人間が制御しなければならない変数のことで，自由度数とはその変数の数に相当します。[2]もし人間が身体関節だけでなく，筋肉や細胞などすべてを制御しているのならば，これらすべてが自由度に相当することになってしまいます。実際に，人間は運動をする際に，1兆あるいは1千個もの自由度を制御し，調整しているのでしょうか。この制御の問題（自由度問題）を解決するために，彼は自由度の凍結と解放という観点で見た学習過程がある，という重要な示唆を与えました。

2 学習における自由度の凍結と解放

　この自由度問題に対して，ベルンシュタインは，学習に伴う自由度の組織化の枠組みを用いて説明しています。彼は，合目的的な動作の習得には，凍結，解放で評価できる学習の段階があることを示唆しました。[3]彼によると，人間は学習初期には，脳神経系が膨大な自由度数を制御できないため，末梢の自由度数を最小限まで減らそうとしています。これが自由度の凍結と呼ばれる段階です。たとえば，人間の身体にある100個の関節を自由度として仮定した場合，不安定な場所に立った時などでは，関節をあまり動かさずに固定して，静止しているような身体の状態を示す場合が多いということです。また，身体関節を動かしている場合でも，複数の身体関節がまったく同じタイミングで屈曲し伸展してしまうこと（これを同相といいます），あるいは同じタイミングだけれども，一方は屈曲し，他方は伸展してしまうこと（これを逆相といいます）があります。これらも自由度の凍結に相当します。そして，だんだんと学習が進行していくと，徐々にそれぞれの自由度が個別（専門用語では自律的といいます）に動くようになり，各身体関節が同相や逆相だけでなく，屈曲・伸展のタイミングに差異が見られるようになってきます（これを位相差があるといいます）。

[1] Bernstein, N. (1967). *The coordination and regulation of movements.* Pergamon Press.

[2] ターベイによると，人間が身体を制御するには，おおよそ100個の関節，その10倍の1,000個の筋，さらには1兆もの細胞がある，と述べられている。
　Turvey, M. T., Fitch, H. L., & Tuller, B. (1982). The Bernstein perspective: I. The problems of degrees of freedom and context-conditioned variability. In J.A.S. Kelso (Ed.), *Human motor behavior: an introduction.* Lawrence Erlbaum Associates, Publishers.

[3] Bernstein (1967). Ibid.

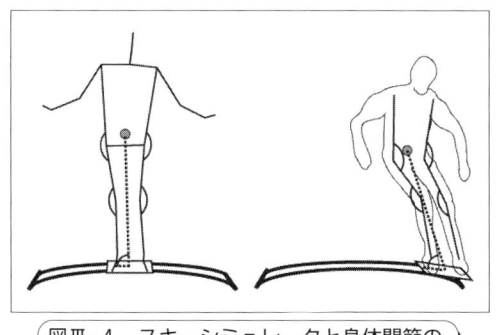

図Ⅲ-4 スキーシミュレータと身体関節の自由度の凍結と解放

（注）これは，学習者の身体を剛体モデルとしてトレースした図である。弧は角度を示している。
出所：左の図は筆者作成。右の図はWhiting(1988).より作成。

彼はこれを自由度の解放と呼んでいます。

この学習段階を定量的に示した代表的な研究には，図Ⅲ-4と同様なスキーシミュレータ[4]を用いたファーライケン（Vereijken, B.）らの研究があります[5]。彼女たちは，7日間の学習実験において，学習初期には，左図のように体幹と下肢の関節角度の動作範囲が小さい自由度の凍結の段階があり，練習を通して，右図のように関節の動作範囲が大きくなりながら，複数の関節のタイミングの差が生じてくる，といった自由度の解放の段階があることを見出しました。また，これらの関節は個々に自律的に動きながら，プラットフォームと身体の重心からなる角度が大きく変動することを組織する一方で，身体重心は個々の関節を組織するようになっていく学習過程を示しています。これらの結果は，協応した動作の学習において，学習初期には身体関節の自由度を凍結しているけれども，学習の進行に伴って自由度を解放していく，というベルンシュタインの見解を支持する結果と考えられます。

しかしながら，近年では，自由度の凍結と解放に関する研究は課題特有的であることや，習熟段階は明確に分けることのできるものではなく連続的に変化していく，という指摘もあります[6]。また，学習の進行とともに解放から凍結に向かう運動パターンもあることが指摘されています[7]。そして，自由度が凍結している段階でも，実は各身体関節は常に相互に補償的に制御されているということも指摘されるようになってきました[8]。それゆえ，体育やスポーツの技能学習においては，自由度の凍結と解放，あるいはその反対の学習過程がある，ということを運動課題に当てはめて観察するのではなく，その運動課題における熟練者と未熟練者が動いているパターンの違いを見極めることが重要です。熟練者の合目的的な動作を獲得するために，どの身体関節や体節を制約すると，その制約を解放した時に，実際に自由度の解放のような運動様式が生じるか，あるいはその逆の解放から制約へ，という学習方法をこの観察から考案していくのが，非常に現実的な方法といえます[9]。

（平川武仁）

▷4 2本のレール上に足を乗せるプラットフォームが取りつけてあり，プラットフォームが左右に動くと，中央の位置に戻るように，プラットフォームの下にバネが取りつけてある。

▷5 Vereijken, B., van Emmerick, R. E. A., Whiting, H. T. A., & Newell, K. M. (1992). Free(z)ing degrees of freedom in skill acquisition. *Journal of Motor Behavior*, **24**, 133-142.

▷6 Ko, Y. G., Challis, J. H., & Newell, K. M. (2003). Learning to coordinate redundant degrees of freedom in a dynamic balance task. *Human Movement Science*, **22**, 47-66.

▷7 Konczak, J., Velden, H. v., & Jaeger, L. (2009). Learning to play the violin: Motor control by freezing, not freeing degrees of freedom. *Journal of Motor Behavior*, **41**, 243-252.

▷8 Latash, M. L., Scholz, J. P., & Schöner, G. (2007). Toward a new theory of motor synergies. *Motor Control*, **11**, 276-308.

▷9 平川武仁・吉田茂 (2005). 競歩における円滑な腰動作のための肩動作制約法 陸上競技研究, **62**, 18-27.

参考文献

Whiting, H. T. A. (1988). Imitation and the learning of complex cyclical actions. In O.G. Meijer, & K. Roth (Eds.), *Complex movement behaviour: The motor-action controversy.* Elsevier Science Publishers B.V., pp. 381-401.

III 運動の学習と指導

6 観察・見まね学習

1 観察・見まね学習の種類

　体育の授業やスポーツの練習場面では，教員やコーチなどの指導者は，その練習で習得されるべき技術の目標動作を設定して指導をしていることが多いです。この技術指導の際に，学習者の視覚や聴覚に与えられた情報を教示（instruction）といいます。視覚に与える教示には，指導者が模範的な実技を提示する「示範（demonstration）」があり，聴覚に与える教示には，技術の説明やその技術を記述した資料などを提示する「言語的教示（verbal instruction）」があります。この示範では，写真やビデオ教材，あるいは指導者による模範的な実演などの教示も用いられ，モデリング（modeling）と呼ばれる場合もあります。学習者が示範を見て学習する方法，あるいは学習者を主体とした学習方法のことは「観察学習（observational learning）」と呼び，練習計画自体を強調した呼び方は「観察練習（observational practice）」と呼ぶ場合もあります。ウィリアムズ（Williams, A. M.）らの定義によると，観察学習とは，観察者が他者の行動を観察し，相互作用の結果として自分自身の行動を適合させる過程とされています[1]。また，観察学習では，運動をまねる「模倣（imitation）」と，運動の過程には重点を置かず，示範と同一の運動の結果（あるいは成果ともいえます）を得ることに主眼を置いた「エミュレーション（emulation）」などがあります。これらの学習の共通点は，学習者が示範者の運動の過程や結果を見てまねることですので，総じて「見まね学習」と呼ぶこともできます。

2 観察学習の発祥と根底にある理論

　運動技能の学習における観察学習の研究では，バンデューラ（Bandura, A.）によってモデリングと社会学習の関係を体系づけた社会学習理論（social learning theory）が最初の理論的基礎となったとされています[2]。この理論によると，学習者が示範を観察した時，観察されたものが記号コード化され記憶される，つまり観察された運動の情報が**情報処理システム**によって処理され，記憶のなかで表象の形態に変換され貯蔵されています。そして，学習者が運動を遂行する時に，記憶に貯蔵された表象を呼び出し，その表象が遂行された運動と示範との誤差同定や修正に役立つとされています。運動を遂行する過程においては，記憶された表象が，身体や四肢を動かすために，適切な運動制御のた

▷1 Williams, A. M., Davis, K., & Williams, J.G. (1999). *Visual perception and action in sport*. E & FN Spon.

▷2 1986年には，名称が変わり，社会認知理論（social cognitive theory）となった。
　Bandura, A. (1971). *Principles of behavior modification*. Holt, Rinehart & Wilson.
　Bandura, A. (1977). *Social learning theory*. Englewood Cliffs, Prentice Hall.

▷3 **情報処理システム**
人間の知覚から運動実行までの過程を，コンピュータなどの情報処理装置として仮定した理論。

めのコードに変換されるのです。バンデューラによると，示範を観察することによって，学習を統治する「注意，保持，行動産出，動機づけ」の4つの過程が存在するとされています。「注意」過程とは，学習者によって，何が観察され，どのような情報が抽出されたか，を明確にする過程です。「保持」過程とは，観察されたものを行為の内的なモデルとして記憶に貯蔵するために，記号コードへ変換され，再構築していく過程です。「行動産出」過程とは，記憶のなかに貯蔵された示範の運動に関する表象（あるいは記号）を行為に変換する過程です。「動機づけ」過程とは，行為を遂行するための学習者の動機づけに影響し，この過程がないと行為が遂行されることはない，とされています。この理論の特徴は，知覚と行為の間に表象を伴った認知的な処理が介在していることです。

3 観察学習の効果

この理論に基づいた研究では，示範の特性（地位，技能水準，性別）や観察の回数の効果が検証されています。まず，モデルの地位では，学習者の同僚などの動作を観察するよりも，指導者などの動作を観察するほうが，技術の習得の効率がよいとされています。これは，地位が高い示範の場合は，学習者が注意を向ける傾向があり，示範から得られる情報量が多く，上手に遂行するための高い動機づけを与えていると考えられるからです。次に，技能水準では，未熟練な教師の示範よりも，熟練した教師の示範を見た学習者の方が上手にできる，という結果が得られています。そのため，技能は正確に示範されるべき，といわれています。これは，学習者が示範を観察した後に，モデルの動作となるべく同じように模倣しようとするからです。しかしながら，一方で，未熟練の示範を観察した学習者の方がよい成績を示した研究もあります。これは，試行における示範の誤差情報（たとえば，間違えた運動の実行）を自分自身の習得の改善に生かすような，情報処理システムに基づいた処理過程が人間のなかに存在すること，さらにそれが問題解決過程となって，運動の学習が成立していくと考えられているからです。そして，性別では，異性の示範よりも同性の示範を観察した方が遂行成績はよいという結果が得られています。これは，同性の示範の方が，学習効果を上げるための多くの手がかりをモデルから得ることができるという理由によります。最後に，観察の回数では，試行の前ごとに，示範を観察するのが最も遂行成績がよく，観察の機会が多い方が学習を促進すると考察されています。

以上をまとめると，効果的に学習するために必要なことは，示範がどのような動作を遂行しようとしていて，どの点が課題の動作と異なっていたのか，そして異なっている点をどのように解決して成功したかに関するフィードバックが指導者から学習者に与えられることであるといえます。

（平川武仁）

Ⅲ 運動の学習と指導

7 効果的なフィードバック

運動の指導において，学習者をできるだけ早く上達させるためには，できるだけ早く，できるだけ頻繁に，できるだけ正確に，フィードバックを与えることがよいように思われがちですが，実はそうではありません。ここでは，効果的なフィードバックの与え方について説明します。

1 フィードバックとは

本来，フィードバックとは，出力（結果）を入力（原因）の側に戻すことを意味しています。したがって，スポーツ科学におけるフィードバックとは，運動によって生じる感覚情報のことで，目標とする運動と遂行した結果の差についての情報を意味しています。このフィードバックに基づいて，運動を行った人は，次の運動を調整し，その結果，目標とする運動との誤差を小さくさせようとします。このことから，フィードバックは，運動が上手くなっていく上で最も重要な要因の1つですし，運動を指導する側から見ても非常に重要です。◁1

▷1 フィードバックには，運動の結果についてのエラー情報を伝える機能と，次に行おうとする運動に対する動機づけを高める機能と，さらに，正しい運動を繰り返し生起させる機能がある。

2 情報源から見たフィードバックの分類

フィードバックには，運動を遂行することによって生じる感覚情報を自分自身で感じることのできる内在的フィードバックと，自分自身で感じることができず，外部から人工的につけ加えられることによって初めて利用できる付加的フィードバックの2つがあります。内在的フィードバックには，自分の投げたボールの軌跡や落下点のような目からの情報である視覚的な情報や，投げた時の筋肉や関節の感覚などの筋感覚的な情報などがあります。これに対し，付加的フィードバックには，落下点を見ることができないゴルフボールの位置に関する情報や不慣れで筋感覚的な情報を十分に感じ取ることができない時の動きを撮影した映像などがあります。一般的に，学習初期などにおいて，学習者が内在的フィードバックを処理することが困難な場合には，付加的なフィードバックが重要な情報源となり，学習に有効となりますが，学習が進み，学習者が内在的フィードバックを処理できるようになると，付加的フィードバックは，学習者が頼り過ぎないように除去することが望ましいです。

3 情報の内容から見たフィードバックの分類

また，フィードバックには，運動が終了した後で与えられる運動の成果や運

動による環境の変化についての結果の知識（Knowledge of Result：KR）と，運動遂行中の動作パターンに関する遂行の知識（Knowledge of Performance：KP）の2つにも分けられます。結果の知識の例としては，100m走のゴールタイム，新体操の得点，砲丸投げにおける投てき距離などがあげられます。一般的には，学習者が視覚情報等の内在的フィードバックによって誤差を評価できる時には，結果の知識はそれほど有効ではありませんが，内在的フィードバックで誤差を評価できない時には，結果の知識が有効です。これに対し，遂行の知識の例としては，「ハードルで抜き脚が縦抜きになっているよ」などの指導者から与えられる言語的コメントから，ビデオによる動作再生まで，多岐にわたっています。飛び込みや体操競技のように，運動パターンそのものが運動結果と直結する場合には，遂行の知識は有効ですが，野球のバッティングのように，異なる運動パターンによっても望ましい運動結果が産み出される場合においては，遂行の知識が有効かどうかは明らかになっていません。

4 フィードバックを受け取る時間による分類

付加的フィードバックは，いつ与えられるべきかという観点から分類することもできます。運動遂行中に与えられるフィードバックを同時的フィードバックといい，運動終了後に与えられるフィードバックを最終的フィードバックといいます。[2]

その運動終了後に与えられる付加的フィードバックには，運動終了後どれくらいに与えられるべきかという問題があります。運動が終了した直後に与えられる即時的フィードバックは，運動終了後数秒経ってから与えられる遅延フィードバックに比べて，習得試行中も，保持テストにおいても成績が劣ります（図Ⅲ-5）。これは，すぐに付加的フィードバックが与えられる方が有効であると考えがちな直感とはまったく逆の結果です。この理由は，学習者が筋感覚などの内在的フィードバック情報を処理する前に付加的フィードバックが与えられてしまうため，学習者が内在的フィードバック情報を処理しなくなり，誤差を感じ取る能力が向上しないためと考えられています。したがって，学習者が内在的フィードバック情報を処理するように，わざと数秒遅らせて付加的フィードバックを与える方が有効です。

5 付加的フィードバックが与えられる割合

学習者に付加的フィードバックが与えられる割合のことをフィードバック頻度といいます。毎回付加的フィードバックが与えられる群（100％群）と，2回に1回フィードバックが与えられる群（50％群）を比較すると，習得試行中にはあまり差が見られませんが，2日後の保持テストにおいては100％群の成績が大きく劣ります（図Ⅲ-6）。これも，より頻繁に付加的フィードバックが

▶2 最終的フィードバックは，提示されるタイミングによって，運動終了直後に利用される即時的フィードバックと，運動終了後時間が経ってから利用される遅延的フィードバックに分けられる。

Ⅲ　運動の学習と指導

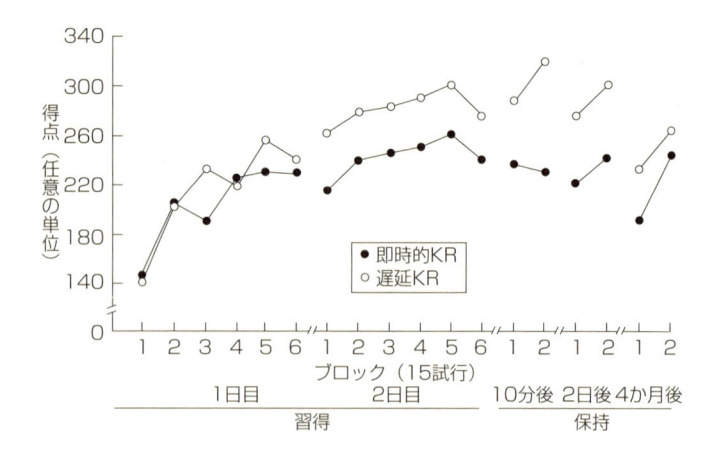

図Ⅲ-5　フィードバックのタイミングと運動成績

（注1）　即時的KR：即時的フィードバック，遅延KR：遅延フィードバック
即時的フィードバックは，学習を低下させる。
（注2）　1日目には，1ブロックが15試行からなる練習ブロックを，6ブロック（90試行）練習したことを意味している。
出所：シュミット，R.A.　調枝孝治（編訳）（1994）．運動学習とパフォーマンス　大修館書店より。

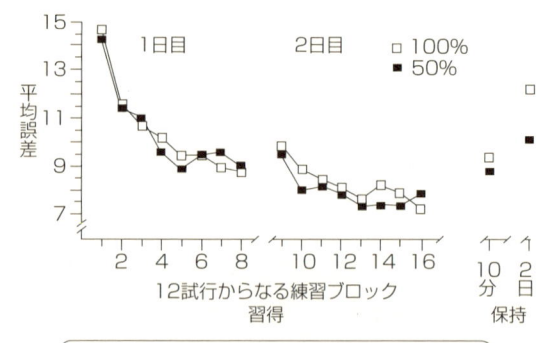

図Ⅲ-6　フィードバックの割合と運動成績

（注）　試行の半分だけしかフィードバックを受けていない50％群は，毎回フィードバックを受けている100％群よりも，2日後の保持テストにおいて大きく優れていた。
出所：シュミット，R.A.　調枝孝治（編訳）（1994）．運動学習とパフォーマンス　大修館書店より一部改変。

与えられるほど有効であると考えがちな直感とはまったく逆の結果です。この理由も，学習者が筋感覚などの内的フィードバック情報よりも付加的フィードバックに頼りすぎてしまい，誤差を感じ取る能力が向上しないためと考えられます。したがって，学習が進むにつれて，筋感覚などの内的フィードバック情報に注意を向けさせるために，付加的フィードバックを与える割合を徐々に減少させていく漸減的フィードバックが有効です。

6　ガイダンス仮説

すべての試行において付加的フィードバックが提供されると，その間，学習

図Ⅲ-7　フィードバックの精度と運動成績

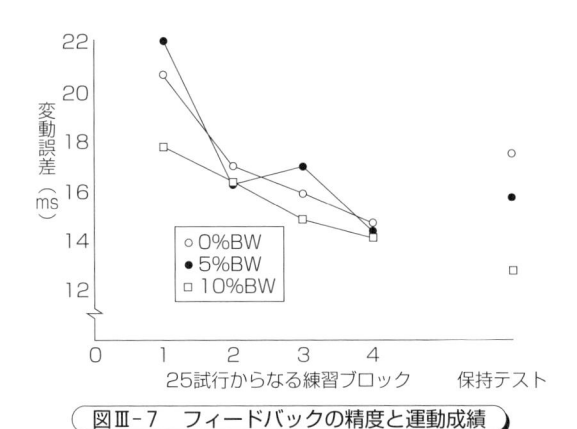

(注)　0％BW：0％幅，5％BW：5％幅，10％BW：10％幅。

出所：Schmidt, R.A., & Lee, T.D.(1999). Motor control and learning (4th ed.). Human Kinetics. より一部改変。

者は運動を正しく遂行できますが，この付加的フィードバックが除去されてしまうと，遂行成績が著しく低下します。その理由として，学習者がガイダンスとして付加的フィードバックに頼りすぎてしまうためとする考え方を，ガイダンス仮説といいます。本来，運動遂行に伴い，学習者が内在的フィードバックの処理を繰り返すことによって，運動誤差を評価するための機能を内部に発達させ，やがて付加的フィードバックがなくても運動をうまく遂行できるようになります。しかし付加的フィードバックがすべての試行において提供されてしまうと，学習者は運動の誤差を評価する際に，この付加的フィードバックに依存してしまい，内在的フィードバックの処理を行わなくなり，この誤差を評価する機能の発達が著しく阻害されてしまいます。

▷3　ガイダンス仮説は，依存性産出効果ともいう。

7　付加的フィードバックはどれくらい精密であるべきか

　ある範囲内の誤差であれば，実際には少しずれているのだが，学習者には「正しい」と伝え，ある範囲を越えた誤差にのみフィードバックが与えられる時，その許容誤差の範囲をフィードバックのバンド幅といいます。素早い腕の屈曲運動課題を用いて，10％を越えた誤差に対してのみフィードバックが与えられた10％幅群と，5％を越えた誤差に対してのみフィードバックが与えられた5％幅群と，完全に一致しない限りフィードバックが与えられた0％幅群の3群を比較すると，習得試行においては群間に差は見られませんが，保持テストにおいて，フィードバックのバンド幅が広い条件ほど成績が勝ります（図Ⅲ-7）。これも，フィードバックは精密な方が有効であると考えがちな直感とはまったく逆の結果です。人間が行う運動制御では，細かな誤差に対しても適切な修正を越えた過剰修正をしてしまうことが多く，細かすぎる誤差情報は，動作の安定性を阻害してしまいます。

（筒井清次郎）

参考文献

Swinnen, S.P., Schmidt, R.A., Nicholson, D.E., & Shapiro, D.C. (1990). Information feedback for skill acquisition: Instantaneous knowledge of results degrades learning. *Journal of Experimental Psychology: Learning, Memory, and Cognition*, **16**, 706-716.

Winstein, C.J., & Schmidt, R.A. (1990). Reduced frequency of knowledge of results enhances motor skill learning. *Journal of Experimental Psychology: Learning, Memory and Cognition*, **16**, 677-691.

Sherwood, D.E. (1988). Effect of bandwidth knowledge of results on movement consistency. *Perceptual and Motor Skills*, **66**, 535-542.

Ⅲ　運動の学習と指導

8　知覚・認知トレーニング

スポーツでは目の前の環境にある情報に対して適切に注意して知覚し，どのように変化するのかを予測し，適切な運動を選択して，精確にタイミングよく実行する必要があります。つまり，運動が出現する前に，たくさんの知覚や認知の活動がされています。このような知覚や認知の活動も１つの技能と捉えて，体力や運動の技能と同じようにトレーニングの方法が考えられてきました。

1　知覚・認知トレーニングと視力

わたしたちがスポーツで環境の情報を集める時，その大部分を視覚に頼っています。そう考えると，視力がよくなればスポーツでの知覚や認知がよくなるのではないかと考えがちです。しかし，このように考える研究者は少ないようです[1]。確かに，環境の情報がほとんど集められないほど視力が悪いというのは問題があります。一方で，スポーツでは，いつどこをどのように注意し知覚し考えるか，などがとても重要となります。単に見えているだけでは熟練者にはなれません。つまり，スポーツに役立つ知覚・認知トレーニングをするためには，視力を向上させるだけでは不十分なのです。

2　知覚・認知トレーニングの現状

知覚・認知トレーニングにはさまざまな方法があります。たとえば，バスケットボールのフリースローで運動中の視点を変化させ，よい結果をもたらす試みがあります[2]。また，環境のいつどこに重要な出来事が起こるのかを教えて，注意の配分や視線の配置をうまくコントロールする方法もあります。たとえば，野球の投球の球種を見分けるために，投球動作や飛球の重要な手がかりを教える方法です[3]。さらに，どのように判断するのかを支援するために，１対１状況でのフェイント動作のように戦術的な知識を教える方法もあります[4]。対戦相手の試合をビデオで撮影して行動を分析することも，予測のためのトレーニングとなります。ほかにも多くの方法がありますが，いずれのトレーニングも運動が現れるまでの情報処理の内容を改善するものです[5]。これらのトレーニングでは，知覚や認知の仕方を教えることが重要になります。そのために，まずは熟練者の知覚や認知の仕方を知ることが必要となります[6]。

知覚・認知トレーニングの実施は，運動をしなくても教室やグラウンドで重要なポイントを教えるだけでも成立します。このことは，選手の身体に傷害や

▷1　Williams, A. M., & Ward, P. (2003). Perceptual expertise: Development in sport. In J. L. Starkes, & K.A. Ericsson (Eds.), *Expert performance in sports: Advances in research on sport expertise*. Human Kinetics. pp. 219-249.

▷2　Vickers, J.N.(2007). *Perception, cognition, and decision training: The quiet eye in action.* Human Kinetics.

▷3　中本浩輝・杉原隆・及川研 (2005). 知覚トレーニングが初級打者の予測とパフォーマンスに与える効果　体育学研究, 50, 581-591.

▷4　奥村基生・吉田茂 (2007). 大学剣道選手の技知識獲得による試合中の能動的反応選択の改善　スポーツ心理学研究, 34(2), 23-37.

▷5　Williams, A. M. & Hodges, N.J.(Ed.) (2005). *Skill acquisition in sport: Research, theory and practice.* Routledge.

▷6　Ericsson, K. A., Charness, N., Feltovich, R. J., & Hoffman, R.R.(2006). *The cambridge handbook of expertise and expert performance.* Cambridge.

疲労がある時にでもトレーニングを行える利点をもたらします。しかし，重要なのは，トレーニングの効果をフィールドでのプレイ中に発揮できるようになることです。これをトレーニング効果の転移（transfer）といいます。転移をもたらすためには，すでに述べたように熟練者の特徴を知るだけではなく，トレーニング中に必要な運動を行わせることや，対戦相手のプレッシャーや時間制限を設けるなどのスポーツの特性を取り入れることが重要になると考えられます。また，スポーツの環境や運動を言葉だけで語りつくすことは難しいために，映像などの視覚的な教材を利用することが効果的です。たとえば，写真やビデオなどで注意して見るべきポイントの情報を示す方法が考えられます。

トレーニングの実施後には効果の程度を把握することが重要となりますが，そこでも工夫が必要となります。たとえば，指導者が動き方を教えた時，選手の理解の度合いは，目に見える運動の変化から知り得ます。しかし，知覚・認知の変化を目による観察だけで捉えることはとても困難です。なぜなら，いつどこを見るのか，何を考えるのかを教えた後に，プレー中に選手の視点の動きや考えていることを確認することが難しいためです。また，選手の視点や考え方が変わっていたとしても，それがプレーの変化として現れるとは限りません。特に，反応の時間や精確性などが向上したとしても，中級者や熟練者ではその変化はわずかだと考えられます。そのため，ビデオ，チェックシート，言語報告などを利用して，トレーニングの効果を客観的に継続的に評価することが望まれます。

③ 知覚・認知トレーニングの将来

これまでの知覚・認知トレーニングの研究は，素早く精確に重要な情報を知覚して，適合する運動を迅速に実行させる訓練がほとんどでした。しかし，多くの研究では，試合の文脈が扱われず，試合中の思考などのトレーニングの検討はされていません。また，トレーニング中の教示やフィードバックの方法も興味深い話題です（Ⅲ-7参照）。たとえば，重要な情報を他者が明示的に教える顕在学習と，自らが発見して覚える発見学習の効果の比較などが行われています[7]。トレーニングで利用する機器については最近のテクノロジーの進歩により，脳波[8]あるいはfMRI[9]による**リアルタイムフィードバック**[10]などバイオフィードバックの利用の可能性も示されています。これらの例だけではなく，スポーツの知覚・認知トレーニングに関しては解決すべき課題は多く，今後さらに発展していく可能性があります。いずれにしても，スポーツや運動のトレーニングである以上は，現場にいる指導者と選手が簡単に利用でき，フィールドでその効果を発揮する方法を立案することが求められます。

（奥村基生）

▷7　Williams, & Ward (2003). Ibid.

▷8　Vernon, D.J.(2005). Can neurofeedback training enhance performance? An evaluation of the evidence with implication for future research. *Applied Psychophisiology and Biofeedback*, **30**, 347-364.

▷9　Caria, A., Veit, R., Sitaram, R., Lotze, M., Weiskopf, N., Grodd, W., & Birbaumer, N. (2007). Regulation of anterior insular cortex activity using real-time fMRI. *NeuroImage*, **35**, 1238-1246.

Wieskopf, N., Sitaram, R., Josephs, O., Veit, R., Scharnowski, F., Goebel, R. Birbaumer, N., Deichmann, R., & Mathiak, K. (2007). Real-time functional magnetic resonance imaging: Method and application. *Magnetic Resonance Image*, **25**, 989-1003.

▷10　**リアルタイムフィードバック**
行為者が行為の結果に基づき制御や学習のための情報を行為遂行中に得ることである。たとえば，スポーツで利用される情報では，身体内部の感覚情報や身体外部の鏡の情報などがあてはまる。

III 運動の学習と指導

9 制約を利用した個人練習

▷1　自己組織
⇒II-12参照。

▷2　Newell, K.M.(1986). Constraints on the development of coordination. In M. G. Wade, & H. T. A. Whiting (Eds.), *Motor development in children: Aspects of coordination and control.* Martinus Nijhoff, Dordrecht. pp. 341-360.

▷3　Abe, M., & Yamada, N.(2001). Postural coordination patterns associated with the swinging frequency of arms. *Experimental Brain Research*, **139**, 120-125.

▷4　足踏み反射
新生児のわきを支えて、床の上で歩かせるような姿勢をとると、足踏みをするような動きが見られる。これを足踏み反射（stepping reflex）と呼ぶが、生後4週間ぐらいでは見られなくなる。

　運動はさまざまな制約によって**自己組織**すると考えられています。運動の組織化に影響する制約をニューエル（Newell, K. M.）は，生体，環境，課題の3つに分類しています。生体の制約とは，身長や体重などの構造的制約とシナプス結合などの機能的制約があります。たとえば，立位姿勢で腕を振る周期を速くしていくと同期する部位が肩関節と股関節から肩関節と足関節へと変化します。環境の制約は，重力や温度，光などの影響を受けることです。たとえば，新生児の**足踏み反射**が，重力場の小さい水中では陸上では見られなくなった後にも観察できます。これは重力という環境の制約を受けて見られる現象です。また課題の制約とは，課題を変えることで，動作に影響を及ぼすことです。たとえば，置いてあるボールをつかむ課題とつかんでからどこかへ投げるという課題では，ボールをつかむ時の動きが異なってきます。これらの制約は相互に関連があるため明確に区別することはできませんが，便宜的に3つに分けてそれぞれの制約を利用した練習を考えてみます。

1 生体の制約を利用した練習

　生体の制約を利用した練習として，古くから用いられているのは身体拘束法です。たとえば，競歩では着地から離地への腰の円滑な動きが重要ですが，この動作を獲得するために肩の上に棒を担ぎ，肩の動作を制限するとともに，足の着地点を指示することによって，結果としてそれに協応して円滑な腰の動作が獲得されます（写真III-1）。これは野球の投手が，踏み込み足のつま先が開く（右投手の場合には一塁寄りにつま先が向く）ために腰が開き，結果的に投球がシュート回転する場合に，踏み込み足のつま先をホームベースに向かって真っすぐ踏み出すように意識する場合なども同じです。

　生体の制約を利用する場合には，競歩のように補助具を用いる場合もあれば，野球のように意識的に運動を制御することもあります。

2 環境の制約を利用した練習

　環境の制約として重力を用いるものが，野球のマスコットバットです。マスコットバットにさらに重いリングを装着したより重いバットで素振りをすることで，腰の回転が肩の回転に先行する，いわゆる腰の入った動作となるといわれています。

写真III-1　制約を加えた競歩の練習
出所：平川・吉田（2005）．より。

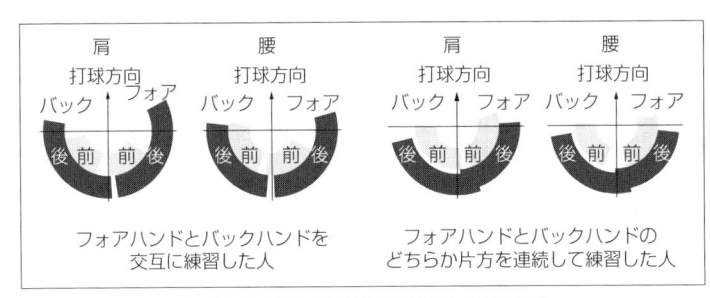

図Ⅲ-8　課題の違いによる練習効果

（注）練習前がグレーで練習後が黒。
出所：Yamamoto (2004). より。

　また，水の抵抗を制約として利用するものとして，水泳の練習で用いられるパドルがあります。さまざまな形のパドルがすでに市販されていますが，水の抵抗を利用して水をつかむ感覚を獲得するのに用いられます。

　さらには，物理的な環境を利用するものとして，テニスなどのオーバースイング（ラケットの引きすぎ）を矯正するために，壁の前で素振りをしたり，コーチがテイクバックのところに棒を差し出したりして，学習者がどこまでテイクバックをしているかを気づかせる練習もあります。

　このように，重力や水の抵抗，さらには物理的に運動空間を操作することによって，環境の制約を利用した練習ができます。

3　課題の制約を利用した練習

　課題の制約を利用した練習は，実際の練習でよく用いられているものです。野球の練習で，ランナーを1塁と2塁におき，2アウトと想定してのバッティング練習などもその1つといえます。また，下り坂を走って下ることによって，平地では味わえないスピード感を味わう走練習なども1つの例でしょう。

　ここでは，打動作の経験が少なく体幹を十分使って打動作が行えない場合に有効な課題の制約を考えます。テニスのストローク練習では，一般にフォアハンドとバックハンドを別々に練習します。しかしながら，フォアハンドだけを繰り返すと，打ち終わった時の体幹の回旋方向（右利きだと反時計回り）と，次のテイクバックの方向（右利きだと時計回り）が逆になり，どうしても体幹の回旋が少ない，いわゆる手打ちになります。そこで，フォアハンドとバックハンドを交互に打つと打ち終わった時の体幹の回旋方向が次のテイクバックの回旋方向と一致するため，自然と体幹の回旋動作が大きくなります（図Ⅲ-8）。このように課題を少し変えることが制約となり，そこで生み出される運動は異なってくるのです。こうした制約を拘束条件と呼ぶこともありますが，指導をする際には言語指導だけでなく，どのような制約を練習に取り入れたら学習者の動きが向上するのかを考える必要があります。

（山本裕二）

▷5　Thelen, E. (1983). Learning to walk is still an 'Old' problem: A reply to Zelazo. *Journal of Motor Behavior*, **15**, 139-161.

▷6　Marteniuk, R. G., MacKenzie, C.L., Jeannerod, M., Athenes S., & Dugas, C. (1987). Constraints on human arm movement trajectories. *Canadian Journal of Psychology*, **41**, 365-378.

▷7　平川武仁・吉田茂（2005）．競歩における円滑な腰動作のための肩動作制約法　陸上競技研究，**62**，18-27.

▷8　平野裕一（2003）．野球のバット重量の違いが打撃動作に及ぼす影響　日本体育学会第54回大会発表抄録集，382.

▷9　Yamamoto, Y.(2004). An alternative approach to the acquisition of a complex motor skill : Multiple movement training on tennis strokes. *International Journal of Sport and Health Science*, **2**, 169-179.

Ⅲ　運動の学習と指導

10　制約を利用したチーム練習

　集団競技においてはチーム練習が重要となります。個々の選手の技能が素晴らしくてもチームとしての成績があがらないのは，野球やサッカーなどのプロチームでしばしば見受けられます。ではどういったチーム練習が重要となるのでしょうか。集団競技は開放技能なので，環境情報の入力への適応，すなわち相手への適応が重要となります。ここではサッカーを例にとって，制約を利用したチーム練習について紹介します。

1　相手という制約を利用したチーム練習

　サッカーやバスケットボールなどゴール型集団競技では，攻撃者と守備者との攻防があります。つまり攻撃者にとって守備者は相手という制約になるのです。図Ⅲ-9は，3人でパスをする際に守備者がいない状況といる状況について初心者とサッカー選手で比較したものです[1]。いわゆる三角パスと3対1といわれる練習方法で，3人がパスを回すという点では同じ運動です。図の場合には，左側の人からパスをもらい，右側の人にパスを出す時の身体の動きを示しています。横軸はパスをもらってから出すまでの時間ですが，初心者でも守備者がいる状況ではパスを出すまでの時間が短くなり，サッカー選手と同じくらいのタイミングでパスを出しています。これは相手にボールを奪われないようにするために，早くボールをパスしたものと考えられます。

　このように，同じように見える練習でも，守備をする相手がいない状況での練習は，守備をする相手がいる状況よりも時間圧，いわゆるプレッシャーが低いために，パスを出すまでの時間が長くなったと考えられます。したがって，守備者となる相手を制約として用いることで，より試合場面を想定した練習となると考えられます。

2　空間という制約を利用したチーム練習

　同じように相手という制約があっても，動く空間の大きさが制約として働きます。中山らは，小学3年生から高校1年生までを2年ずつのカテゴリーに分け，8メートル四方，10メートル四方，12メートル四方という3つの異なる空間で，サッカーの3対1を行わせて発達差と空間の制約について調べました[2]。その結果，空間の広さによってパス動作が異なり，小学生の間は12メートル四方では広すぎて，楽な選択をもたらし，安易なパス動作が出現しやすく，中学

▷1　中山雅雄・浅井武・田嶋幸三（2007）．サッカーのパス技能と練習課題の制約との関連　体育学研究，**52**，419-430.

▷2　中山雅雄・浅井武（2009）．サッカープレーヤーの発達段階および課題の制約としてのプレーエリアの大きさがパス技能に与える影響　体育学研究，**54**，343-353.

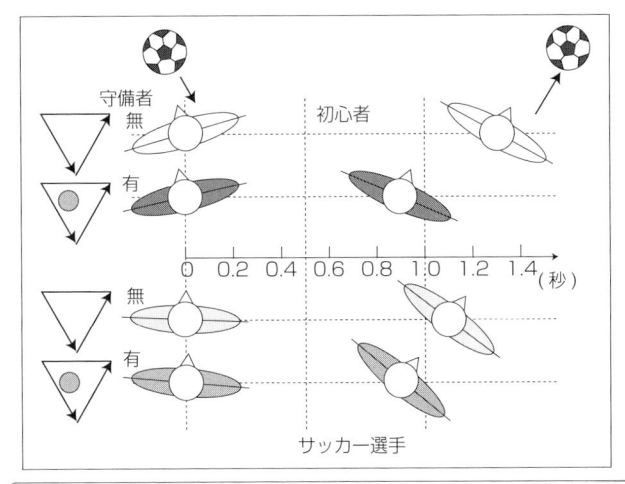

図Ⅲ-9 サッカーの三角パスで守備者の有無によって異なる動き

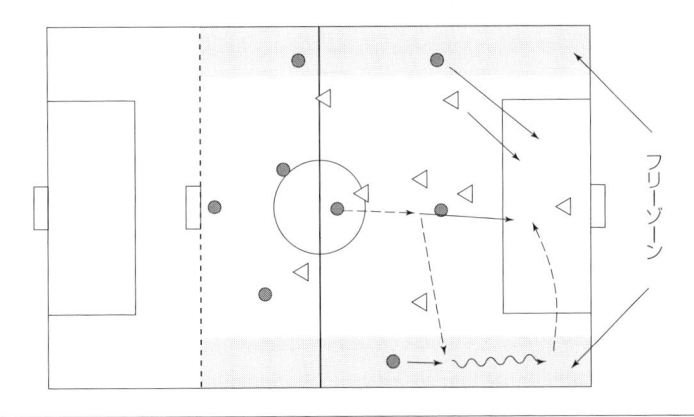

図Ⅲ-10 コートの2/3を使って，ゴールキーパーを含んで8対8で行う練習

（注）両サイドはフリーゾーンで攻撃側選手しかプレーできないエリア。

生以上では難易度を高めるために8メートル四方まで狭くしていくことが効果的であると述べています。

また，ドイツサッカー協会の指導書では，コート上の空間をさまざまに制約して行う練習が紹介されています。たとえば図Ⅲ-10では，両サイドの10～15メートルをフリーゾーンとして，攻撃側の選手しかプレーできないエリアに設定することによって，サイドからの攻撃の練習を強調しています。さらに，フリーゾーン以外でのプレーを3タッチ（1人が続けてボールに触れる回数を3回まで）とするといったプレー内容にも制約を加えることで，チームとして素早いサイドからの攻撃を獲得することが期待されます。

このように，集団競技においてのチーム練習では，相手，空間，用いる技術などの制約を用いることによって，さまざまな練習方法を考えることができます。制約を変えた練習方法を工夫することで，より実践的な練習が可能となり，集団競技にとって重要な開放技能が獲得できると思われます。

（横山慶子・山本裕二）

▶3 Bisanz, von G., & Vieth N. (2000). *Fussball von morgen, band 2: Leistungstraining für B-/A-junioren und amateure, münster*. Philippka-Sportverlag.（田嶋幸三（監訳）(2002). 21世紀のサッカー選手育成法（ユース編）大修館書店）

Ⅲ 運動の学習と指導

11 技術指導と練習環境デザイン

ある運動を指導する場合には，その競技種目を経験してきた指導者が指導にあたることが多いでしょう。したがって指導者の方が学習者よりも，経験・知識とも豊富で，その経験・知識を学習者に伝えていくのが一般的です。しかしここでは，少し観点を変えて練習環境をデザインすることを新しい指導と考えてみたいと思います。

指導とデザインの違いを概念的に表したのが図Ⅲ-11です。指導という言葉には指導者が自分の経験・知識を学習者に伝え，学習者が指導者のレベルに達すると，また別の経験を有する指導者に指導を受けるという感じがします。多くの指導者に指導を受けること自体は悪くはありませんが，指導者も学習者と一緒に成長していく，すなわち指導者自身がより多くの経験・知識を積んでいけばいつまでも同じ指導者が同じ学習者を指導していても終わることはないでしょう。つまり，指導者が常に練習環境を工夫するようにデザインし続けることによって，指導者も学習者とともに成長していくことができるのです。

1 練習環境をデザインするとは

練習環境をデザインするとは，指導者（学習者自身の場合もあります）が練習方法や練習内容を常に主体的に考えていくことを強調することです。建築家や服飾家が家や衣服をデザインする時のことを考えてみてください。ある条件を満たし，かつ最も斬新で効率よいものをつくろうとするのです。つまり，デザインするとはある目的を達成するために，素材からすべてを考慮して，全体

▷1 指導とデザイン
指導とは，「ある意図された方向に教え導くこと」と辞書には書かれ，既存のものを教えるという意味合いを感じる。他方，デザインとは，「作ろうとするものの形態について，機能や生産工程などを考えて構想すること」と書かれている（三省堂　スーパー大辞林3.0web版）。ここには新しいものを常に模索する姿勢が感じられる。

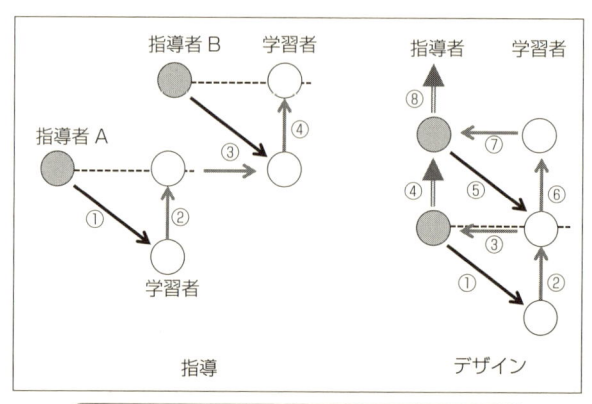

図Ⅲ-11　指導とデザインの違いを表す概念図

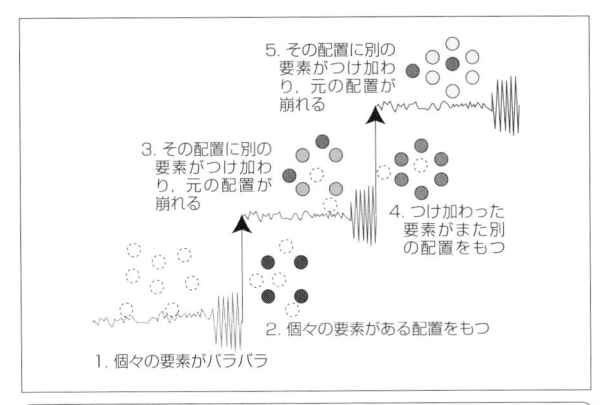

図Ⅲ-12 揺らぎながら突然上達する運動技能向上の模式図

1. 個々の要素がバラバラ
2. 個々の要素がある配置をもつ
3. その配置に別の要素がつけ加わり，元の配置が崩れる
4. つけ加わった要素がまた別の配置をもつ
5. その配置に別の要素がつけ加わり，元の配置が崩れる

のプランを組み立てていくことです。そのためには，何がしたいのかという目的を明確にし，現在の自分の状態を客観的に知るとともに，今から練習で何をしなければいけないかを考えていかなければなりません。

　練習は「うまくなりたい」，「強くなりたい」という目的があるのですが，それでは練習環境をデザインするためにはちょっと物足りません。食べたい料理をまず決めて，そのための食材を買ってきてつくるように，まず，大きな目標を明確にして，そこからやるべきことを工夫していく姿勢が技術指導のなかにも必要でしょう。

2 ゆらぎと学習

　もう1つ練習環境をデザインする上で重要なことは，運動技能の上達は決して直線的ではないということです。自転車に初めて乗れた時のことを思い出してみましょう。少しずつ乗れるようになったというよりは，ある時突然乗れるようになったのではないでしょうか。運動技能は突然に上達することが多いのです。それは，運動技能が多くの要素から成り立っていることと関係があります。一つひとつの要素がうまくなっても必ずしも全体がうまくなるとは限らず，それらの関係がうまく成り立つと一気に全体としてうまくなると考えられます。

　同時に，大きく変わる前には必ず大きなゆらぎがあると思われます。それは，大きくゆらがないと前のものが壊れて新しいものを構築できないからです。ただ，前のものを一度は壊すのでそれまでできていたこともできなくなり，成績は低下します。しかし，それを乗り越えて初めて次の大きな飛躍が待っているのです。したがってデザインすることは，学習者に大きなゆらぎを与えることともいえますが，指導する側もゆらぎます。だから，技能の獲得・向上のためには，学習者だけでなく指導者も大きな目標をもってそれを**アンカー**としてゆらがなければいけないのでしょう。それを概念的に示したのが図Ⅲ-12です。

（山本裕二）

▷2　最初に大きな目標を立ててから，その目標達成のためにその目標の方から順にやるべきことを考えて，最終的に今やるべきことを考えるのを逆向プランニングと呼ぶ。他方，目の前のできることを積み上げていって大きな目標にたどりつこうとするのを順向プランニングと呼ぶ。逆向プランニングの方が順向プランニングよりも大きな目標に到達できると考えられる。

▷3　**アンカー**
錨のことで，ゆらぐための支え。公園の雲梯を進むように手を離してしまえば落ちてしまう。大きな目標をしっかりつかみながらゆらぐことが大切である。

Ⅳ　スポーツにおける動機づけ

1　動機づけ——やる気を支えるエネルギー

1　スポーツと動機づけ

　人はなぜスポーツをするのか。野球には熱中するが，他のスポーツには積極的でないのはなぜか。同じ失敗を経験しても，すぐにあきらめてしまう人がいる一方で，粘り強く取り組む人がいるのはなぜか。これらは，すべて動機づけに関する研究テーマです。

　動機づけ（motivation）は日常語のやる気や意欲とほぼ同じ意味で使われますが，最近では"モチベーション"と呼ばれることも多くなりました。いずれにしても，スポーツにおける動機づけは，スポーツにおける課題の選択，スポーツに費やす努力の程度や持続性を左右することから，十分な動機づけがなければ技能の上達や記録の向上は期待できません。また，適切なスポーツ指導をするためにも，選手の動機づけを理解することが欠かせません。

2　動機づけの源泉

　では，人はなぜスポーツに動機づけられるのでしょうか。達成（自分の目標を成し遂げたい）や優越（人に勝ちたい），あるいは親和（仲間と一緒にいたい）といった社会的な動機や欲求がスポーツへのエネルギー源になっているという考え方があります。実際，大学生の運動部への参加動機を調べてみると，達成[1]（技術・記録の向上のため），固執（自分の目標へのこだわりから），健康・体力（健康・体力の維持・向上のため），自由・平等性（チームの自由・平等な雰囲気にひかれて），社会的有用性（就職に有利なことを期待して）など，実に多様な動機が関わっていることがわかります。また，親和（仲間・友人の獲得のため）や回避（運動部をやめることによって生じる人間関係の問題を避けるため），など人間関係に関わる動機も重要なことがわかります。

　ところで，これらの動機や欲求は，スポーツ参加に同じように機能しているわけではありません。たとえば，達成動機が強い人がいる一方で，親和動機が強い人もいるというように，参加動機には人によって濃淡があることが普通で，それらの動機の質と量の違いがスポーツへの動機づけの個人差となって表れると考えてもよいでしょう。

　一方，参加動機とは逆に，運動部からの退部動機を調べた研究もあります。[2]怪我や病気で退部したという理由もありますが，厳しい練習についていけない，

▶1　山本教人（1990）．大学運動部への参加動機に関する正選手と補欠選手の比較　体育学研究, 35, 109-119.

▶2　青木邦男（1989）．高校運動部員の部活動継続と退部に影響する要因　体育学研究, 34, 89-100.

失敗が度重なった，技術が向上しない，指導者や他の部員との人間関係がうまくいかない，部活以外にしたいことが見つかった，といった理由のほか，勉強との両立が困難になったという高校生ならではの理由も見られます。

いずれにしても，スポーツは多様な動機や欲求に支えられていること，そして，それらの動機や欲求がスポーツ場面でどの程度充足されているかどうかがスポーツへの動機づけを左右していると考えられます。指導者の立場からは，選手の多様な欲求をどのようにして充足させるのかが重要であるといい換えてもよいでしょう。

最近，内発的動機づけの分野で活躍するデシとライアン（Deci, E. L., & Ryan, R. M.）は，基本的な3つの心理的欲求を取り上げ，それらの欲求が充足されることでより内発的に動機づけられるようになるという基本的欲求理論（basic needs theory）を提唱しています。すなわち①自律性（自己決定）への欲求：自由意志や選択により自分の行動は自分で決定したいという欲求，②有能さへの欲求：周囲の環境や他者との関わりのなかで自分の有能さを感じたいという欲求，③関係性への欲求：チームメートやコーチと親密な関係をもちたいという欲求です。前述したスポーツに関わる動機とこれらの欲求との関係を検討してみるとよいでしょう。

▷3 Deci, E.L., & Ryan, R.M.(2002). *Handbook of self-determination research*. The University of Rochester Press.

▷4 内発的動機づけ・外発的動機づけについてはⅣ-5参照。

スポーツを続けていると，自信をなくしてやる気がなくなることもあります。また，練習の厳しさや人間関係での葛藤など，できれば経験したくないこともあります。しかし，スポーツは，健康や体力の維持・向上に有効であるばかりでなく，芸術や科学と同様に，基本的な欲求を充足させ，人間を成長させる重要な活動の1つです。したがって，多くの人がスポーツに取り組むための動機づけが重要となるのです。

3 やる気を高めるために

最後に，やる気を高めるための提案を1つしておきましょう。それは，スポーツの目標を見つめることです。スポーツの目標には，他の人に勝ちたい，周囲から認められたいという「自我目標」と，上達したい，自分の能力を伸ばしたいという「課題目標」の2つがあります。自我目標をもつ場合，自分に自信がある時には，進んで練習や試合に臨めますが，自信がない場合は，周囲からのできない・能力が低いという評価を避けるために練習しようとしなかったり，失敗しても恥ずかしくないようにわざと努力をしないことがあります。一方，課題目標の場合，自分に自信があってもなくても，また，たとえ失敗したとしても努力することができます。失敗は上達に必要不可欠であり，新たな練習に向けての手がかりを与えてくれるからです。

▷5 目標についてはⅣ-4参照。

スポーツは他者との競争で能力が比較されるものですが，課題目標を大切にすることが動機づけにとって望ましいと考えられます。

（伊藤豊彦）

Ⅳ　スポーツにおける動機づけ

2　原因帰属──成功・失敗経験の解釈とやる気

1　原因帰属とは

　スポーツでは，優勝する，自己ベスト記録を出す，よいプレーをするなど多くの成功経験をします。また反対に，試合に負ける，大事な場面でミスをするなど失敗に関する経験もたくさんします。このような成功・失敗の経験をどのように解釈するかは，人によって異なりますが，その解釈の仕方によってその後のやる気が変化すると考えられています。

　心理学では，成功や失敗などの出来事の原因を求めることを原因帰属（causal attribution）といいます。ワイナー（Weiner, B.）は，成功や失敗を説明するために用いる主な要因として，能力，努力，課題の困難度，運の4つをあげています。そして，これらの原因を表Ⅳ-1のように，「安定性」次元と「原因の位置」次元の2つの次元に分類しています。「安定性」次元は，原因は不変的なものと捉える安定要因（能力，課題の困難度）と，原因は変化するものと捉える不安定要因（努力，運）に分けられます。「原因の位置」次元は，原因は自分自身にあるとみなす内的要因（能力，努力）と，原因は自分以外にあるとみなす外的要因（課題の困難度，運）に分けられます。

　このような原因帰属の次元が，どのように動機づけへ影響するかについて見ると，「安定性」次元は，期待の変化に影響します。同じ失敗でも，その原因を能力不足や課題の困難度という安定要因に帰属した場合，それらは変化しにくい要因であるため，次回もまた失敗すると判断しやすくなります。それに対して，努力不足や運という不安定要因に帰属した場合は，努力の仕方によって，あるいは運がよければ成功するかもしれないという期待がかけられます。このように，安定要因への帰属では，結果は変わらないとみなされるためやる気は起きませんが，不安定要因への帰属は，結果が変わるという期待がもてるためやる気が高まるといえます。

　「原因の位置」次元は，自尊感情などの感情反応に影響します。成功の原因を自分の能力や努力に帰属させた場合，課題の容易さに帰属するよりも，成功したことに対する誇りを感じることができます。また，失敗を能力や努力に帰属した場合には，不運であったと帰属させるのに比べ，失敗に対する恥ずかしさを感じる度合いは強くなります。このように，誇りや恥といった感情反応は，内的要因への帰属のほうが外的要因への帰属よりも大きいといえます。

▷1　Weiner, B. (1972). *Theories of motivation*. Rand McNally.

▷2　後にワイナーは，3番目の次元として，原因をコントロールできるかできないかに関する「統制可能性」次元を提案している。

表Ⅳ-1　成功・失敗の原因帰属に関する2次元分類

安定性	原因の位置	
	内的	外的
安定	能力	課題の困難度
不安定	努力	運

出所：Weiner (1972). より。

2　スポーツにおける成功・失敗の解釈と動機づけ

　スポーツの研究では，スポーツに対する意欲の高い人は勝利などの成功の原因を努力や能力という内的要因に求め，ミスなどの失敗の原因を努力不足に帰属させますが，反対に，スポーツへの意欲の低い人は成功を課題の容易さや運など外的要因に，失敗を能力不足に帰属させる傾向にあることが報告されています。[3]また，スポーツの継続に関する調査では，長期間スポーツを継続している人は，スポーツでの成功を努力と能力に帰属させますが，失敗した場合は原因を努力不足だけに求める傾向にあることが指摘されています。[4]さらに，「運動嫌い」の人の特徴を調べた報告では，「運動嫌い」の人は，成功の原因を課題や運など外的要因に求め，失敗の原因を能力の無さに求める傾向が強いことも示されています。[5]

　これらの研究から，成功・失敗経験の原因を努力に帰属させることによって，スポーツへの動機づけが高まり，スポーツが継続されると考えられます。また，失敗の原因を能力に帰属すると，動機づけの低下をもたらし，さらには無力感の獲得に繋がると思われます。[6]

　日本とアメリカの大学生スポーツ選手の原因帰属を比較した研究では，日本人選手はアメリカ人選手よりも，試合に勝つなどの成功の原因を指導者や仲間など自分以外のものに求め，試合中のミスなどの失敗の原因については，その責任は自分自身にあるとみなす傾向が見られています。反対に，アメリカ人選手は，成功の原因を運動能力など自分自身に求め，失敗の原因を対戦相手など自分以外のものに帰属させる傾向にあることが報告されています。[7]

　すなわち，アメリカ人選手には原因を自己の有利な方向に偏って解釈する自己高揚的な帰属傾向があり，日本人選手には成功を外的要因，失敗を内的要因に帰属する自己批判的な帰属傾向があると考えられます。スポーツ選手のインタビューでは，「チームメートのおかげで得点できました」「負けたのは私の力のなさです」といったコメントを頻繁に見聞きしますが，これは日本人選手の原因帰属の特徴ともいえそうです。このように，成功・失敗の解釈は文化の影響も受けていると思われます。

（磯貝浩久）

[3]　筒井清次郎・天野彰夫・西田保 (1989). 体育における学習意欲と原因帰属の関係について　体育の科学, 39, 797-800.

[4]　伊藤豊彦 (1987). 原因帰属様式と身体的有能さの認知がスポーツ行動に及ぼす影響　体育学研究, 31, 263-271.

[5]　伊藤豊彦 (1985). スポーツにおける原因帰属様式の因子構造とその特質　体育学研究, 30, 153-160.

[6]　無力感についてはⅣ-6参照。

[7]　磯貝浩久 (2001). スポーツにおける目標志向性に関する日米比較研究　九州大学博士論文

Ⅳ スポーツにおける動機づけ

3 自己効力感──やればできる

1 やる気を支える「できる」という感覚

　新しい技への挑戦や試合にのぞむ時，「自分にはできる」，「自分は勝てる」という自信をもつことでやる気は高まります。心理学ではこのような感覚を自己効力感（self-efficacy）と呼び，やる気との関係や自己効力感を高める方法について明らかにしてきました。

　自己効力感とは「うまくできそうだ」という一種の期待と考えられますが，バンデューラ（Bandura, A.）は，図Ⅳ-1に示すように，期待を結果予期と効力予期の2つに分けて考えています。結果予期とは，ある行動がどのような結果を生み出すかという期待で，「練習すれば上達する」といった確信がこれにあたります。したがって，練習しても能力は向上しないと考えているなら，やる気は高まりません。一方，効力予期とは，ある結果を生み出すために必要な行動をどの程度うまくできるかという確信で，これを自己効力感と呼びました。スポーツでいうと，厳しい練習をどれだけ続ける自信があるかという確信で，いくら厳しい練習で上達するとわかっていても，その練習を成し遂げる自信がなければやる気は起きません。そしてこうした2つの期待は，その組み合わせによって，図Ⅳ-2に示されるように気分や行動に影響するといわれています。

▶ Bandura, A. (1977). Self-efficacy: Toward a unifying theory of behavioral change. *Psychological Review*, **84**, 191-215.

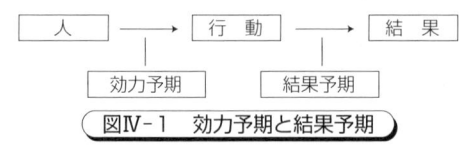

```
人  →  行 動  →  結 果
     ↑         ↑
   効力予期    結果予期
```

図Ⅳ-1　効力予期と結果予期

出所：Bandura (1977). より。

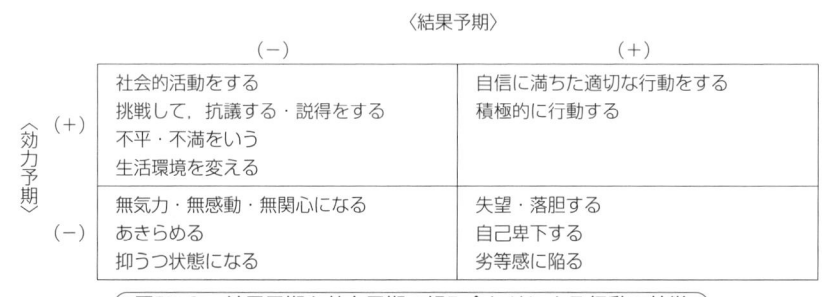

〈結果予期〉

	（−）	（＋）
〈効力予期〉（＋）	社会的活動をする 挑戦して，抗議する・説得をする 不平・不満をいう 生活環境を変える	自信に満ちた適切な行動をする 積極的に行動する
（−）	無気力・無感動・無関心になる あきらめる 抑うつ状態になる	失望・落胆する 自己卑下する 劣等感に陥る

図Ⅳ-2　結果予期と効力予期の組み合わせによる行動の特徴

出所：祐宗省三ほか（編）(1985). 社会的学習理論の新展開　金子書房　p.133. より。

表Ⅳ-2　身体活動・運動の増進に関わる自己効力感（SE）を高めるための情報と方略

SEの情報源	SEを高める情報	SEを下げる情報	SEを強化する方略
遂行行動の達成	成功体験の蓄積	失敗体験の蓄積 学習性無力感	目標設定
代理的経験	自分と似た人の成功体験，問題解決法の学習	条件が整っている人の成功体験	モデリング（観察）
言語的説得	指導者，友人による正確な評価，激励，称賛，自己評価	一方的叱責 無視・無関心	グループ学習 自己強化
生理的・情動的喚起	できないという思い込みからの解放	疲労，不安，痛みなどの自覚	セルフモニタリング 認知再体制化

出所：坂野雄二・前田基成（編）（2002）．セルフ・エフィカシーの臨床心理学　北大路書房　p.231.より．

2　自己効力感を高める

「できそうだ」という自己効力感を高めるために，指導者の手がかりとなる自己効力感の4つの情報源を表Ⅳ-2に示しました。

1つ目は，遂行行動の達成です。ある行動がうまくできて成功を体験したあとでは自己効力感が高まり，「またできるだろう」という期待をもつことができます。逆に，失敗経験は自己効力感を下げてしまいます。遂行行動の達成とは，自己効力感の最も強力な情報源の1つであり，適切な目標の設定を支援し，成功体験を積み重ねていくことが有効であるとされています。

2つ目は，代理的経験です。自分が今までやったことのない運動でも，モデルが示す手本を観察することで「自分もできそうだ」と思ったり，逆に，失敗する人をみて急に自信がなくなったりすることがあります。代理的経験とは，モデルの観察ですが，一流の選手よりも自分の仲間が成功する場面を観察した方が自己効力感を高める情報となりやすいと考えられます。

3つ目の言語的説得とは，言葉によって，できる力があることを説得することです。指導者や信頼のおける友人からの激励や称賛は，自己効力感を高める大きな力になります。逆に，一方的な叱責や無視は自己効力感を下げてしまいます。また，成功した時には自分で自分をほめ，失敗した時には自分を励ますといった自己強化を促進させることも有効です。遂行行動の達成や代理的経験に補助的に加えることによって自己効力感に影響すると考えられています。

最後は，生理的・情動的喚起です。試合になって急に不安を感じ，「うまくできないのではないか」と心配になったり，落ち着いていることで「これならできる」という気持ちになることがあります。自分の生理的・情動的状態をどのように感じるかが自己効力感の変動の原因となる例です。生理的な過剰反応を減らしたり，自分の生理的な状態の解釈を変えることで自己効力感の低下を防ぐことができます。

（伊藤豊彦）

Ⅳ　スポーツにおける動機づけ

4　達成目標理論──目標の性質とやる気

1　達成目標理論とは

　達成目標理論では，学業やスポーツといった達成場面で，個人がどのような目標を達成したいと認知しているかが，学習活動を規定する重要な役割を果たすと捉えています。そして，これまでの研究で達成目標は，課題目標（あるいは学習目標・熟達目標）と自我目標（あるいは成績目標・遂行目標）の2つに大別されてきました。課題目標は，練習の過程や努力を重視し，新しいスキルを身につける，技術を向上させるなどを目標とするものです。自我目標は，能力に価値をおいて，他者より優れることなど他者との比較を通しての達成を重視する目標です。

　達成目標と行動の関係について，ドゥエック（Dweck, C. S.）は表Ⅳ-3に示されるようなモデルを提示しています。まず，能力は固定的で自分では制御できないものと考える場合は，能力が低いと評価されることを避け，能力が高いと評価されることに関心が向くため，自我目標が選ばれます。一方，能力は柔軟で増大する可能性があると考える場合は，自分の能力をどのように拡大・進歩させることができるかに関心があるため，課題目標が選ばれます。

　自我目標をもつ人は，他者との比較による能力評価や達成に関心があることから，自分の能力に自信がある場合は，能力の高いことを示そうと挑戦を求め，積極的に課題に取り組みます。しかし，自分の能力に自信がない場合は，能力不足を隠そうとするため，課題への取り組みを避けるようになるか，易しい課題か難しい課題といった能力評価に影響しない極端な課題にしか取り組もうとしなくなります。そして，無力感に陥りやすくなります。

　これに対して，課題目標をもっている人は，運動技能の獲得や向上に関心があるため，自分の能力に自信があるかないかにかかわらず，自分の能力やスキルを高める最適な課題を選択して，積極的に挑戦します。また，課題目標をもつ人の失敗は，努力が足りないことや練習方法が適切でなかったことを示す手がかりであり，次に成功するための情報として活かされます。

2　達成目標に影響する要因

　達成場面でどのような目標をもつかは，状況要因と個人要因の影響を受けています。状況要因については，自我目標が設定されやすい状況として，①課題

▶1　Dweck, C.S. (1986). Motivational processes affecting learning. *American Psychologist*, **41**, 1040-1048.

表Ⅳ-3 達成行動と目標志向性

能力観	達成目標	現在の能力についての自信	行動パターン
固定理論 (能力は固定的)	自我目標 (目標は有能さについて肯定的評価を受け，否定的評価を避けること)	高い場合	熟達志向型 挑戦を求める 高い持続性
		低い場合	無力感型 挑戦を避ける 低い持続性
拡大理論 (能力は可変的)	課題目標 (目標は有能さの拡大)	高い場合 もしくは 低い場合	熟達志向型 挑戦を求める 高い持続性

出所：平木場浩二（編）(2006). 現代人のからだと心の健康 杏林書院 p.135. より。

が能力を評価するものとして示される時，②他者との競争が強調される時，③観衆がいるなどして能力への意識が高まる時などがあげられます。これに対して，課題目標が設定されやすい状況としては，①技術の向上が強調される時，②スキルの習熟に応じた挑戦的な課題がある時，③学習の過程や取り組み方が重視される時などがあります。このように，状況により達成目標が変わる場合がありますが，その一方で，達成目標に個人差が存在することも示されています。この個人差，すなわち，ある個人が重視する達成目標のことを目標志向性と呼びます。さまざまな目標の志向性が考えられますが，これまでの研究で，課題目標を重視する課題志向性と自我目標を重視する自我志向性が，スポーツ行動に大きく影響することが明らかにされています。

3 課題・自我志向性のスポーツ行動への影響

○スポーツにおける課題・自我志向性

スポーツ場面の課題・自我志向性とスポーツ行動との関係について，多くの研究が行われています。そのなかで，スポーツにおける課題・自我志向性を評価する尺度が作成されています。[2] スポーツでどのような時に達成・成功を感じるかについて聞き，課題志向性を「プレーが簡単にできると感じた時」「やっていて楽しいと感じるプレーを修得した時」などの項目で評価し，自我志向性を「仲間より上手にできた時」「自分が一番得点をあげた時」などの項目から判断します。このような尺度を用いて，スポーツ行動との関係が調べられています。

○動機づけや行動への影響

課題・自我志向性の動機づけへの影響に関する研究では，たとえば，中学生の体育授業で行われた体力テストを対象として，体力テストの結果と課題・自我志向性，動機づけ得点（楽しさ，関心，努力），成功感との関係を調べた報告があります。[3] 体力テストの結果がよく，成功感を味わった生徒は，体力テストの成績が悪く成功感のない生徒よりも，楽しさ・関心・努力などの動機づけに

[2] Duda, J. L., & Nicholls, J.G.(1992). Dimensions of achievement motivation in schoolwork and sport. *Journal of Educational Psychology*, **84**, 290-299.

[3] Goundas, M., Biddle, S., & Fox, K. (1994). Achievement goal orientations and intrinsic motivation in physical fitness testing with children. *Pediatric Exercise Science*, **6**, 159-167.

関わる得点が高まっていました。これは当然の結果と思われますが、さらに重要な結果として、体力テストの成績が平均以下の生徒でも、課題志向性が高く自我志向性が低い生徒は、自我志向性が高く課題志向性が低い生徒よりも動機づけ得点が高かったことが明らかにされています。このことから、課題志向性の高い生徒は、体力テストの成績が悪い時でさえ、動機づけを高く維持できるといえます。

また、競技スポーツを行っている高校生を対象とした伊藤の研究では、課題・自我志向性と動機づけに関する3つの要因、すなわち競技達成動機（目標への挑戦、技術向上意欲、困難の克服、練習意欲）、有能さ（能力認知、統制感）、内発的動機づけとの関係について調べています[4]。その結果は図Ⅳ-3に示されています。図Ⅳ-3からわかるように、課題志向性の高い選手は自我志向性の高い選手と比べて、競技達成動機、有能さ、内発的動機づけの3つの動機づけ要因とも高いことが明らかになっています。

課題・自我志向性がスポーツ行動の継続や練習方法にどのように影響するか、についても調べられています。中学生を対象とした細田・杉原の研究では、課題志向性の高い人は、自我志向性の高い人よりもスポーツへの興味が強く、スポーツを長期間にわたって継続していることが報告されています[5]。また、課題志向性の高い人は、練習では自主練習を行ったり、適切な方法を工夫して用いたりしていることも示されています。

○感情への影響

感情への影響について調べた研究では、爽快感や満足感などのポジティブな感情を高めることに、課題志向性が強く関係していることが示されています。たとえば、体育授業で短距離走を行い、その後の感情変化について調べた研究[6]では、競走の結果に関わりなく、課題志向性が高い生徒はみなポジティブな感情に変化していました。しかし、自我志向性の高い生徒では、競争結果のよい生徒や、自分の能力に自信のある生徒だけが、ポジティブな感情をもつことが示されました。このように、他者との比較を重んじる自我志向性では、ポジティブな感情を高める場合とそうでない場合がさまざまに生じますが、課題志向性ではポジティブな感情を経験しやすいと考えられます。そして、このポジティブな感情はスポーツを積極的に行うことへ繋がっていくと思われます。

以上のことから、スポーツ場面における課題志向性の重要性が指摘できそうです。すなわち、他者比較を重視した自我志向性より、技術向上や練習過程を重視した課題志向性をもつことが、スポーツの動機づけを高め、ポジティブな感情をもたらし、スポーツの継続に結びつくと考えることができます。

④ スポーツにおける個人・社会志向性

これまで、スポーツ行動の目標志向性として、課題・自我志向性について見

▷4 伊藤豊彦（1996）．スポーツにおける目標志向性に関する予備的検討　体育学研究, 41, 261-272.

▷5 細田朋美・杉原隆（1999）．体育の授業における特性としての目標志向性と有能さの認知が動機づけに及ぼす影響　体育学研究, 44, 90-99.

▷6 Vlachopoulos, S., Biddle, S., & Fox, K. (1996). A social-cognitive investigation into the mechanisms of affect generation in children's physical activity. *Journal of Sport & Exercise Psychology*, 18, 174-193.

IV-4 達成目標理論

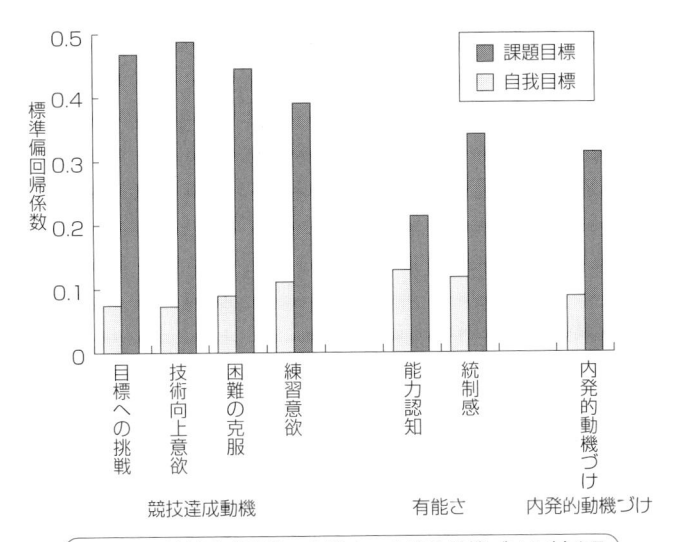

図IV-3　競技達成動機，有能さ，内発的動機づけに対する課題目標と自我目標の貢献度の比較

出所：杉原隆（2003）．運動指導の心理学　大修館書店　p.169.より．

てきましたが，このほかにも多様な目標の志向性が存在することが指摘されるようになってきました。そのなかで，スポーツ行動と関わりの深い目標志向性として，個人・社会志向性があげられます。この志向性は，個人と社会という2つの適応に注目しています。スポーツでは，自分の信念を貫くことなど個人の内的基準への適応が重要になりますが，一方で，スポーツは集団に所属して行われることが多いため，スポーツ集団に適応することも望まれます。このような適応をどのくらい志向するかによって，スポーツ場面の行動が異なってくると考えることができます。

このような観点から，磯貝らは，スポーツにおける個人・社会志向性を評価するための尺度を作成しています。スポーツにおける個人志向性は，スポーツ場面において個性を発揮することなど個人内基準への志向性で，スポーツを通しての自己実現に近い内容を意味します。一方，スポーツにおける社会志向性は，チームの規範・規則の遵守，集団での役割遂行，選手間の良好な人間関係の維持などのスポーツ集団への適応に関する志向性です。

スポーツにおける個人・社会志向性のバランスにより，チームワークの善し悪しや対人関係のあり方，スポーツでの満足感，個性の発揮の仕方などが異なってくることが示されています。また，スポーツ場面で，周囲から自己中心的と評価されやすい選手は，個人志向性が極端に高く社会志向性が低い傾向にあり，反対に，周りばかり気にしているとみなされやすい選手は，社会志向性が極端に高く，個人志向性が低い傾向にあると考えられます。そして，このような個人・社会志向性の不均衡が拡大することによって，何らかの不適応行動が生じる可能性があるため，両志向性のバランスを保つことの重要性が指摘できます。

（磯貝浩久）

▷7　磯貝浩久・徳永幹雄・橋本公雄（2000）．スポーツにおける個人・社会志向性尺度の作成　スポーツ心理学研究，**27**，22-31．

Ⅳ　スポーツにおける動機づけ

5　自己決定理論──やる気の連続性

1　内発的動機づけと外発的動機づけ

　スポーツの動機づけは，スポーツそのものが目的になっているか，スポーツはほかの何かを成し遂げるための手段になっているかといった，目的か手段かという視点で考えることができます。やせるために運動する時や，コーチに叱られるのが嫌で練習する時，その目的は体重の減量や叱られるのを回避することで，スポーツはそのための手段として行われています。このような動機づけを，外発的動機づけといいます。

　一方，サッカーは楽しいから練習するとか，野球のバッティングはおもしろいので頑張るというように活動の魅力に引きつけられて，活動すること自体が目的になっている場合を，内発的動機づけと呼びます。この内発的動機づけは，自分の周りの環境を自分自身の力で変化させたいという「有能さへの欲求」と，行動することを自分自身で決定したいという「自律性（自己決定）への欲求」の2つの心理的欲求が基本になっていると考えられています。さらに，近年では他者との結びつきを深めたいという「関係性への欲求」も内発的動機づけの源であるとされています。これまで，内発的動機づけと外発的動機づけは対照的なものとして，二分法的に位置づけられ，外発的動機づけは望ましくない動機づけと考えられてきました。

2　動機づけの連続性を見る自己決定理論

　デシとライアン（Deci,. E.L., & Ryan, R. M.）が提案した自己決定理論（self-determination theory）は，内発的動機づけと外発的動機づけは対立するものではなく，自己決定の程度によって連続的に捉えられることを示しています。この理論では，動機づけを自己決定の程度によって分類し，「非動機づけ」→「外発的動機づけ」→「内発的動機づけ」の連続体上に位置づけています。さらに，外発的動機づけは，自己決定の低い程度から順に，「外的調整」→「取り入れ的調整」→「同一視的調整」→「統合的調整」の4つの段階に分けられています（図Ⅳ-4）。

　これにしたがって，スポーツの動機づけを考えてみると，まず，「非動機づけ」は，スポーツをするつもりはないといったように，行動する意図や目的が欠如している状態です。外発的動機づけの「外的調整」は，親に言われて仕方

▷1　Ryan, R.M., & Deci, E. L. (2000). Self-determination theory and the facilitation of intrinsic motivation, social development, and well-being. *American Psychologist*, 55, 68-78.

▷2　Deci, E. L., & Ryan, R.M. (2002). *Handbook of self-determination research*. The University of Rochester Press.

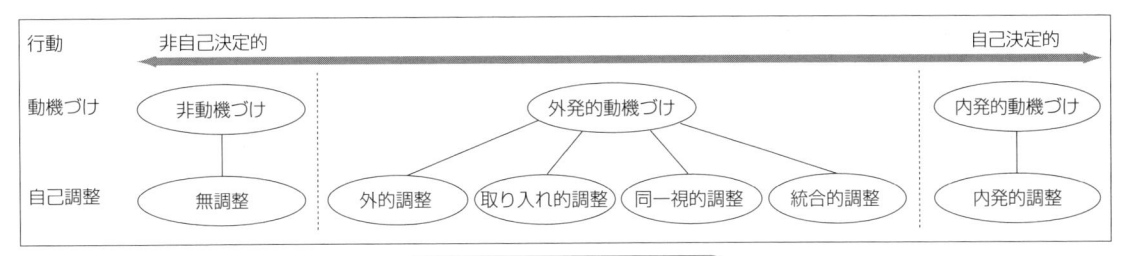

行動	非自己決定的					自己決定的
動機づけ	非動機づけ	外発的動機づけ				内発的動機づけ
自己調整	無調整	外的調整	取り入れ的調整	同一視的調整	統合的調整	内発的調整

図Ⅳ-4　自己決定理論の概要

出所：松本裕史（2008）．自己決定理論　日本スポーツ心理学会（編）スポーツ心理学事典　大修館書店　p.250.より。

なく，コーチに怒られたくないから，奨学金のためになど自己決定がまったくなされていない段階になります。ここでの行動はすべて外的な力によって行われます。「取り入れ的調整」は，練習をさぼると罪悪感を感じるとか，チームメートの前で恥をかきたくないといったネガティブな理由でスポーツを行っている場合があてはまります。この段階では，課題の価値を認め，自分の価値として取り入れ始めていますが，「しなければいけない」といった義務的な気持ちが強い状態といえます。

「同一視的調整」は，体力トレーニングは今の自分にとって大切だからする，きつい練習でも自分が試合で勝つために必要だからするというように，課題の価値を自分の価値と同じものとみなす段階になります。行動そのものは何らかの手段であっても，自分にとって重要なことという意識が強くなっています。

最も自己決定の程度が高い段階として，「統合的調整」があります。この段階では，スポーツ活動を他の何よりも優先させて行う，厳しい練習でも自ら進んで行うなど，やりたくて行動するようになります。何の葛藤もなく，自然とその行動を優先している状態です。そして，最後に「内発的動機づけ」に至ることになります。内発的動機づけは，スポーツ活動そのものが目的であり，活動に伴って得られる楽しさや満足によって動機づけられている状態です。

以上のように，スポーツ行動には，自己決定の連続体上にあるさまざまな動機づけが相互に関係しています。たとえば，あるテニス選手は，テニスの魅力に引きつけられ，テニスを何よりも優先して行うようになり（統合的調整），次第にテニスのより高度な技術習得に喜びや満足感を感じ（内発的動機づけ），そして全日本チャンピオンになった。しかし，その過程では，監督に怒られたくないので仕方なく練習することや（外的調整），さぼると罪悪感を感じるので練習することもしばしばあった（取り入れ的調整），という経験をしています。この例のように，スポーツ選手は内発的にも外発的にも動機づけられています。しかし，外発的動機づけばかりに頼ってしまうと，やらされているという感覚が強くなり，スポーツの楽しさや有能感を味わうことが難しくなります。スポーツの継続や技術向上のためには，自己決定の程度を高めることが大切だといえます。

（磯貝浩久）

Ⅳ　スポーツにおける動機づけ

6　学習された無力感――やる気の喪失

1　学習された無力感とは

　努力しても上達しない，何度やっても勝てないというような失敗経験はそれだけでやる気を低下させますが，それらを繰り返し経験すると，自分の行動は結果になんら影響を及ぼさないことを"学習"し，客観的には行動によって結果を変えられる状況に置かれても，あきらめから，もはや行動しようとしなくなると考えられます。このような状態は，学習性無力感（learned helplessness）と呼ばれますが，自分の行動と結果の関係をどのように考えるかによって生じ，自分の行動と結果が無関係であると考えること，つまり，随伴していないという非随伴性の認知がその原因と考えられています。もともとは，電気ショックを与えられ続けたイヌが，逃避できる状況に置かれたにもかかわらず，もはや逃れようとしなかったことを説明するためにセリグマン（Seligman, M. E. P.）によって用いられた概念です。

　スポーツでは，このようなやる気の低い状態に陥った人ややる気を喪失した状態を運動嫌い，運動部活動からの離脱，バーンアウト（燃え尽き症候群）などといった実践的な観点から研究を進めてきました。スポーツへの参加やスポーツ技能の学習，試合場面での実力発揮，あるいはスポーツの継続と習慣化を促進させる上で大きな障害になると考えられるからです。

2　やる気が低下するメカニズム

　ところで，何をしても環境に対して影響を及ぼすことができないという不快な経験をした人が，誰でも無気力になるわけではないことがわかってきました。そのカギとなるのが，その統制不可能な状況の原因を何に求めるかという**原因帰属**の個人差です。

　たとえば，なかなか上達しない原因を自分の「運動能力や才能の不足」にあると考えると，能力は容易に変えられるものではないため，将来も上達しないだろうと無力感を生じさせます。一方，思うように上達しない場合であっても，その原因を「練習方法のまずさ」や「練習や努力の不足」にあると考えれば，自分の練習への取り組み方次第で，上達する可能性が維持され，無力感が生じる可能性は低くなります。つまり，このような原因帰属の違いが，無力感の発生に個人差を生じさせていると考えられるのです。

▷1　Seligman, M. E. P. (1975). *Helplessness: On depression, development and death*. W.H. Freeman.（セリグマン, M. E. P. 平井久・木村駿（監訳）(1985). うつ病の行動学――学習性絶望感とは何か　誠心書房）

▷2　原因帰属
⇒Ⅳ-2 参照。

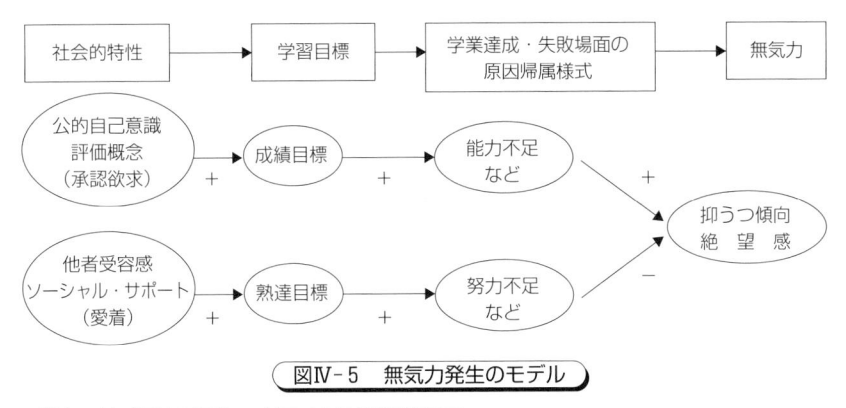

```
社会的特性 → 学習目標 → 学業達成・失敗場面の原因帰属様式 → 無気力
```

図Ⅳ-5　無気力発生のモデル

（注）＋はプラスの効果，－はマイナスの効果を示す。
出所：桜井（1995）．p.113. より。

　このような考え方を教育場面に応用したドゥック（Dweck, C. S.）は，成績が振るわない原因を能力不足に帰属することで無力感を生じさせている子どもに，努力不足であると誘導的に帰属を変更させることで，無力感を解消させるとともに達成への努力を呼び起こすことに成功しています。

　一般に，スポーツで優れた成績をあげたり，一流の選手になるためには，優れた能力や才能が必要であると考えられています。このことは，もし思うような成果が得られない場合は，能力や才能が欠如していると考えられやすいことを意味しています。つまり，動機づけが低下し，無力感が生じやすいと考えられるのです。

　これに関して，桜井は，学習性無力感が生じるメカニズムについて，図Ⅳ-5に示すようなモデルを提唱しています。その特徴は，原因帰属に影響する要因として，社会的特性と学習目標を取り入れていることです。

　これによると，公的自己意識（他者から見られる自分を気にする傾向）や評価懸念（他者から否定的に評価されるのではないかと気にする傾向）が強い人は，人よりもよい成績をとることを目標とする**成績目標**をもつ傾向が高くなります。そして，この成績目標が，失敗を能力不足に帰属する傾向を高めることで無力感を生じさせます。一方，他者からの受容感（他者から支えられているという感覚）や愛着（周囲の人が自分を大事にしてくれると思える傾向）が強い人は，自分の能力を伸ばすことを目標とする**熟達目標**をもつ傾向があり，その熟達目標が失敗事態の原因を努力不足に帰属させることで，無力感の発生を抑制しているというものです。

3　やる気を失わないために

　スポーツの練習や試合は，自分の能力が試される極めてストレスフルな状況ですが，そのような状況に対処できる**コーピング**の技法を身につけることがあげられます。また，仲間との交流を楽しむ余裕をもち，スポーツ本来の楽しさやおもしろさを見失わないようにしたいものです。

（伊藤豊彦）

▷3　Dweck, C.S. (1975). The role of expectations and attribution in the alleviation of learned helplessness. *Journal of Personality and Social Psychology*, 31, 674-685.

▷4　桜井茂男（1995）．「無気力」の教育社会心理学──無気力が発生するメカニズムを探る　風間書房　p.113.

▷5　**成績目標**
⇒ Ⅳ-4 参照。

▷6　**熟達目標**
⇒ Ⅳ-4 参照。

▷7　**コーピング**
ストレスや不安を解消する技法のことで，肯定的解釈（ストレスフルな状況を肯定的に解釈する），計画的問題解決（問題を解決するために計画を立てたり，解決方法を考える），サポート希求（他者から援助を求める）などがある。

IV スポーツにおける動機づけ

7 セルフ・ハンディキャッピング
──なぜやる気を出さないのか

1 セルフ・ハンディキャッピングとは

スポーツでは，難しい練習や強い相手との試合など，自信がなく，不安のなかで取り組まなければならないことも多いものです。

セルフ・ハンディキャッピング（self-handicapping：以下，SHと略す）とは，「自分の何らかの特性が評価の対象となる可能性があり，かつそこで高い評価を受けられるかどうか確信がもてない場合，遂行を妨害するハンディキャップがあることを他者に主張したり，自らハンディキャップをつくり出す行為」[1]のことを指し，**自尊心**[2]を維持・高揚させるための方略の1つと考えられています。

2 セルフ・ハンディキャッピングの功罪

あらかじめ自分にハンディキャップを課しておけば，課題に失敗したとしても，その原因をハンディキャップのせいにすることで自分の能力が低いことを隠すことができます。つまり，失敗による自尊心の低下を最小限に留めることができるのです。一方，成功した場合は，ハンディキャップがあったにもかかわらず成功したということで，能力の高さを誇示し，自尊心を高めることができます。SHを採用することは，帰属をコントロールすることで，自分の能力に脅威を与えるような評価的状況を完全に回避し，自己に関する肯定的なフィードバックを最大にし，自己に関する否定的なフィードバックを最小にできるプロセスであり，失敗によって自尊心が傷つくのを防ぐことができるのです[3]。具体的には，努力の差し控え（あえて努力をしない），困難な課題の選択，不安や身体的不調の訴え，などがこれにあたります。また，スポーツでは，集中力の欠如，合理化，気持ちのコントロールの難しさ，不安の訴え，観衆や審判による妨害の訴え，不適切な課題の選択などが知られています。

しかし，このような行為は自信のない人や不安の高い人に見られる特徴であり，スポーツへの動機づけにとって好ましいものではありません。たとえば，あえて難しい課題に取り組むことで，失敗による自尊心へのダメージを一時的には回避できるかもしれませんが，自分に合った最適な水準の課題に挑戦することで初めて可能となる進歩や向上はいつまでたっても期待できません。また，失敗を恐れてあえて全力で練習や試合に取り組まない場合，失敗の原因を努力不足のせいにすることで自尊心を守ることができますが，努力の伴わない成功

---

[1] 安藤清志（1990）．「自己の姿の表出」の段階 中村陽吉（編）「自己過程」の社会心理学 東京大学出版会 pp. 143-198.

[2] **自尊心**
自己を価値あるものとして尊ぶ感情。自尊感情ともいう。
⇒ VI-1 参照。

[3] 沼崎誠・小口孝司（1990）．大学生のセルフ・ハンディキャッピングの2次元 社会心理学研究, 5, 42-49.

はあり得ません。そればかりか，全力で取り組まないことそれ自体に対してコーチやチームメートから強い叱責や非難が待ち構えています。

自尊心を守るための方略としてはSH以外にも回避行動（あえて難しい課題をやろうとしない），援助要請の回避（わからなくても助けを求めようとしない），引き延ばし（今するべきことを先に延ばしてしまう），などが知られていますが，いずれも動機づけにとって不適切な方法です。

❸ セルフ・ハンディキャッピングを抑制する

選手がSH方略を使用することは，選手自身が失敗から学ぶ機会を奪い，能力の向上に必要な指導を受ける機会を減少させ，重要な目標を達成する際に妨げとなる危険性をはらんでいます。それでは，このような方略の使用を少なくすることはできるのでしょうか。

これに関して，最近，達成目標や**動機づけ雰囲気**などとの関連を検討する試みが行われるようになっています。それによると，課題目標（進歩・上達を目的とする）をもつ人は，自我目標（能力を誇示し，低い能力を隠すことを目的とする）をもつ人よりSH方略を使用しないことが明らかにされています。つまり，課題目標は，自尊心の追及に代わる目的となり，失敗の脅威そのものを緩和すること，および失敗が脅威となる状況を限定すると考えられるのです。チーム全体が課題目標をもつ環境では，選手は過度に失敗を恐れることなく，自らの課題に集中できることから，あえてSH方略を使用し，自尊心を防衛する必要がないのでしょう。

逆に，自我目標をもつ選手が失敗した場合は，自尊心への脅威が大きくなることからSH方略の採用を促進させると考えられます。スポーツは，チームメートや相手との競争を通して，結果の優劣や勝敗が明確になる自尊心への脅威に満ちた活動です。また，観衆による評価にもさらされます。したがって，チーム全体の雰囲気が自我志向的であれば，SHはより増幅されると考えられます。

（伊藤豊彦）

▷4 **動機づけ雰囲気**
⇒ Ⅳ-8 参照。

▷5 新谷優・ジェニファー, K.(2007). 学習志向性は失敗が自尊心に与える脅威を緩衝するか 心理学研究, *78*, 504-511.

Column

「努力」は両刃の剣？

スポーツの練習や試合では，自信がない場合，わざと努力しないことによって，失敗が自尊心を傷つけることを防ぐことができます。しかし，努力することを重視するスポーツの世界では，努力する選手はたとえ失敗しても許されるのに対して，努力をしない選手は厳しく罰せられます。ケヴィントンとオメリック（Covington, M.V., & Omelich, C.L.）は，このような努力することの二面性を"両刃の剣"と表現しています。努力を重視するわが国にあって，努力を過度に強調することは，選手を追い詰める結果に繋がるのかもしれません。

▷6 Covington, M.V., & Omelich, C.L.(1979). Effort: The double-edged sword in school achievement. *Journal of Educational Psychology*, *71*, 169-182.

Ⅳ　スポーツにおける動機づけ

8 動機づけ雰囲気——やる気を高める環境づくり

1 動機づけ雰囲気とは

　スポーツなどの達成場面の動機づけは，指導者，仲間，クラスといった環境の影響を受けています。環境要因について，**達成目標理論**では，個人の達成目標に影響する要因として，動機づけ雰囲気（motivational climate）を取り上げ，動機づけとの関係が調べられています。動機づけ雰囲気は，個人が集団に存在していると認知する目標志向性のことで，集団が熟達目標を重視する時に見られる熟達雰囲気（mastery climate）と，集団が成績目標を重視する時に見られる成績雰囲気（performance climate）に大別されます。

　エイムズとアーチャー（Ames, C., & Archer, J.）によると，熟達雰囲気での成功は技術の上達であり，努力することや学習そのものに価値が置かれ，挑戦することや真剣な取り組みにより満足感が得られるとみなされます。一方，成績雰囲気での成功は他者よりよい成績を取ることであり，他者と比較して高い能力を示すことに価値が認められ，他者より優れた結果を示すことで満足感が得られるとされます。

2 スポーツにおける動機づけ雰囲気の内容

　スポーツの動機づけに影響する環境について，前述の動機づけ雰囲気を評価するという観点から調べられています。そして，多くの研究で，スポーツ集団の動機づけ雰囲気は，熟達雰囲気と成績雰囲気の2つに大別されること，さらに，それぞれの動機づけ雰囲気にはいくつかの要因が含まれることが報告されています。ここでは，日本で作成された評価尺度を参考に，動機づけ雰囲気に含まれる内容を示します。

○熟達雰囲気
①教師の熟達雰囲気：「先生は，練習してうまくなったり記録を伸ばしたりした時，とても喜んでくれます」「先生は，記録や結果が悪くても，頑張ったり，努力したりする人をほめます」
②熟達雰囲気：「勝敗や記録よりも，頑張る人がみんなから認められます」「結果が悪くても，頑張ったり，努力したりする人がみんなから大切にされます」
③協同雰囲気：「このクラスでは，みんながうまくなるように，お互いに助

▷1　達成目標理論
⇨Ⅳ-4 参照。

▷2　Ames, C., & Archer, J.(1988). Achievement goals in the classroom: Students' learning strategies and motivation processes. *Journal of Educational Psychology*, 80, 260-267.

▷3　詳しいレビューは，伊藤豊彦・磯貝浩久・西田保・佐々木万丈・杉山佳生・渋倉崇行（2008）．体育・スポーツにおける動機づけ雰囲気研究の現状と展望　島根大学教育学部紀要，42, 13-20.

▷4　磯貝浩久・伊藤豊彦・西田保・佐々木万丈・杉山佳生・渋倉崇行（2008）．体育における動機づけ雰囲気測定尺度作成の試み　日本スポーツ心理学会第35回大会抄録集，194-195.

け合っています」「運動ができない人がいても，みんながはげましてくれます」

④公平さ：「練習や試合では，クラスのみんなが平等です」「何かを決める時，クラスやチームのみんなが意見を言います」

◯成績雰囲気

①教師の成績雰囲気：「先生は，記録や結果のことばかり気にします」「先生は，良い記録や結果を出した人ばかりをほめます」

②成績雰囲気：「体育では，勝敗や記録だけが成績になります」「体育の学習では，頑張って練習したかどうかよりも，運動ができるようになったかどうかが大切だと思われています」

③失敗の恐れ：「運動がうまくできるかどうか，みんなとても気にしています」「体育の学習で失敗すると友だちからバカにされるので，みんなびくびくしています」

以上のように，熟達雰囲気は教師の熟達雰囲気，熟達雰囲気，協同雰囲気，公平さから成り，成績雰囲気は教師の成績雰囲気，成績雰囲気，失敗の恐れで構成されています。

3　スポーツの動機づけへの影響

クラスやチームの動機づけ雰囲気と動機づけの関係について，パパイアノウ（Papaioannou, A.）は，体育授業のクラスを対象に研究を行っています。そして，クラスが熟達雰囲気であると捉える生徒は，練習に一生懸命取り組み，授業で緊張や不安を感じることはなく，動機づけが高いことを報告しています。反対に，クラスが成績雰囲気であると捉える生徒は，不平等感をもちやすく，緊張や不安が高く，動機づけが低いことを示しています。

競技スポーツに関する研究では，チームが熟達雰囲気と感じる選手ほど，チームに対する満足感が高く，競技に対する不安が低いのに対して，チームが成績雰囲気と感じる選手は，チームに対する満足感が低く，競技不安が高いことが示されています。これらの研究から，スポーツの動機づけ雰囲気として，熟達雰囲気をもたせることが，個人の動機づけを高める上で重要になると考えられます。

そして，熟達雰囲気の形成には，教師やコーチといった指導者の指導観や指導スタイルが大きく関係しています。指導者が生徒や選手の学習の成果を重視して，他者との比較を中心として評価することにより，成績雰囲気をつくり出してしまいます。一方，指導者が生徒や選手の学習の仕方を重視して，どのくらい上達したかといった評価を行うことにより，熟達雰囲気が形成されるといえます。

（磯貝浩久）

▶5 Papaioannou, A. (1994). Development of a questionnaire to measure achievement orientations in physical education. *Research Quarterly for Exercise and Sport*, **65**, 11-20.

▶6 Walling, M., Duda, J.L., & Chi, L.(1993). The perceived motivational climate in sport questionnaire: Construct and predictive validity. *Journal of Sport and Exercise Psychology*, **15**, 172-183.

V　スポーツの社会心理

1 スポーツと集団①
集団規範──チームのルール

　学校の運動部活動や地域のスポーツクラブでは，個々の参加者が集団を形成してスポーツ活動を行っています。そのような集団を観察してみると，そこで活動するメンバーに共通する行動や考え方などが存在することに気がつくと思います。たとえば，皆さんが所属してきた運動部では，練習の準備や進め方，先輩 - 後輩間の人間関係，挨拶の仕方，服装，頭髪など，部内で通用するいくつかの約束事や取り決めがあったのではないでしょうか。このような，集団内のメンバーが共有する行動や考え方の判断基準となるものを集団規範（group norm）といいます。

1 集団規範の性質

　集団規範にはいくつかの性質があります。まず，集団規範は集団のメンバーが適切と考える行動の基準であることから，ほかよりも優先する行動や価値などを表します。また，集団規範には明文化された公式的なものもありますが，明文化されていない非公式的なものもあります。さらに，規範は長い時間をかけてつくられるものなので，変えようとしてもなかなか変わらないという性質があります。その一方で，少しくらい規範と異なる行動をとったとしても，大抵は許されるという柔軟な性質ももち得ています。

　それでは，このような性質をもつ集団規範はどのようにしてつくられ，発達していくのでしょうか。その必要条件となるものがメンバー間の相互作用です。メンバーがさまざまな関わりを行うなかで彼らの行動は一定のまとまりを見せ，高度に標準化された行動様式がつくり出されます。また，もう1つの必要条件は強化です。多くのメンバーが広く認めている行動は強化される傾向にあります。

2 集団規範の機能

　続いて，集団規範が存在することで，運動部やスポーツチームといった集団，あるいはそこに所属するメンバーはどのような影響を受けるのかということを考えていきます。集団規範には，集団が有している行動や考え方などの基準を個人に情報として提供するという働きがあります。この働きにより，メンバーは集団が期待している振る舞いは何かということを確認することができます。たとえば，新入部員が運動部に早くなじもうとする場合には，部の集団規範を

的確に読み取り，それに従って自分の意見や態度を表明していくということが考えられます。さらに，集団規範には集団を統合するという働きがあります。すなわち，チームの規範を理解してそれを受け入れることができたメンバーは，次第にチームに引き込まれていくようになります。このような働きの結果として**チームの凝集性**[1]が高まれば，チームの目標はより効果的に達成に向かうことができます。

③ 同調と逸脱

集団が示す標準や期待と同一，あるいは類似の行動をとることを同調（conformity）といいます。集団規範はメンバーに対して集団への同調を促します。一方，同調とは対極の位置にあり，規範に背くような行動をとることを逸脱（deviance）といいます。集団規範に背くようなメンバーは集団を混乱させたり，集団に不利益をもたらしたりするので，チームにとっては困った存在ということになります。ここでも，集団規範はメンバーを逸脱させないように働きます。すなわち，メンバーが集団規範に同調する場合には，メンバーは集団から賞賛や承認を受け，逸脱する場合には攻撃や非難を受けます。このように，メンバーは集団から規範に従うようにさまざまな圧力を受けるのです。このような集団圧力のことを，斉一性の圧力（pressure to uniformity）と呼びます。

④ スポーツチームにおける集団規範

プラパヴェシスとキャロン（Prapavessis, H., & Carron, A.V.）は，スポーツチームで発達しやすい集団規範を調査しました[2]。その結果，①練習や試合で時間を守ること，②フィールドへの集中を維持すること，③ふさわしい服装を守ること，④チームメートを支援すること，そして⑤トレーニングに一生懸命に励むことの5つをあげました。また，ムンロー（Munroe, K.）らは，スポーツチームは，競技や練習場面のみならず，社会的状況やオフシーズン中の行動に対してもある種の期待をもつということを示しました[3]。このように，スポーツチームではフィールド内だけではなく，フィールド外の生活においても規範が成立しやすいことがわかると思います。

集団規範は，スポーツチームが集団を維持し，生産性を高めていく上で効果的に機能するものです。また，スポーツマンシップやフェアプレーの精神はスポーツチームにおいてこそ，重要な規範として，そこで活動するメンバーに内面化されることが期待されます。しかし，望ましさに欠ける集団規範は集団の生産性を低下させ，個々のメンバーにも悪影響を及ぼします。そのような時には，不適切な集団規範を修正して，望ましいものに改善していくことが求められます。そのような際に，V-3 でも紹介されるチームビルディングは，集団規範の修正に効果的に利用できます。

（渋倉崇行）

---

[1] **チームの凝集性**
⇒V-2 参照。

[2] Prapavessis, H., & Carron, A.V.(1997). Cohesion and work output. *Small Group Research*, **28**, 294-301.

[3] Munroe, K., Estabrooks, P., & Carron, A. (1999). A phenomenological analysis of group norms in sport teams. *The Sport Psychologist*, **13**, 171-182.

V スポーツの社会心理

2 スポーツと集団②
集団凝集性──チームのまとまり

1 集団凝集性とは

　集団のまとまりを表す用語に,「集団凝集性（group cohesion）」があります。集団凝集性は,集団のメンバーを集団に留めようとする力と,集団を壊そうとする力に抵抗する力によって生み出されていると考えられています[1]。また,ホッグは,集団凝集性の概念が,さまざまな考え方を経て,「集団のメンバーが集団に対してもつ魅力」へと集約されてきたと論じています[2]。スポーツチームを例にあげると,チームに所属する選手やスタッフが,自分たちのチームに対して強い魅力をもっているほど集団凝集性は高く,いわゆるチームとして「まとまっている」とみなすことができるということになります。

　集団凝集性は,しばしば,大きく「課題凝集」と「社会凝集」に分けられ,これは,スポーツチームについてもあてはまります。課題凝集は,たとえば,チームとして実力をつけ,よいプレーをし,よい成績をあげるという,チームとしてなすべきことに対して,チームのメンバーがどの程度惹かれているのかを表しています。社会凝集は,選手同士や選手と指導者との関わりといったようなチーム内の人間関係のあり方に対して,どの程度満足しているのかを示しています。このように,スポーツチームが集団としてまとまっているのかを判断するためには,課題に対してまとまっているのか,人間関係という点でまとまっているのか,あるいはその両方なのかを見極めることが必要になります。人間関係はあまりよくないけれども,メンバーの多くがよい成績を出すことに関心をもち,そのことでまとまっているチームは,課題凝集は高いが社会凝集は低いと評価され,一方で,成績への関心は人それぞれであるが,メンバー間で良好な人間関係を築いているチームは,課題凝集は低いが社会凝集は高いということができます。もちろん,課題凝集と社会凝集は,相反する対立概念ではないため,その両方ともが高いチームも存在します。

2 集団凝集性の測定

　スポーツチームの凝集性を測定するためにつくられた質問紙尺度のなかで,スポーツ心理学の研究で最も広範に利用されているものに,集団環境質問紙（Group Environment Questionnaire：GEQ）があります[3]。この測定尺度は,18の質問項目で成り立っており,凝集性を,「課題,あるいは,社会関係」に関

▷1 Carron, A. V., Hausenblas, H.A., & Eys, M.A.(2005). *Group Dynamics in Sport* (3rd Ed.). Fitness Information Technology.

▷2 ホッグ,M.A. 廣田君美・藤澤等（監訳）(1994). 集団凝集性の社会心理学　北大路書房

▷3　GEQ の詳細については,以下の文献を参照。
Carron, A. V., Widmeyer, W. N., & Brawley, L. R. (1985). The development of an instrument to assess cohesion in sport teams: The Group Environment Questionnaire. *Journal of Sport Psychology*, **7**, 244-266.
Carron, A. V., Brawley, L. R., & Widmeyer, W. N. (2002). *The Group Environment Questionnaire: Test manual*. Fitness Information Technology.

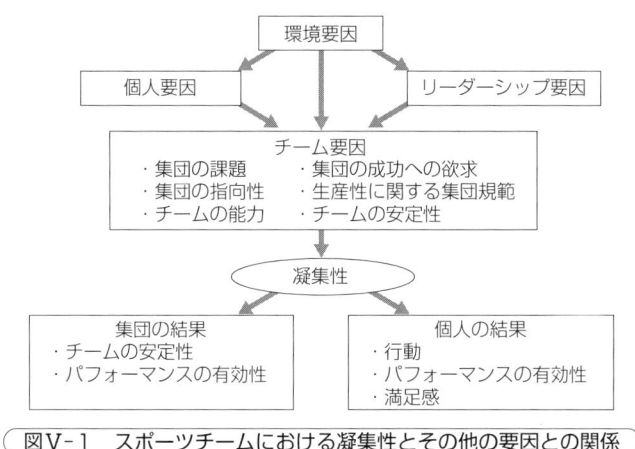

```
          ┌──────────┐
          │ 環境要因  │
          └──────────┘
     ┌────────┼────────┐
┌─────────┐        ┌──────────────┐
│ 個人要因 │        │リーダーシップ要因│
└─────────┘        └──────────────┘
     └────────┬────────┘
     ┌──────────────────────┐
     │      チーム要因       │
     │・集団の課題 ・集団の成功への欲求│
     │・集団の指向性 ・生産性に関する集団規範│
     │・チームの能力 ・チームの安定性│
     └──────────────────────┘
              │
         ┌────────┐
         │ 凝集性  │
         └────────┘
     ┌────────┴────────┐
┌────────────┐    ┌────────────┐
│ 集団の結果  │    │ 個人の結果  │
│・チームの安定性│    │・行動      │
│・パフォーマンスの有効性│    │・パフォーマンスの有効性│
│            │    │・満足感    │
└────────────┘    └────────────┘
```

図Ⅴ-1 スポーツチームにおける凝集性とその他の要因との関係

出所：Carron（1982）．より作成。

する「集団に対する個人的魅力，あるいは，集団の統合」の2×2の4つの次元で捉えられるようになっています。つまり，GEQでは，課題凝集，社会凝集のそれぞれを，選手個人として感じている魅力と，チーム全体がどうであるかという認識の2つの側面から測定することができます。

3 凝集性とパフォーマンスの関係

　図Ⅴ-1は，スポーツチームの凝集性とその他のさまざまな要因との関係を示したものです。この図からもわかるように，凝集性は，チームにおける成功欲求やチームの能力などの影響を受けて変化するとともに，チームあるいは選手個人のパフォーマンスや満足感に影響すると考えられています。

　しかしながら，ハガーとハヅィザランティス（Hagger, M., & Chatzisarantis, N.）によると，チームの凝集性が高くなるとチームの成績やパフォーマンスがよくなるとは，必ずしもいえないようです。多くの研究で，凝集性が高いチームは成績やパフォーマンスも高いという相関関係は示されていますが，どちらがどちらに影響しているのかという因果関係について見ると，よい成績や高いチームパフォーマンスを示すことによってチームのまとまりがよくなる，すなわち凝集性が高くなるという場合の方が多いようです。もちろん，凝集性とパフォーマンスは，相互に影響し合っていると考えられており，凝集性が高まることによってチームのパフォーマンスが向上するという場合もあるのですが，そこには，何らかの別の要因が介在していると推測されています。具体的にいえば，凝集性が高まると，チームあるいは選手の何か（たとえば，動機づけや**集団効力感**（collective efficacy），**チームメンタルモデル**（team mental model）など）が変わり，その結果，チームのパフォーマンスが向上するという一連のプロセスがあると予測されており，それらを明らかにすることが，今後の研究課題として残されています。

（杉山佳生）

▷4　Carron, A.V.(1982). Cohesiveness in sport groups: Interpretations and considerations. *Journal of Sport Psychology*, **4**, 123-138.

▷5　ハガー, M.・ハヅィザランティス, N. 湯川進太郎・泊真児・大石千歳（監訳）(2007)．スポーツ社会心理学――エクササイズとスポーツへの社会心理学的アプローチ　北大路書房

▷6　**集団効力感**
集団として「何がどの程度できるか」という見込み感。集合的効力感ともいう。
⇒Ⅷ-8参照。

▷7　**チームメンタルモデル**
チームのメンバーがもつ，共通の意識や考え方。

V スポーツの社会心理

3 スポーツと集団③ チームビルディング──強いチームをつくる

　能力の高い選手が多く集まったとしても，それらのメンバーにまとまりがなければ決して強いチームにはなりません。それとは逆に，個々のメンバーの能力はそれほど高くはありませんが，メンバーにまとまりがあることでチームが高いパフォーマンスを発揮することはよくあります。まとまりのあるチームのことをチームワークがよいと評価することがあります。チームワークはチームの目標達成に必要な協働作業を支える大きな力となっています。ここでは，チームワークを向上させるための試みの1つであり，ビジネス，産業の分野でも組織の活性化を目標として導入されているチームビルディング（team building）について概説します。

1　チームビルディングとは

　高い生産性をあげているチームの特徴を考えてみてください。たとえば，集団の目標が明確であり，それがメンバーに浸透している，チームの目標達成に向けて効果的なリーダーシップが発揮されている，メンバーは意欲的で各自の役割をもっている，メンバー間のコミュニケーションが活発で互いに協力し合っている，等々の内容があげられるのではないでしょうか。これらは，チームが効果的に機能するための条件となるものであり，このような特徴をもつチームをつくり上げることは競技スポーツではとても大切なことであるといえます。ブラーリーとパスケビッチ（Brawley, L. R., & Paskevich, D. M.）によれば，チームビルディングとは集団が効果的に機能し，メンバーの要求を満たしながら，作業条件を改善していくことを支援する方法のことを指します。そこでは，メンバー間で円滑な相互作用が行われ，効果的なリーダーシップが発揮されるようにさまざまな働きかけが行われます。

　ウッドコックとフランシス（Woodcock, M., & Francis, D.）によれば，チームビルディングが成功すると，集団は次のような特徴を有することが指摘されています。それらは，①一貫性と予見力を有した満足のいくチームリーダーシップが生み出されること，②メンバーが各自の役割と責任を理解し，それを受け入れること，③メンバーが集団の目標を達成することに専心し，そこに自分の努力を捧げること，④前向きでエネルギーに満ちていて，力を授けるような風土を集団が開発すること，⑤公式，非公式のミーティングが効果的で，時間と資源を有効に利用できること，そして，⑥チームの弱点を診断し，それら

▷1　リーダーシップ
⇒ V-4 参照。

▷2　Brawley, L. R., & Paskevich, D. M. (1997). Conducting team building research in the context of sport and exercise. *Journal of Applied Psychology*, 9, 11-40.

▷3　Woodcock, M., & Francis, D. (1994). *Team-building strategy*. University Press.

を低減，除去することの6つです。このように，チームビルディングを実施することによって，課題や目標に向かうチームが効果的な集団となるように強化，改善されることが期待されます。

❷ チームビルディングの理論と方法

　チームビルディングはスポーツチームのみならず，医療，教育の分野，さらには航空操縦室のチームなどでも実施されています。そこではチームのメンバーに対して集団目標の設定，メンバー間の対人関係，個人の役割理解，コーチやリーダーのマネジメントなどに焦点を当てた働きかけが行われています。

　一般に，スポーツ領域のチームビルディングの方法としては，直接的アプローチと間接的アプローチの2通りの方法があります。直接的アプローチはチームビルディングを企画し，実施する者が直接的に選手に関わる方法です。選手が所属するチームのコーチがチームビルディングの実施者になる場合もあれば，チーム外から専門家を招いてチームビルディングを実施する場合もあります。直接的アプローチでは，**集中的グループ体験**▷4を利用してメンバー間のコミュニケーションを活性化させ，自己理解や他者理解を深めたり，コミュニケーションスキルやソーシャル・サポートの向上を試みたりします。具体的な方法としては，集団目標の設定や問題解決を通じた方法，冒険キャンプを取り入れる方法などがあります。

　間接的アプローチは選手に直接的に関わるのではなく，コーチへの働きかけを介して間接的にチームに関わる方法です。チームビルディングの担当者はワークショップやセミナー，コンサルテーションを通じて，コーチに現場で役に立つ情報の提供を行います。提供される情報はチームの状況やコーチの要求によってさまざまであり，たとえばリーダーシップ機能やコーチングスタイルの改善，コミュニケーションスキルの獲得などに関わる情報が提供されます。そして，これらのことからコーチの行動変容を通じて，チームにチームビルディングの効果を行き渡らせていくのです。キャロン（Carron, A. V.）▷5は，間接的アプローチが次のような手続きで実施されることを紹介しています。①チームビルディングの効果や導入理由などの概略を説明する（イントロダクション），②**グループダイナミックス**▷6を理解するためのモデルを提供する（概念モデルの提示），③具体的なチームビルディングの方略を生み出すための作業を行う（実践），④コーチが自らのチームにチームビルディングを導入する（介入）。実際のチームビルディングは，その担当者が精通している方法を用いて導入されます。また，グループ体験を通じて集団の成長を支援しますので，担当者は集団の動きに敏感であることが求められます。

（渋倉崇行）

▷4　**集中的グループ体験**
クライエント中心療法で有名なカール・ロジャースは，集中的グループ体験を今世紀（20世紀）の最もすばらしい社会的発明と表している。集中的グループ体験としてはグループエンカウンター，Tグループなどがある。
　津村俊充・山口真人（1992）．人間関係トレーニング——私を育てる教育への人間学的アプローチ　ナカニシヤ出版

▷5　Carron, A. V., Hausenblas, H. A., & Eys, M. A. (2005). *Group dynamics in sport* (3rd Ed.) Fitness Information Technology.

▷6　**グループダイナミックス**
集団力学ともいう。集団の変化過程や成員（メンバー）の集団内行動に関わる一般的法則を明らかにしようとする社会心理学の一領域。

V スポーツの社会心理

4 リーダーシップ——優れた指導力を発揮する

▷1 グループダイナミックス
⇒ V-3 参照。

▷2 Lewin, K., Lippitt, R., & White, R.K. (1939). Patterns of aggressive behavior in experimentally created "social climates". *Journal of Social Psychology*, 10, 271-299.

グループダイナミックス研究の創始者であるレヴィン（Lewin, K.）らは，専制的，民主的，放任的という3つのリーダーシップスタイルがメンバーに及ぼす影響を検討しました。概して，専制的なリーダーのもとでは作業成績は高いがメンバーの意欲は低いことが，また放任的なリーダーのもとでは作業成績もメンバーの意欲も低いことが指摘されました。一方，民主的なリーダーのもとでは作業は能率的でメンバーの意欲も高いということでした。レヴィンらはこの研究で，リーダーの振る舞いがメンバーの行動や意識に大きな影響を及ぼすことを示しました。競技スポーツにおいてもリーダーの行動がチームの雰囲気やメンバーの目標に向かう行動に何らかの影響を及ぼすということは明らかです。したがって，チームの生産性を高めていこうとする際に，メンバーにとって効果的なリーダーシップとは何かを考えることはとても重要なことといえます。

1 リーダーシップとは

▷3 Barrow, J. (1977). The variables of leadership: A review and conceptual framework. *Academy of Management Review*, 2, 231-251.

リーダーシップを広義に捉えると，「目標を達成することに向けた個人と集団に影響を与える過程」と定義することができます。スポーツチームには監督やキャプテンがいて，彼らがチームのメンバーに何らかの指示や働きかけをする場面は多く目にします。このような，監督やキャプテンのようなチームの制度上のリーダーのことを公式的リーダーと呼びますが，リーダーシップは必ずしも公式的リーダーだけが発揮するものではありません。非公式的リーダーとしてのリーダー以外のメンバーが発揮することもあるのです。たとえ下級生であっても練習中に大きな声を出してチームを鼓舞したり，チームが強くなるための練習に一生懸命取り組んだりすることも，それがチームの目標達成に向かうメンバーに促進的な影響を及ぼすようであれば，リーダーシップを発揮したことになります。

これまでに，リーダーシップの研究は集団にとって最適なリーダーシップとはどのようなものなのかを明らかにするために，さまざまな立場から行われてきました。以下では，そのうちの代表的な理論を取り上げて概説します。

2 特性理論

初期のリーダーシップの研究では，多くの分野に実在する優れたリーダーを

調査し，そこに共通する特性は何かを見出そうとする特性論的アプローチが行われていました。そのようななか，ストッジル（Stogdill, R. M.）は優秀な業績をあげたリーダーの特性として，知能，素養，責任性，参加性，地位が優れているということを示しました。しかし，これらの特性をもつリーダーがどのようにして組織を効果的にするのかということについては結論が出せず，リーダーの個人特性を調査するだけでは，リーダーシップ現象のごくわずかな部分しか説明できないという問題点が指摘されました。そして，リーダーシップ研究はリーダーのどのような行動が集団の活動をより効果的にするのかということに関心が移っていきました。

▷4 Stogdill, R. M.(1948). Personal factors associated with leadership: Survey of literature. *Journal of Psychology*, **25**, 35-71.

3 行動理論

リーダー行動の機能に焦点を当てた研究が盛んに行われるようになり，そのような研究成果の代表的な1つとして三隅によるPM理論があります。PM理論では，リーダーシップの機能をP機能（目標達成機能：performance）とM機能（集団維持機能：maintenance）の2つの機能で捉えています。具体的には，P機能はチームの目標を設定したり，練習計画の立案や練習の指揮を執ったりするなど，集団の生産性を高めて目標の達成に向けて機能することを表しています。また，M機能はメンバー同士が話をしやすい雰囲気をつくったり，チームを明るく居心地のよい集団にしたりするなど，人間関係を良好にすることに向けて機能することを表しています。

▷5 三隅二不二（1984）. リーダーシップ行動の科学（改訂版）有斐閣

さらに，PM理論ではこれらの機能の強さの組み合わせによってリーダーシップのタイプを4類型で表し，これらのリーダーシップのタイプとその効果との関連性が検討されました（図V-2）。すなわち，リーダーシップのタイプとしては，目標達成に向けた働きかけと人間関係への配慮がともに高いタイプ（PM型），目標達成に向けた働きかけは強いが人間関係への配慮が弱いタイプ（Pm型），目標達成に向けた働きかけは弱いが人間関係への配慮が強いタイプ（pM型），目標達成に向けた働きかけと人間関係への配慮がともに弱いタイプ（pm型）の4つが想定されました。そして，これらリーダーシップのタイプが集団に及ぼす影響は，リーダーシップの効果を集団の生産性とした場合には，PM型＞Pm型＞pM型＞pm型の順で効果は高く，リーダーシップの効果をメンバーの満足感とした場合には，PM型＞pM型＞Pm型＞pm型の順で効果は高いということが明らかにされました。これらのことを踏まえると，チームの勝利を目指して行う競技スポーツの場合でも，そこでのリーダーはP機能だけを発揮すればよいわけではないことがわかります。チームが

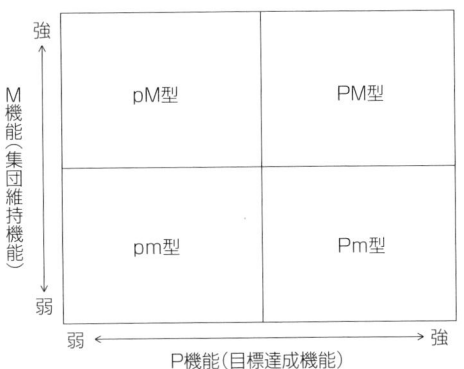

図V-2 PM理論によるリーダーシップの4類型

出所：三隅（1984）. より作成。

生産性をあげるためにはP機能とM機能をバランスよく備えたリーダーが求められるといえます。

4 状況即応理論

　状況即応理論の根本にある考え方は，最適なリーダーシップの型は，集団の置かれた状況や集団の特性に応じて異なるということです。状況即応理論の代表的な研究者であるフィードラー（Fiedler, F. E.）は，リーダーの置かれている状況に注目してリーダーシップの効果を検討しました[6]。この研究では，状況を規定する要素として，①リーダーとメンバーとの人間関係の良さ，②メンバーが行う課題の明確さ，③リーダーに与えられている権限の大きさの3つを基準としました。その結果，これら3要素の組み合わせにおいて，リーダーにとって状況の望ましさが非常によい場合か非常に悪い場合には課題遂行重視のリーダーシップが効果的であることが，一方，状況の望ましさが中程度の場合には人間関係重視のリーダーシップが効果的であることが示されました。また，フィードラーの状況即応理論に従うと，競技スポーツチームのようにリーダーの権限がある程度は認められ，メンバーが行うべき課題が明確な集団では，リーダーとメンバーとの人間関係がよい場合に課題遂行重視のリーダーシップが効果的で，そうでない場合には人間関係重視のリーダーシップが効果的であるということが指摘されます。

　続いて，最適なリーダーシップがメンバーの心理的成熟度によって異なるということを示したのが，ハーシーとブランチャード（Hersey, P., & Blanchard, K. H.）によるライフ・サイクル理論です[7]。この理論では集団の発達段階をメンバーの心理的成熟度（能力，知識，技能の習熟度や熟達度）に応じて4段階に区分し，それぞれの段階で効果的なリーダーシップは異なるというように考えています。また，リーダーシップの機能は指示的行動と協働的行動の2軸で捉えており，各機能の強さの組み合わせによって4タイプのリーダーシップの型を想定しています。図V-3に示すように，メンバーの心理的成熟度が最も低い段階では教示的リーダーシップが最も効果的であり，メンバーの心理的成熟度の高まりに応じて効果的なリーダーシップは，説得的リーダーシップ，参加的リーダーシップ，委譲的リーダーシップへと移行していきます。スポーツチームにおけるリーダーシップを考える際にも，チームの発達段階を考慮することは大切です。メンバーの成熟度に応じて適切なリーダーシップが発揮され，やがてはチームの目標達成に自律的に向かうことができる集団を育成することは，リーダーの最も大きな課題といえるでしょう。

5 多次元モデル

　チェラデュライ（Chelladurai, P.）は競技状況に注目したスポーツリーダー

[6] Fiedler, F. E. (1967). *A theory of leadership effectiveness*. McGraw-Hill.

[7] Hersey, P., & Blanchard, K. H. (1977). *Management of organizational behavior* (3rd Ed.). Prentice-Hall.

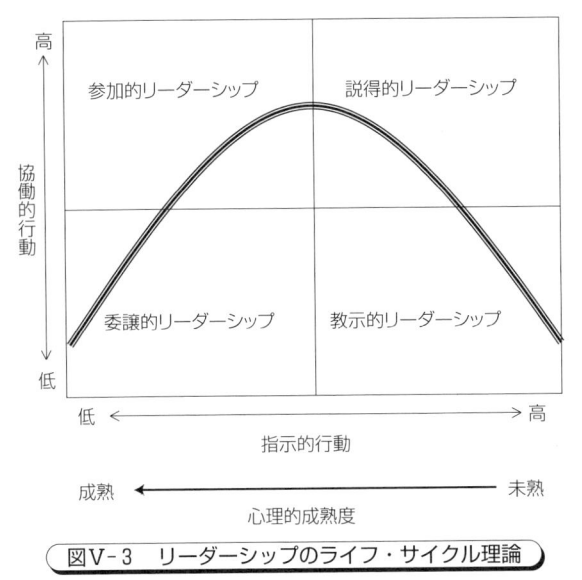

図V-3　リーダーシップのライフ・サイクル理論

出所：Hersey, & Blanchard (1977). より作成。

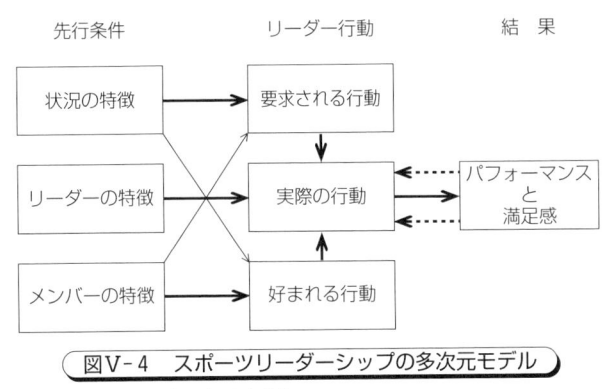

図V-4　スポーツリーダーシップの多次元モデル

出所：Chelladurai (1990). より作成。

シップの多次元モデルを提唱しました。彼のモデルではリーダーシップを相互作用のプロセスと考え，スポーツにおけるリーダーの有効性はリーダーと集団のメンバーとの関係に依存すると考えました。図V-4に示すように，メンバーの「パフォーマンスと満足感」を規定するリーダーの「実際の行動」は，状況から「要求される行動」とメンバーから「好まれる行動」の影響を受けます。また，これらの先行条件として「状況の特徴」，「リーダーの特徴」，それに「メンバーの特徴」が想定されています。

チェラデュライによれば，集団メンバーの好みと一致したリーダーシップスタイルの時に，メンバーの最適なパフォーマンスと満足はもたらされます。また，民主的で支援的なリーダー行動はメンバーの高い満足をもたらしますが，専制的なリーダーの行動はメンバーのモチベーションや**コンピテンス**を低下させ，さらにチームの結束力を低下させるよう作用します。

(渋倉崇行)

▷8　Chelladurai, P.(1990). Leadership in sports: A review. *International Journal of Sport Psychology*, 21, 328-354.

▷9　**コンピテンス**
環境と効果的に相互作用する能力面と動機づけ面をあわせもつ概念である。既に獲得している能力にとどまらず，それを発揮して積極的に環境に働きかけようとする動機づけも含まれる。

V スポーツの社会心理

5 社会的勢力──影響力の源泉

競技スポーツではコーチが選手に指示を行う場面は多くありますが，選手がコーチの指示に従う時，選手はなぜコーチの指示通りに行動するのでしょうか。コーチがスポーツの専門家だからでしょうか。それとも，そのようにしないとコーチに怒られるからでしょうか。選手がコーチからの働きかけに応じる過程を捉える1つの視点として社会的勢力（social power）があります。

1 社会的勢力の概念

社会的勢力とは，他者の行動，態度，信念などを影響者の望むように変化させることができる能力のことで，社会的影響過程の潜在的状態と捉えられるものです。すなわち，この概念は実際に影響を及ぼしたかどうかではなく，影響を及ぼすことの可能性について言及しています。また，社会的勢力はあくまでも影響の受け手の認知に基づくもので，影響者がどのような資源を有しているのかということよりも，影響の受け手が影響者の資源をどのように認知しているのかということが問題となります。このようなことから，社会的勢力とは影響者が被影響者の行動，態度，信念などに対して影響を及ぼし得る，後者の認知に基づく前者の潜在的な能力というように解釈することができます。

2 勢力の基盤

勢力の基盤とは，社会的勢力の種類を意味するものです。フレンチとレイヴン（French, J. R. P. Jr., & Raven, B.）は表V-1のような一般的かつ重要な5つの勢力基盤を提示しています[1]。また，スポーツに関わる分類としては，森らが高校運動部コーチの勢力基盤を示しています[2]。それらは，コーチは専門的な知識や高い技能をもっている，コーチを尊敬・信頼しているという「専門・参照勢力」，指示に従わないと罰を受ける，怖いという「罰勢力」，指示に従うことが自分の利益に繋がるという「利益勢力」，コーチの熱意や積極的な態度の認知による「指導意欲勢力」，コーチに従うのは当然であるという「正当勢力」，コーチとの心理的な近さと受容の印象による「親近・受容勢力」の6つです。これらのうち「指導意欲勢力」と「親近・受容勢力」はフレンチとレイヴンの分類に含まれていないことから，これら2つの勢力基盤はスポーツコーチ独自のものといえそうです。

[1] French, J.R.P. Jr., & Raven, B. (1959). The basis of social power. In D. Cartwrite(Ed.), *Studies in social power*. University of Michigan Press. pp. 150-167.

[2] 森恭・伊藤豊彦・豊田一成・遠藤俊郎（1990）. コーチの社会的勢力の基盤と機能 体育学研究, 34, 305-316.

表V-1　5つの社会的勢力の基盤

勢力の基盤	説　明
報酬勢力（賞勢力）	被影響者に対して報酬をもたらす能力を影響者がもっているという被影響者の認知に基づく勢力。
強制勢力（罰勢力）	被影響者に対して罰を加える機能を影響者がもっているという被影響者の認知に基づく勢力。
正当勢力	被影響者の行動を規制する正当な権利を影響者がもっているという被影響者の認知に基づく勢力。
準拠勢力（参照勢力）	影響者に対する被影響者の同一視に基づく勢力。
専門勢力	影響者は特殊な知識をもっている，あるいは影響者は専門家であるという被影響者の認知に基づく勢力。

出所：French, & Raven (1959). より作成。

3　社会的勢力の機能

スポーツ指導の場面では，コーチがどのような社会的勢力を有しているかということが指導の効果を左右します。先程の森らは，コーチの社会的勢力が選手のスポーツ活動への適応に及ぼす影響などを検討し，スポーツ指導の場面でコーチが有するべき社会的勢力に関して興味深い結果を得ています。すなわち，コーチの「専門・参照勢力」，「利益勢力」，「指導意欲勢力」が強いと，自分はコーチから影響を受けているという部員の認知は高く，コーチに対する満足感も高いということでした。また，「親近・受容勢力」は選手のコーチに対する満足感と正の関係にありました。一方，コーチの「罰勢力」が強いと，選手の指導者に対する満足感は低く，練習への意欲も低いことが指摘されました。

4　コーチの社会的勢力を考える

このようなことから考えると，社会的勢力という視点から選手によい影響を及ぼすことができるコーチとは，専門種目に対する高い知識と技能を備え，選手の上達を導くことができるコーチ，そして選手の存在を受け入れて熱心に指導し，選手からの信頼が厚いコーチといえるでしょう。また，社会的勢力の効果は選手の発達段階や個人差の影響を受けると考えられていることから，実際の指導場面では状況に応じてさまざまな社会的勢力を使い分けることも必要といえます。さらに，留意すべき点としてあげられるのは，コーチの社会的勢力はあくまでも影響の受け手である選手側の認知によるものであるということです。すなわち，コーチがいくら熱意をもって指導していたとしても，指導を行うコーチ自体に選手が威圧感や脅威を覚えるようであれば，選手の行動はコーチの「罰勢力」の影響を強く受けることになってしまいます。その結果，コーチの意図とは裏腹に，選手の練習に向かう意欲は低下することも考えられます。このようなことから，スポーツ指導の場面では，コーチは自らが有する社会的勢力が選手に及ぼし得る影響を自覚しつつ，自らの指導行動やリーダーシップ行動を客観的に見つめる姿勢をもつことが大切といえます。　　（渋倉崇行）

Ⅴ　スポーツの社会心理

6 攻撃性——暴力か，それとも醍醐味か

1 攻撃という言葉がもつ意味

　スポーツでは，「オフェンス（攻撃）とディフェンス（守備）」，「アタックをしかける」，「アグレッシブなプレー」，「闘志をむき出しにする」などといった，攻撃性に関係しているような言葉が，しばしば用いられます。しかしながら，ここで扱う「攻撃」は，社会心理学的観点から見たものであり，上記のようなものとは異なっています。

　攻撃行動（aggressive behavior）とは，他者を傷つけることを意図して行われるような対人行動のことをいいます。そのなかでも特に激しいものが，暴力（violence）です。また，攻撃行動を起こしやすい特性を，攻撃性（aggression）と呼んでいます。

　大渕は，攻撃行動と判断するための2つの要件をあげています[1]。1つは，意図された行動であるという点です。偶然生じた行動は，攻撃行動ではありません。もう1つは，「傷つけようとした」という点です。傷ついたという結果には関係なく，そのような意思があれば，攻撃行動とみなされます。

　この点で，先にあげた「アグレッシブなプレー」などは，「攻撃的（aggressive）」という言葉は用いられていますが，攻撃行動ではありません。なぜなら，そこには，相手を傷つけるという意図は，（通常は）ないからです。このようないわゆる激しいプレーは，スポーツにおいては，「アサーション（assertion）」と呼ぶのがふさわしいと考えられています[2]。

▷1　大渕憲一（1993）．人を傷つける心——攻撃性の社会心理学　サイエンス社

▷2　スポーツでいうアサーションは，コミュニケーション論などで用いられているアサーションとは異なる概念である。
杉山哲司（2000）．スポーツと攻撃性　杉原隆ほか（編著）スポーツ心理学の世界　福村出版　pp. 136-150.

2 攻撃行動の種類と機能

　攻撃行動は，不快感情の発散としての衝動的攻撃（あるいは敵意的攻撃）と，目的達成の手段としての戦略的攻撃（あるいは手段的攻撃）に分類することができます。衝動的攻撃は，主として怒りや恐怖のような不快感情から直接的に生じる攻撃です。戦略的攻撃は，それを使って何か別の目的を達成するために用いられる行動です。とはいえ，これらを明確に区別することは難しいといわれています。たとえば，アイスホッケーの試合でしばしば起こる選手同士の乱闘は，相手のラフプレーに対する怒りが爆発して衝動的に生じた攻撃と見ることもできますが，チームの闘志を奮い立たせる，あるいは試合の興奮度を高めるといったような目的を達成するための手段として用いられている攻撃と見る

こともできるものです。

大渕は，手段として用いられる戦略的攻撃には，自らの危険を避けるための「回避・防衛」，他者の行動を強制的に変化させる「強制」，他者に罰を与えるといったような「制裁」，および，自分の力強さをアピールすることなどを含む「印象操作」の4つの機能があると述べています。

3 スポーツと攻撃行動

○スポーツ場面での攻撃行動

これまでに説明をしてきたことからもわかるように，スポーツ競技において，本当の意味での攻撃行動は，必ずしも多くありません。闘志あふれるプレーや反則タックルも，相手を傷つけるという意図がなければ，攻撃行動ではありません。しかしながら，そのような意図が常にまったくないとはいい切れず，また，スポーツが闘争的要素を多分にもっている活動であることを踏まえると，スポーツが攻撃行動を引き起こしやすい場であるということは，否定できないでしょう。ただし，スポーツ場面で攻撃行動を起こすからといって，その人が日常でも攻撃的であるとは，必ずしもいえないようです。

一方で，スポーツ場面での攻撃行動には，観戦者の側に生じる「群衆暴力(crowd violence)」もあります。群衆暴力は，集合的な攻撃行動の一種とみなされており，**フーリガン**によるものが有名です。ハガーとハヅィザランティス(Hagger, M., & Chatzisarantis, N.)は，群衆暴力を発生させる主な要因に，メディアと飲酒をあげています。

○攻撃行動の影響

攻撃行動がスポーツ参加者や観戦者に与える影響については，「カタルシス(いわゆる「発散」)」であるか，「学習」であるかという議論があります。カタルシス理論では，スポーツ場面で攻撃行動を行ったり，見たりすることで欲求不満が解消されれば，攻撃性は低減し，攻撃行動も減少すると考えられています。しかしながら，現在は，この考えはあまり支持されていません。一方，バンデューラ(Bandura, A.)らなどにおいて，攻撃行動は，他者の行動を観察するだけでも学習されることが示されています。この理論に基づけば，スポーツ場面で生じている攻撃行動あるいは攻撃行動のように見える激しいプレーを見ることで，攻撃性が高まることが予測されます。

プロスポーツの試合などで見られるラフプレーや暴力的な行動は，確かに，スポーツの醍醐味の1つであり，大きな魅力であるということができます。しかしながら，それらが観戦者の攻撃行動を助長する可能性を有している以上は，特に教育的な観点からすれば，このような行動は，ある程度抑制されるべきものであるといえます。

(杉山佳生)

▷3 大渕憲一(1987). 攻撃の動機と対人機能 心理学研究, 58(2), 113-124.

▷4 フーリガン
スポーツ競技場，特にサッカー競技場において，破壊的な行動をする者，あるいはそのような行動を扇動する者。
⇒ Ⅶ-9 参照。

▷5 ハガー, M.・ハヅィザランティス, N. 湯川進太郎・泊真児・大石千歳(監訳)(2007). スポーツ社会心理学──エクササイズとスポーツへの社会心理学的アプローチ 北大路書房

▷6 Bandura, A., Ross, D., & Ross, S. A. (1963). Imitation of film-mediated aggressive models. *Journal of Abnormal and Social Psychology*, 66(1), 3-11.

▷7 和田(2000)は，観戦者がスポーツの攻撃的場面を見て楽しむことは，代理理論(自分の代わりに選手が行う)，カタルシス理論(攻撃場面を見るとスッとする)，ドラマ理論(スポーツに含まれるドラマ性)の3つの理論で説明できるとしている。
和田尚(2000). スポーツの楽しさ 杉原隆ほか(編著)スポーツ心理学の世界 福村出版 pp. 68-82.

V スポーツの社会心理

7 ソーシャルスキル──他者と関わる技術

1 さまざまな心理社会的スキル

○ソーシャルスキル

「ソーシャルスキル（social skills）」は，「社会的スキル」とも呼ばれていますが，文字通りの説明をすれば，「他者との関係や相互作用を巧みに行うために，練習して身につけた技能」ということになります。ここで重要なのは，ソーシャルスキルが「習得するもの」だという点です。アーガイル（Argyle, M.）は，ソーシャルスキルが運動スキルと類似の構造をしているという理論モデルを提唱しており，そこでは，スポーツで用いられる運動スキルも，ソーシャルスキルも，練習によって向上させることができるものであるとみなされています。

○コミュニケーションスキル

ソーシャルスキルは，さまざまなスキルで構成されていると考えられています。菊池・堀毛は，感情やストレスを処理するスキルや，計画を立てるスキルなども，ソーシャルスキルの一種とみなしています。そのなかで，特に重要視されているのが，コミュニケーションスキルです。たとえば，リッギオ（Riggio, R. E.）は，ソーシャルスキルはコミュニケーションスキルそのものであるという立場をとっています。

○ライフスキル

「social skills」は，社会生活のなかで必要なスキルという意味に捉えられて，「生活技能」と訳されることもありますが，この言葉は，ライフスキル（life skills）の訳語にも用いられています。このような点を踏まえて，ライフスキルとソーシャルスキルを同等のものとみなす場合もあります。ライフスキルは，「日常生活で生じるさまざまな問題や要求に対して，建設的かつ効果的に対処するために必要な能力」などと定義されており，そこには，問題解決や思考に関わるスキル，コミュニケーションや対人関係に関わるスキル，自己理解や他者理解に関わるスキル，情動やストレスに対処するスキルなどが含まれています。このようなスキルの内容から，ライフスキルとソーシャルスキルは，非常に似かよった概念であるということができます。近年では，アメリカを中心に，さまざまな「スポーツを通したライフスキル教育プログラム」が開発され，実践されています。

▷1 相川充（2009）．新版 人づきあいの技術──ソーシャルスキルの心理学 サイエンス社

▷2 Argyle, M. (1967). *The psychology of interpersonal behaviour*. Penguin Books.

▷3 菊池章夫・堀毛一也（編著）（1994）．社会的スキルの心理学 川島書店

▷4 Riggio, R. E. (1986). Assessment of basic social skills. *Journal of Personality and Social Psychology*, **51**, 649-660.

▷5 WHO（編）川畑徹朗・西岡伸紀・高石昌弘・石川哲也（監訳）（1997）．WHO・ライフスキル教育プログラム 大修館書店

▷6 杉山佳生（2004）．スポーツとライフスキル 日本スポーツ心理学会（編）最新スポーツ心理学──その軌跡と展望 大修館書店 pp. 69-76.

○心理的スキル

メンタルトレーニングによってその向上を図るようなスキルは,「心理的スキル（psychological skills）」と呼ばれています。その内容は,ストレス対処スキル,目標設定スキル,コミュニケーションスキルなどであり,ソーシャルスキルあるいはライフスキルと共通したところが多く見受けられます。

近年では,これらさまざまなスキルの総称として,「心理社会的スキル（psycho-social skills）」という表現を用いることが多くなってきています。

❷ スポーツにおけるソーシャルスキル

スポーツとソーシャルスキルとの関係は,大きく「スポーツ選手に必要なソーシャルスキルの指導」と「スポーツを通してのソーシャルスキルの向上」という2つの観点から捉えることができます。このうち,前者は「Ⅷメンタルトレーニング」のなかで扱われていますので,ここでは後者に焦点を絞ります。

スポーツを通したソーシャルスキル・トレーニング（social skills training：SST）の目的は,スポーツ活動をしながら,ソーシャルスキルを身につけることです。もちろん,SSTは,スポーツを用いなくても実施可能です。しかし,楽しみながら,また効率的にソーシャルスキルを学ぶために,スポーツは非常に有効であると考えられています。その理由の1つは,先にも述べたように,ソーシャルスキルと運動スキルの構造が類似していることにあります。また,スポーツには多くの対人相互作用場面があり,社会的スキルの練習機会が充実しているということも,スポーツを用いる利点と考えられています。

このようなスポーツを利用したSSTは,スポーツを通したライフスキル教育と同様の手続きによって行うことができますが,その際,以下の2点に配慮することが望まれます。

1点目は,目標とするスキルについての「教示」,スキルを観察し模倣する「モデリング」,スキルを繰り返し練習する「リハーサル」,そしてスキルの獲得状況を知るための「フィードバック」というスキル学習の基本プロセスにのっとって,ソーシャルスキルが学べるようにすることです。杉山も指摘しているように,スポーツという場はソーシャルスキルを学習するのに適してはいるけれども,単にスポーツをしているだけでソーシャルスキルが身につくわけではありません。それらは適切に「学習」されなければなりません。

2点目は,スポーツ場面で学んだスキルを日常場面でも用いることができるように,**転移**（transfer）あるいは**般化**（generalization）させることです。たとえば,スポーツの試合場面で他の人とコミュニケーションがうまくとれるようになったとしても,それが,日常の一般的な生活のなかでもできるとは限りません。場面を想定しながらリハーサルをしたりすることで,積極的にスキルを転移・般化させていく必要があります。

(杉山佳生)

▶7 杉山佳生（2008）.スポーツ体験を通して学ぶもの 児童心理, **62**(14), 17-22.

▶8 **転移と般化**
転移とは,ある場面で学習したスキルが,他の場面でも使用できるようになること。般化とは,ある場面で学習したスキルが,さまざまな場面で使用できるようになること。

V スポーツの社会心理

8 ジェンダー――女性とスポーツ

1 生物学的性と社会的性

性別の問題を扱う際，生物学的あるいは解剖学的に決まる生物学的性と，心理的あるいは社会文化的に規定される社会的性を区別して考える必要があります。このうち，社会的性は，「ジェンダー（gender）」と表現されています。

ジェンダーは，たとえば，「男らしく戦うこと」，「女性らしい思いやり」などといったような，その社会や文化によって「男らしい」，「女らしい」と認識されていることに基づいて決まってくるといってよいでしょう。このような認識には，男性や女性がすべきことには社会の期待が反映されているとする「ジェンダー役割（gender role）」の考え方や，男性はこうあるべき，女性はこうあるべきという思い込みである「ジェンダー・ステレオタイプ（gender stereotype）」が影響していると考えられます。ここの文章でも，「男性，女性」という順で記載されていますが，このことに疑問を感じないということは，そこには，男性が女性よりも先にあるべきだというジェンダー・ステレオタイプの影響が及んでいるといえるでしょう。「スポーツ『マン』」という言葉が当然のように使われている背景にも，ジェンダー・ステレオタイプが存在しているということができます。

このようなジェンダー役割あるいはジェンダー・ステレオタイプは，子どもの遊びの選択やスポーツ行動にも影響していることが指摘されており，特定の社会や文化のなかで育っていくうちに，徐々に身についていくものであると考えられます。

2 社会的期待としてのジェンダー

社会における期待としてジェンダーを表現する場合，男性性（masculinity），女性性（femininity）という区別が用いられています。これに加えて，ベム（Bem, S. L.）は，男性性と女性性をあわせもつアンドロジニー（psychological androgyny：心理的両性具有）の存在を指摘し，それらを測定するための尺度「Bem Sex Role Inventory（BSRI）」を作成しました。BSRI では，「積極的」，「支配的」などを男性項目に，「愛情豊かな」，「おとなしい」などを女性項目にして，双方の得点が高い人をアンドロジニーと判断するようになっています。さらに，この尺度では，「良心的な」，「誠実な」などといった，男性的でも女

▷1 gender role
一般的には「性役割」と表現されている。

▷2 アメリカにおいても，男児には，「男っぽい」遊びやスポーツをすることが奨励される傾向が認められており，その傾向は，家族構造が変化してきた現代においても，なお強いままであると指摘されている。
スモール，F.・スミス，R. 市村操一・杉山佳生・山本裕二（監訳）（2008）．ジュニアスポーツの心理学　大修館書店

▷3 Bem, S. L. (1974). The measurement of psychological androgyny. *Journal of Consulting and Clinical Psychology*, 42 (2), 155-162.
BSRI の日本語の項目については，青野篤子・森永康子・土肥伊都子（1999）．ジェンダーの心理学　ミネルヴァ書房を参照。

性的でもない，中性項目も設定されています。つまり，私たちのジェンダーを捉える際には，男性性と女性性はどちらか一方が高いものであると考えるのではなく，両方とも高いアンドロジニーという状態があること，また，男性的でも女性的でもない中性という分類もあることを理解しておく必要があります。

なお，BSRIには，男性項目に「スポーツ好きな」や「競争心のある」といったものが含まれているため，スポーツ選手を対象に測定を行う際には，注意を要します。阿江は，「女性競技者が非競技者よりも男らしい」という研究結果を示しながらも，それは，スポーツをすること自体が男性的であるとみなされていることに由来する可能性があると指摘しています。[4]

もちろん，すべてのスポーツが必ずしも男性的と捉えられているわけではありません。市村・鈴木は，大学生および中学校教師に，さまざまなスポーツ種目がどの程度男性的あるいは女性的であるかを評価させ，フィギュアスケートやソフトボールのように，女性性が高いと認識されている種目があることを示しています。[5]この研究では，女性がその種目に参加することの「自然さ・不自然さ」についても尋ねており，たとえば，ラグビーは男性的でありかつ女性の参加は不自然だと捉えられている一方で，サッカーは，男性的ではあるけれども女性の参加はそれほど不自然ではないと見られている，といった結果も示されています。スポーツにおけるジェンダー意識は，スポーツ文化に対する社会的認識の変化に応じて変わっていくものと考えられます。

③ 競技スポーツにおける問題

○FAT

女性のスポーツ選手に生じる障害に，「女性競技者の三徴（Female Athlete Triad：FAT）」があります。その3種類の障害は，摂食障害，月経異常，骨粗鬆症です。[6]このような障害には，生物学的性だけでなく，スポーツに対するジェンダー意識が関与していると考えることができます。たとえば，やせていることが「女性的な美しさ」を表現できるという考え方や，女性特有の生理的な現象にあまり配慮をしないような男性的社会風土が，スポーツという場にあり，それらが上記のような障害の一因になっていると考えられます。

○指導者との関係

スポーツの指導者に男性が多いということも，女性競技者の心理的問題を引き起こすことが予想されます。特に，セクシャルハラスメント問題については，さまざまな競技団体で，防止のためのガイドラインが設けられ，制度的な対応が進められていますが，心理社会的な対応も求められています。阿江は，多くの研究が女性競技者の競技意欲が低いことを示しているけれども，競技場面でのジェンダー役割や男性指導者との関係を考慮した研究を行うことによって，異なる結果が得られる可能性を主張しています。[7]

（杉山佳生）

▷4　阿江美恵子（2003）．スポーツにおけるジェンダー　体育の科学，**53**(5)，359-363．

▷5　市村操一・鈴木博（1996）．スポーツ種目の性度に関する研究　筑波大学体育科学系紀要，**19**，167-171．

▷6　大場ゆかり（1998）．女性スポーツの弊害——摂食障害・月経障害・骨粗鬆症　竹中晃二（編）健康スポーツの心理学　大修館書店　pp. 177-185．

▷7　阿江美恵子（2000）．スポーツとジェンダー　杉原隆ほか（編著）スポーツ心理学の世界　福村出版　pp. 151-164．

Ⅵ 運動による健康の増進

1 運動の心理的効果①
自尊感情

1 自尊感情とは

　自尊感情とは,「多くの経験の積み重ねを通して形成された自分自身に対する感じ方のことであり,自己評価的な感情の複合体である」と考えられています。すなわち,自尊感情は自分自身に対する態度を意味し,特に自分を感情的にどのように評価しているかどうかの心理的概念といえます。

　自尊感情のもち方により,人のさまざまな感情や行動に影響を及ぼすと考えられています。すなわち高い自尊感情は,自分を価値ある存在として捉え,肯定的で責任感を強く見積もるとされています。また不安感を和らげ,対処能力を高め,身体的健康を高める役割を果たすことも知られています。一方,低い自尊感情は他者との関係を回避する欲求や他者から回避されたくない欲求をもつ傾向が強く,また対人不安を多く感じる傾向があることが報告されています。

2 運動・スポーツにおける自尊感情の変容モデル

　近年,自己 (self) を扱った多くの研究において自尊感情は多面的かつ階層的な構造を有しているとの捉え方が主流となっています。フォックスとコービン (Fox, K. R., & Corbin, C. B.) は,自尊感情の下位概念として「身体的自己価値」を位置づけ,さらに「スポーツ有能感」「魅力的なからだ」「体調管理」「身体的強さ」という4つの下位領域を位置づけた,「自尊感情の多面的階層モデル」を提唱しています。本モデルでは,運動・スポーツに伴う体力や体型などの変化により4つの下位領域が変容することにより「身体的自己価値」が変容し,最終的には「自尊感情」も変容することを示しています。

　自尊感情の多面的階層モデルを用いて運動やスポーツといった身体活動が自尊感情にどのように影響を及ぼすかについて検討が行われています。大学生を対象とした横断的な質問紙調査によると,身体活動は直接的に自尊感情に関連するわけではなく,「身体的自己価値」を介して関連すること,また身体活動が4つの下位領域のうち,「スポーツ有能感」「体調管理」「身体的強さ」を介して「身体的自己価値」へと関連することが明らかにされています。

　サンストロームとモーガン (Sonstroem, R.J., & Morgan, W.P.) は,包括的自尊感情を予測するため,これまでの研究を発展し,「運動と自尊感情モデル (EXSEM:The Exercise and Self-Esteem Model)」を提唱しています (図Ⅵ-

▷1　榎本博明 (1998). 「自己」の心理学——自分探しへの誘い　サイエンス社

▷2　Fox, K. R., & Corbin, C.B.(1989). The physical self-perception profile: Development and preliminary validation. *Journal of Sport & Exercise Psychology*, **11**, 409-430.

▷3　内田若希・橋本公雄 (2007). 自尊感情の多面的階層モデルと身体活動の関係　健康心理学研究, **20**(2), 42-51.

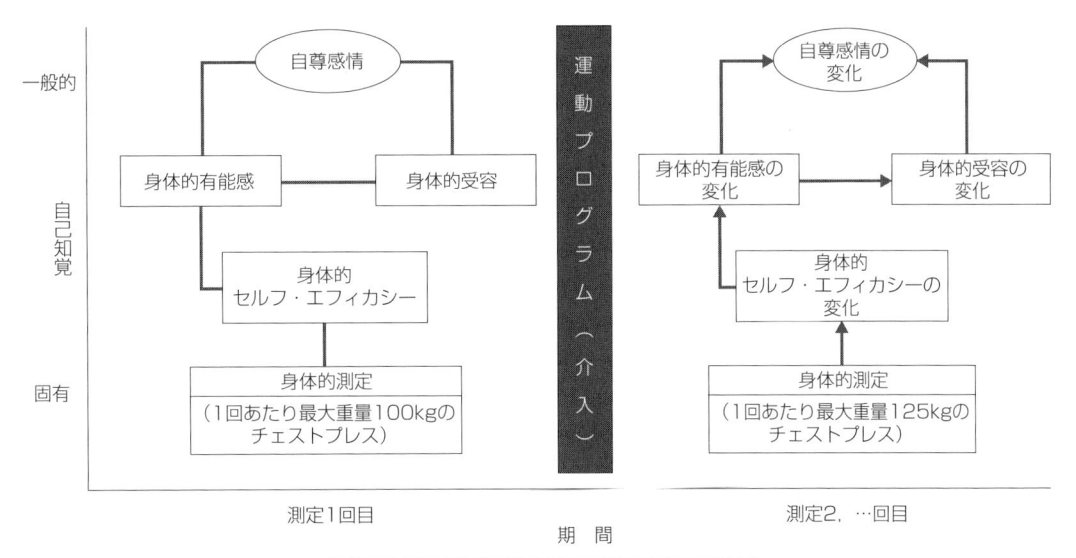

図Ⅵ-1　運動と自尊感情モデル（EXSEM）

出所：Sonstroem, & Morgan (1989). p.333. より作成。

1）。EXSEMでは，運動やスポーツのプログラム（介入）に伴い生じる「身体的セルフ・エフィカシー（ある運動やスポーツ活動を成功裡に遂行できるかといった個人の見込み感）」の変容は「身体的有能感（身体的能力全般の自己評価）」に影響を及ぼすことを示しています。また，「身体的有能感」は直接的に「自尊感情」の変容に影響すると同時に，「身体的受容（自己の身体的側面をありのまま受け入れている状態）」を経由して，「包括的自尊感情」の変容に影響することも示しています。さらに，EXSEMでは固有の性質から一般的な性質に変容していくことを仮説としています。

EXSEMは，運動プログラムによる自尊感情の向上過程では固有の身体的セルフ・エフィカシーを高めることが必要であること等が明示されており，運動やスポーツを通した自尊感情の向上を図る際の貴重な指針となると考えられます。

▶4　Sonstroem, R. J., & Morgan, W. P. (1989). Exercise and self-esteem: Rationale and model. *Medicine and Science in Sport and Exercise*, 21, 329-337.

③ 自尊感情を高めるための効果的な運動

これまで，さまざまな運動や身体活動による自尊感情への影響が検討されてきています。そのなかでも水泳や柔軟性トレーニング，そして格闘技などでは自尊感情への影響は示されていません。一方，ランニングやウォーキング，そしてエアロビックダンスといった持久的運動の効果を調べた研究の約半数にて自尊感情の向上効果が示されています。また，運動時間では，60分以上の運動セッションにて自尊感情の向上効果が大きいことが示されています。さらに運動プログラムにおいては，8週間以下，9〜12週間，そして12週間以上に区分して調べたところ，より長期のプログラムにおいて自尊感情の向上効果が大きいことが明らかとなっています。

（西田順一）

Ⅵ　運動による健康の増進

2 運動の心理的効果②
ストレス

1 ストレス発生の心理的メカニズム

　人は日々の生活のなかで時に不愉快な思いをしたり，悩みを抱えたりすることがあります。このような状態が長く続くと，自律神経や内分泌系あるいは免疫系などを介して，身体にさまざまな悪影響を及ぼすことが知られています。たとえば，肥満や高血圧，頭痛，胃・十二指腸潰瘍，摂食障害などといったストレス関連疾患の恐れがあります。しかし，不愉快な出来事が起こったとしても，必ずしもストレス（不適応）状態に至らない人も見受けられます。これは，人による物事の捉え方の違い，すなわち，「評価（認知的評価）」の違いによるものと考えられています。

　ラザルスとフォルクマン（Lazarus, R. S., & Folkman, S.）による研究では，ストレスには一連の"過程"が存在することを明らかにし，それを「トランスアクション・モデル」（図Ⅵ-2）として示しています[1]。このモデルでは，「ストレッサー（外部からの刺激やプレッシャー，悩みの種といった嫌な出来事）」に直面した時，人はそれが脅威で有害なものであるかどうかを「評価（一次評価）」し，次にそのような状況を回避し，否定的な情動反応に対処できるかどうかをさらに「評価（二次評価）」します。続く，「対処行動（コーピング：問題焦点型対処および情動焦点型対処）」の結果により「適応（心身の良好な状態）」に至るかどうかが決まることを説明しています。

2 ストレス対処法としての運動・スポーツ

　一般的に，ストレスの対処法としては，友だちとおしゃべりする，好きなテレビを見る，好きな音楽を聴く，のんびりとした時間を過ごす，そして十分な睡眠をとるといったことが考えられます。これらに加えて，運動やスポーツの実施も気分転換になるため，ストレス対処行動の1つとして捉えることができます。運動やスポーツの実施は図Ⅵ-2で示したトランスアクション・モデルにおける対処行動のうちの「情動焦点型の対処行動」に該当します。

　適度な運動やスポーツの継続的な実施は，神経や筋肉に刺激を与え，緊張をほぐし，ストレスホルモンの分泌を調整する役割を果たすことが明らかになっています。また，運動やスポーツの実施は悩んでいた問題から一時的に離れることができ，また沈みがちな気分をすっきりとすることができるため，ストレ

▷1　Lazarus, R. S., & Folkman, S. (1984). *Stress, appraisal, and coping.* Springer.

```
                    認知的評価
   ┌─────────────────────────────────┐
   │   一次評価          二次評価      │
ストレッサー →  (脅威的で有害なものか？) (対応できるかどうか？) → 適応
(嫌な出来事)    │                              │    (情動的ウェルビーイング，身体的状態)
   └─────────────────────────────────┘
                    ↓
                  対処行動
            問題焦点型      情動焦点型
          (問題解決，      (気分転換，
           情報探索)        ソーシャルサポート探索)
```

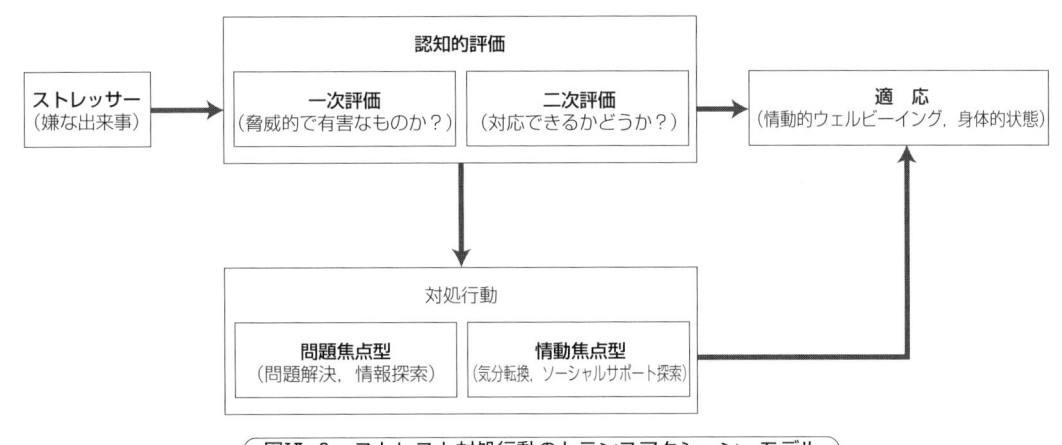

図VI-2　ストレスと対処行動のトランスアクション・モデル

出所：Lazarus, & Folkman (1984). より作成。

スへの対処法として有効です。

運動やスポーツのストレスへの影響過程について，橋本らは，「運動によるストレス低減モデル」を提示しています[2]。本モデルでは，ストレッサーや認知的評価によりストレス状態に陥った場合のストレス解消法として運動やスポーツを位置づけており，それに引き続き，ストレス低減効果が得られることを示しています。本モデルを用いて学校教員を対象に運動とストレスとの関係を調べた研究では，運動・スポーツはストレス度に好ましい影響を及ぼす可能性があることが確認されています[3]。

ただし，運動やスポーツの取り組み方次第では，反対に好ましくない影響が及ぼされる可能性も考えられ，注意が必要です。

3　ストレス解消のための効果的な運動・スポーツへの取り組み方

ストレスへの対処法として運動・スポーツを用いる場合には，まず自分が取り組む上で楽しいと思える運動を選択すること（運動種目の自己選択）および自分の体力に応じた強度にて運動を行うこと（運動強度の自己決定）により感情のポジティブな変化が生じ，このことは継続（長期）的な実施の鍵となります。また，運動の仕方によっては，運動実施に対する将来的な見込み感（運動セルフ・エフィカシー）が高まり，次第に体力の向上がもたらされ，それと同時にストレスへの耐性が高まる効果もあります。

運動様式としては，ジョギングやウォーキング，水泳といった有酸素運動や自然環境の豊かな場での多くの身体活動を含む組織キャンプなども気分転換が図られ，ストレス解消に効果的であると報告されています[4]。さらに，運動やスポーツを一緒に行う仲間の存在は継続のためのソーシャルサポート源となるため，気の合う仲間やパートナーと一緒に運動を行うことも効果的です。

(西田順一)

[2] 橋本公雄・徳永幹雄・多々納秀雄・金崎良三・菊幸一・高柳茂美 (1990). 運動によるストレス低減効果に関する研究(1)――SCL尺度作成の試みと運動実施者のストレス度の変化　健康科学, 12, 47-61.

[3] 西田順一・大友智 (2010). 小・中学校教員のメンタルヘルスに及ぼす運動・身体活動の影響――個人的特性およびストレス経験を考慮した検討　教育心理学研究, 58, 285-297.

[4] 西田順一・橋本公雄・柳敏晴・馬場亜紗子 (2005). 組織キャンプ体験に伴うメンタルヘルス変容の因果モデル――エンジョイメントを媒介とした検討　教育心理学研究, 53, 196-208.

Ⅵ 運動による健康の増進

3 運動の心理的効果③ 不 安

1 不安の特徴

　間近に迫った大切な試験や多くの聴衆を前にしたプレゼンテーション（発表）など，日々の生活にて人はしばしば不安を感じることがあります。軽度の不安は，人の行動への注意や用心深さを高める働きをしますが，高い不安は落ち着きのない状態となり，物事を冷静に考えることができず，不快な感覚に陥ります。不安は，自分にとって対象がはっきりとしたものと，また対象が定まらない漠然としたものがあります。

　不安を感じると，人によってさまざまな症状を呈します。精神症状としては，心配やいらいら，緊張や焦り，そして自信の喪失や落ち着き感のなさなどが現れます。また身体症状としては，筋肉の緊張や痛み，過呼吸，震え，発汗，頻尿，動悸，息苦しさ，そして頭痛や腹痛などが現れます。[1]

　さらに，不安が著しく高くなると，集中が困難になり，極度の不快感を覚えます。恒常的な高い不安状態は不安障害を導き，アルコールの摂取や薬物の使用といった不適切な行動を招くことが報告されています。さらに，不安障害のいくつかはパニック発作を引き起こすことが考えられます。よって，不安状態の長期化は精神的障害の引き金となるため，早期の解消が必要です。

2 不安の概念

　スピルバーガー（Spielberger, C. D.）の研究では，不安は「特性（trait）」と「状態（state）」という2つの要素から構成されるというモデルを示しています。[2] このモデルでは，「特性不安」とはパーソナリティの一部分であると捉えられ，比較的安定しており，また人が置かれた状況によって変化しにくい性質を示しています。また，「状態不安」とは個人要因や環境要因の認知と関連する力動的性質を有しており，一時的で，主観的感情によって変化する情動状態と捉えられています。このモデルに基づき，スピルバーガーは不安を測定する自己評定による心理尺度として，「状態－特性不安検査（STAI：State-Trait Anxiety Inventory）」を作成しています。[3]

3 運動と不安の関係

　スポーツや運動心理学の領域では，これまで運動と不安の関係について多く

▷1　中野敬子（2005）．ストレスマネジメント入門——自己診断と対処法を学ぶ　金剛出版

▷2　Spielberger, C. D. (Ed.). (1972). *Anxiety : Current trends in theory and research* (Vol. 1). Academic Press.

▷3　STAIは日本語版も作成され，運動や身体活動場面での不安測定にて頻繁に用いられている。

の研究がなされ，以下のことが具体的に明らかとなっています。

○有酸素性運動と無酸素性運動

100を超える研究を包括的に扱った**メタ分析**の結果から，有酸素性運動のみにおいて不安の軽減がもたらされることが示唆されています。ここでの有酸素性運動とは，ウォーキング，ジョギング，ランニング，水泳，サイクリングであり，いずれの運動種類も効果的であるとされています。

一方，無酸素性運動やレジスタンストレーニングでは，わずかに不安が高まる可能性があることが示唆されています。また，低強度のウェイトトレーニングにより不安の軽減が見られ，高強度のウェイトトレーニングでは不安の増加が見られたことから，運動に伴う不安の変化は運動強度が関係していることが確認されています。

○一過性運動と長期的運動

一過性の有酸素性運動の様式で，21～30分程度にわたる運動により，状態不安が軽減することが報告されています。また一過性運動では，日常的に不活動な人々に比べて，活動的な人の方が不安の軽減効果が大きいことも明らかにされています。

運動期間では，21～30回または40回以上継続するような，さらには15週間以上にわたり継続するような長期的運動では，特性不安の軽減がもたらされることが明らかとなっています。長期的運動は不安軽減の効果が大きいことが示され，これには身体的な体力の向上が関連していることが示されています。

○他の処方と運動の不安軽減効果の比較

トレッドミルを用いた運動，非宗教的な瞑想，そして座位での読書（安静状態）を各対象者に20分間ずつ実施させ，不安の変化が検討されています。その結果，3つの条件すべてに不安の軽減効果が確認されています。このことから，運動や身体活動も有効な不安の解消法として捉えることができます。

○不安障害を有する人々に対する効果

近年，心疾患やがん，心理的疾患，そして関節炎による慢性疼痛といった症状を有する患者を対象とした運動による不安軽減効果が注目されています。これらの症状を有する人は，とりわけ不安は高い状態にあり，このことが治療の妨げとなる可能性があります。運動プログラムの期間から効果を見ると，12週間以上にわたる運動プログラムに比べ，3～12週間の運動プログラムで大きな不安の軽減がもたらされることが明らかとなっています。短期プログラムは，運動の継続意欲が高まり，結果的に効果が大きくなると考えられています。さらに，運動時間では短時間の運動に比べ，30分間の運動において効果が大きいことが明らかにされています。

（西田順一）

▷4 **メタ分析**
多くの研究から得られた結果をデータとして，それらを総括することにより全体としての結果を導く分析方法である。

▷5 Petruzzello, S. J., Landers, D.M., Hatfield, B. D., Kubitz, K.A., & Salazar, W. (1991). A meta-analysis on the anxiety-reducing effects of acute and chronic exercise: Outcomes and mechanisms. *Sports Medicine*, 11, 143-182.

▷6 Bartholomew, J. B., & Linder, D. E. (1998). State anxiety following resistance exercise: The role of gender and exercise intensity. *Journal of Behavior Medicine*, 21, 205-219.

▷7 Bahrke, M. S., & Morgan, W.P.(1978). Anxiety reduction following exercise and meditation. *Cognitive Therapy and Research*, 4, 323-333.

▷8 Herring, M. P., O'Connor, P.J., & Dishman, R.K.(2010). The effect of exercise training on anxiety symptoms among patients. *Archives of Internal Medicine*, 170, 321-331.

Ⅵ 運動による健康の増進

4 運動行動の規定因──態度と規範

適度な運動やスポーツの実施がメンタルヘルスの改善やメタボリックシンドロームの予防といった心身の健康面へ望ましい効果をもつことが数多くの研究から示されています。これらの知見から考えると，今後，一層多くの人々が運動やスポーツを積極的に行い，健康で豊かな生活を営むことが期待されます。それでは，運動やスポーツの実施にはどのような心理的要因が影響を及ぼしているのでしょうか。

1 運動と態度との関連性

社会心理学において「態度」は重要な構成概念と捉えられています。それは，個人の態度が把握できれば，人の行動をある程度，予測できることにあります。態度とは，一般的には，ある対象に対する人の「好き‐嫌い」「良い‐悪い」といった評価や感情的側面であると定義されています。

運動と態度の関連では，運動をまったく行っていない者に比べ，運動を頻繁（週5～6日）に行っている者は，運動に対してより好意的な態度を形成していることが明らかとなっています（図Ⅵ-3）。また，男子では中学1年生から大学2年生にかけ運動への好意的態度が高まる傾向があります。しかし，実際の運動頻度は年齢に伴い減少していることから，運動への好意的態度が必ずしも行動に結びつかないといった，非一貫性が指摘されています。

2 運動行動の予測モデル──態度と主観的規範の位置づけ

社会心理学者のフィッシュバインとアイゼン（Fishbein, M., & Ajzen, I.）が作成した**合理的行為理論**[1]の枠組みに準拠して，人はどうしてランニングをするのか，またはしないのかについて説明を試みた研究があります[2]。

この研究では，図Ⅵ-4のように「ランニング行動」への最も重要な決定要因として「ランニングに対する行動意図」が示されています。また，「ランニングに対する行動意図」に影響する要因として「特定状況におけるランニングに対する態度」と「特定状況における主観的規範」の2つが示されています。ここでいう，「特定状況におけるランニングに対する態度」は，今後2週間の内にランニングすることについての良さおよび有益さ，そして愉快さなどを評価させています。また，「特定状況における主観的規範」は，同様に今後2週間の内に重要な他者から自分はランニングをすべきであると期待されているか

▷1 **合理的行為理論**
（TRA：Theory of Reasoned Action）
TRAは，態度と意図，そして行動との間の関係性をより詳細に理解することを目的として作成されている。TRAは行動を直接的に予測するのではなく，行動の最も重要な決定要因である，行動を遂行しようとする意図，すなわち，"行動意図"を予測することが有効であるとしている。TRAは，運動，禁煙，そして薬物使用といったさまざまな健康行動の説明に活用されている。

Fishbein, M., & Ajzen, I. (1975). *Belief, attitude, intension, and behavior: An introduction to theory and research.* Addison-Wesley.

▷2 徳永幹雄・多々納秀雄・橋本公幹・金崎良三（1980）．スポーツ行動の予測因子としての行動意図・態度・信念に関する研究（Ⅰ）──ランニング実施に対するFishbeinの行動予測式の適用 体育学研究，**25**, 179-190.

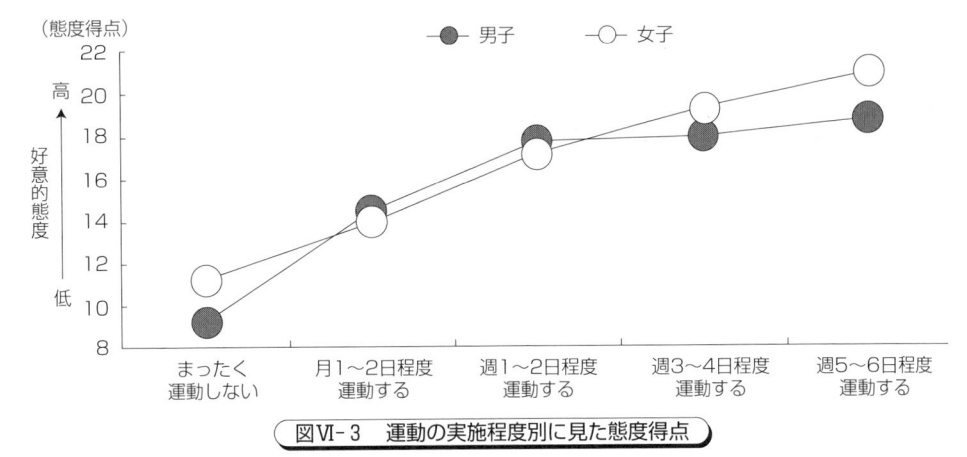

図Ⅵ-3　運動の実施程度別に見た態度得点

出所：徳永幹雄・橋本公雄（1979）．身体運動に対する態度と行動に関する研究　健康科学，1, 53-62. より一部改変。

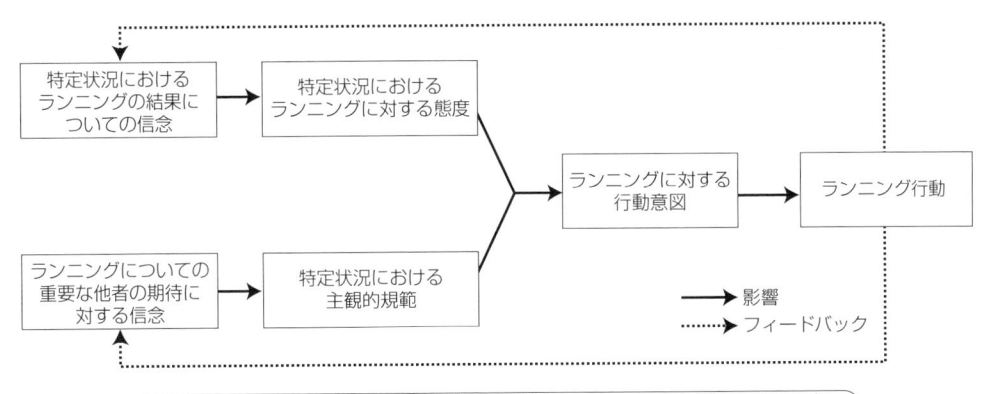

図Ⅵ-4　合理的行為理論（TRA）を援用したランニング行動の予測モデル

出所：徳永ほか（1980）．より。

どうかについての信念を評価しています。

　分析の結果，「ランニングに対する行動意図」に対して「態度」と「主観的規範」の2変数による説明力は37.8%であり，運動行動における合理的行為理論の適用可能性と，これらの要因の重要性が明らかにされています。

　以上のことから，合理的行為理論はさまざまな社会心理学的理論のなかでもランニング行動を説明する有効な理論であること，とりわけ「態度」と「主観的規範」が行動意図に影響を及ぼす重要な要因と考えられることから，ランニングへの好意的態度を養うことおよび家族やランニング仲間といった重要な他者の期待を得ることといった働きかけがランニングに対する行動意図を高め，その結果としてランニング行動が促進される可能性があることを示唆しています。

（西田順一）

Ⅵ 運動による健康の増進

5 運動行動の変容
——トランスセオレティカル・モデル

▷1 Prochaska, J. O., & DiClemente, C. C. (1983). Stages and processes of self-change of smoking: Toward an integrative model of change. *Journal of Consulting and Clinical Psychology*, 51, 390-395.

▷2 **前熟考ステージ**
行動を変えることに抵抗を示している段階であり,「ある行動を現在行っておらず,今後も行うつもりはない」状態を指す。

▷3 **熟考ステージ**
行動を変えるかどうかの岐路に立っている段階であり,「ある行動を現在行っていないが,今後行うつもりはある」状態を指す。

▷4 **準備ステージ**
行動を変える準備が整った状態であり,「ある行動を不定期に行っている,もしくは,今すぐにでも行おうとしている」状態を指す。

▷5 **実行ステージ**
すでに行動を実行に移している状態であり,「ある行動を定期的に行っているが,まだ始めたばかり(運動行動の場合,6か月未満の継続)」の状態を指す。

▷6 **維持ステージ**
好ましい習慣が形成されている状態であり,「ある行動を定期的に継続して行っている(運動行動の場合,6か月以上の継続)」状態を指す。

① トランスセオレティカル・モデルとは

トランスセオレティカル・モデル (transtheoretical model) は,プロチャスカとディクレメンテ (Prochaska, J. O., & DiClemente, C. C.) の研究から生まれました。2人は最初,禁煙行動の研究において,人がほかからの助けを借りずにどのように行動を変えるのか,その方法について興味をもち,研究を始めました。そして,自らの力で喫煙習慣を変えることに成功した人々を対象に調査を行った結果,タバコを吸う本数を減らしたり,禁煙する過程において,いくつかの特定のステージを経て行動が変化していくことを明らかにしました。▷1

現在は,身体活動や食行動,ストレス・マネジメントなどさまざまな健康行動の変容過程を説明するモデルとして数多くの研究で適用されています。トランスセオレティカル・モデルの特徴は,人が行動を変容し,維持していく過程を5つのステージに分類している点と,行動に対する個人の準備性(レディネス)に応じて介入する内容を変える必要性を強調している点にあります。トランスセオレティカル・モデルは,単一の概念で形成されている理論・モデルではなく,「行動変容ステージ」「セルフ・エフィカシー」「意思決定バランス」および「変容プロセス」の4つの構成要素から成り立つ包括的モデルといえます。

② トランスセオレティカル・モデルの4つの構成要素

○行動変容ステージ

行動変容ステージは,過去および現在における実際の行動とその行動に対する準備性により「**前熟考ステージ**」▷2「**熟考ステージ**」▷3「**準備ステージ**」▷4「**実行ステージ**」▷5および「**維持ステージ**」▷6の5つのステージに分けられます。これらのステージは,直線的に後期のステージに移行するのではなく,前後のステージを行ったり来たりしながら,らせん状に移行すると考えられています。

○セルフ・エフィカシー

トランスセオレティカル・モデルにおいて,行動変容ステージと**セルフ・エフィカシー**▷7との関連が認められています。つまり,セルフ・エフィカシーの増加は,行動変容ステージの望ましい移行(たとえば,準備ステージから実行ステージへの変化)に繋がることが明らかになっています。運動行動の変容ス

表VI-1 運動・身体活動についての変容プロセス

認知的プロセス	行動的プロセス
◎意識の高揚 　身体活動に関する知識を増やす	◎逆条件づけ 　代わりの活動を行う
◎情動的喚起 　身体活動量の不足が及ぼすリスクに気づく	◎援助関係の利用 　周囲からの支援を取りつける
◎環境の再評価 　自分の行動が他人へ及ぼす影響について考える	◎褒美 　自分に報酬を与える
◎自己の再評価 　身体活動の恩恵について理解する	◎コミットメント 　身体活動を行うことを決意し，表明する
◎社会的解放 　身体活動を増やす機会に気づく	◎環境統制 　身体活動について思い出せるようにしておく

出所：ベス，H.M.・リーアン，M.F. 下光輝一ほか（監訳）(2006). 行動科学を活かした身体活動運動支援——活動的なライフスタイルへの動機付け　大修館書店　pp. 16-17. より一部改変。

テージと運動セルフ・エフィカシーとの関連を検討した研究では，運動する意図がない前熟考ステージにいる人より，定期的に運動を行っている維持ステージにいる人は，運動セルフ・エフィカシーが有意に高いことがわかっています[8]。

○意思決定バランス

意思決定バランスとは，行動の意思決定に関わる恩恵（メリット）と負担（デメリット）に対する知覚のバランスのことです。すなわち，本人がその行動を行うことに関して，メリットとデメリットをどのように感じているかをいいます。運動行動の変容ステージと運動に関する意思決定バランスとの関連を検討したところ，変容ステージが後期に移行するに従い，行動に関する負担の知覚が低下し，恩恵の知覚が上昇することが明らかになっています[9]。運動行動の変容に向けた支援策として，前熟考ステージにいる人には少しでも運動するメリットが高まるように，熟考ステージにいる人にはデメリットが少しでも低くなるように働きかけることが必要といえます。

○変容プロセス

トランスセオレティカル・モデルが優れている点は，人の行動変容の説明だけに留まらず，「どのようにすれば人の行動を変容させることができるか」という具体的方略を示している点にあります。その方略は変容プロセスと呼ばれます。変容プロセスは，10の方略からなり，大きく認知的プロセス（意識や気づきを高めるなど）と行動的プロセス（自己報酬や環境への働きかけなど）の2つに分けられます（表VI-1）。運動行動の変容に向けた支援策は，初期ステージ（前熟考，熟考ステージ）にいる人には認知的プロセスに焦点を，後期ステージ（準備，実行，維持ステージ）にいる人には行動プロセスに焦点を当てることが望ましいといわれています。

（松本裕史）

▷7　セルフ・エフィカシー
ある行動を起こす前にその個人が感じる遂行可能感，あるいは，自分には何がどの程度できるという考え。自己効力感ともいう。
⇒IV-3 参照。

▷8　中年者約800人を対象に，運動行動の変容ステージと運動セルフ・エフィカシーとの関連を検討している。
岡浩一朗 (2003). 運動行動の変容段階と運動セルフ・エフィカシーの関係　日本公衆衛生雑誌, 50, 208-215.

▷9　中年者約600人を対象に，運動行動の変容ステージと運動に関する意思決定バランスとの関連を検討している。
岡浩一朗・平井啓・堤俊彦 (2003). 中年者における身体不活動を規定する心理的要因　行動医学研究, 9, 23-30.

Ⅵ 運動による健康の増進

6 運動行動の促進──運動実践への介入

1 運動行動と行動変容

近年，行動変容技法（behavioral modification）を用いて健康的な行動（定期的な運動や適度でバランスの取れた栄養摂取など）を増やし，健康的でない行動（喫煙，多量の飲酒，食べ過ぎなど）を減らすための介入が健康関連の分野で広く行われるようになりました。行動変容技法の目標は2つあります。1つ目は，望ましい行動やスキルを新たに形成することです。そして，2つ目は，望ましい行動であるにもかかわらず生起頻度が少ない行動を増やしたり，望ましくない行動を減らすことです。ここでは，運動実践への介入で用いられる代表的な行動変容技法について紹介していきます。

2 運動実践への介入で用いられる代表的な行動変容技法

○刺激統制法およびオペラント強化法

スキナー（Skinner, B. F.）によって提唱された学習理論によると，環境が整い，行動をとった後，ポジティブな結果が起こると，人はその行動を継続する可能性が高くなると述べられています[1]。たとえば，ウォーキングという行動を考えてみます。ある人には，運動するための服とウォーキングシューズが用意されており，身体を動かすための時間もある。また，近くには自然が豊かなウォーキングコースもある。このような状況や環境にある人は，身体活動を行う可能性は一層高くなると考えられます。さらに，ウォーキングの後，爽快感や達成感を感じれば，継続して行う可能性も高まるといえるでしょう。このように，学習理論では行動を「先行刺激（手がかり）→反応（行動）→強化刺激（結果）」という一連の流れで捉えます（図Ⅵ-5）。

ウォーキングという行動を増やしたい場合は，先行刺激に対する働きかけと強化刺激に対する働きかけがあります。先行刺激に対する働きかけとしては，毎日の生活のなかに「ウォーキングを思い出させる刺激」「ウォーキングをしたくなる刺激」「ウォーキングが楽しくなる刺激」などを意識的に増やし，ウォーキングを始めやすく，継続しやすい環境づくりを行います。たとえば，ウォーキングシューズを目に付くところに置いておくことや歩数計を着けることがあてはまります。このように，行動が生起しやすい環境（きっかけ）をつくる方法を刺激統制法といいます。次に，強化刺激に対する働きかけとしては，

▶1 Skinner, B.F.(1953). *Science and human behavior*. Macmillan.

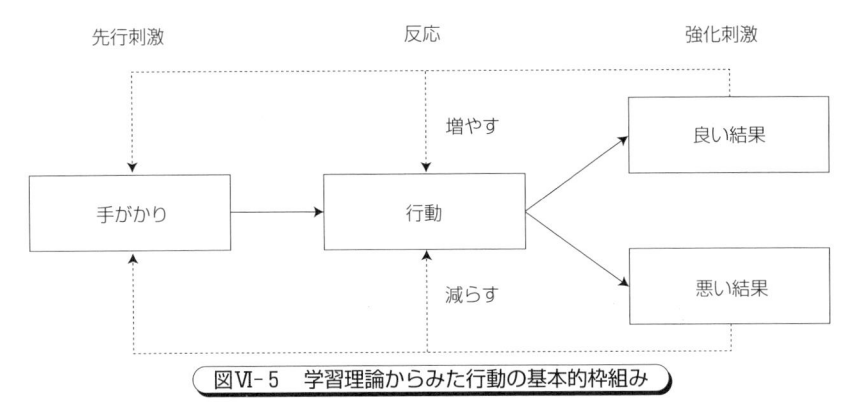

```
      先行刺激              反応              強化刺激
                          増やす
                       ┌─────────┐         ┌─────────┐
      ┌─────────┐      │         │ ──────→ │ 良い結果 │
      │ 手がかり │ ───→ │  行動   │         └─────────┘
      └─────────┘      │         │ ──────→ ┌─────────┐
                       └─────────┘         │ 悪い結果 │
                          減らす            └─────────┘
```

図Ⅵ-5 学習理論からみた行動の基本的枠組み

出所：岡・原田・荒井・松本・中村（2007）．より．

ウォーキングを行った後，自分にとって良い結果（ご褒美）が得られるようにしておきます。たとえば，ウォーキングの爽快感，家族に褒められる，目標を達成した時のご褒美を用意しておくことがあてはまります。

このように，行動することによって得られた良い結果が刺激となって，さらに行動が繰り返されるようにする方法をオペラント強化法といいます。新しい行動を獲得し，維持するためには，ある一定期間，意識的に同じ行動を繰り返し行う必要があります。学習理論は新しい行動を自分のものにするには，少なくとも最初のうちは何度も報酬を与え，何度も楽しい経験をする必要があることを示しています。運動は，その行動をとった後，すぐにその報酬（より健康になる，体力が増すなど）を感じられるものではありません。いかに運動をした後の報酬を用意するかが重要だといえます。

○目標設定技法

運動を始めたり，日常の身体活動量を増やそうとする際は，具体的な目標を立てることが有効であるといわれています。目標設定技法とは，どのように行動を変容させるかについての目標を立てる技法です。この技法を効果的に用いるためのポイントは，最終的に達成したい目標（なりたい自分）を設定することも重要ですが，それ以上にできるだけ身近で具体的な行動目標（いつ，誰と，どこで，何を始めるのか）を上手に設定することです。たとえば，「できるだけエスカレーターを使わずに階段を使おう」というような漠然とした目標ではなく，「朝の通勤時に，○○駅のエスカレーターを使わずに，階段を使う」といった，具体的な行動目標を立てることが大切です。また，目標は自分自身で決めるようにすること，さらに，自分自身が「やってみたい」「続けることができそうだ」と思えるような目標を設定することが重要です。そのためにも，小さな目標を立てて少しずつステップアップし，最終的な目標を達成するようにしましょう。たとえば，10分のウォーキングから始めて，徐々に時間を増やしていくような方法です。このように小さな目標から始めて少しずつ最終目標に近づけていく方法は，シェイピングと呼ばれ，望ましい行動を新たに形成す

るために効果的な方法とされています。

○セルフモニタリング

　セルフモニタリングとは，自分の行動を自分で観察し，記録することによって，自分の行動を客観的に把握し，管理する技法です。運動行動に関していえば，いつどのくらい運動を行ったのか，どのような状況の時に運動できていないかなど，自分自身の行動に対する気づきを促すことを主目的としています。セルフモニタリングを行う際は，その日の天候，体調，気分といった行動に影響を与える他の要因に関しても同時に記録しておくと，後から行動の変化を理解する手助けになります。

　セルフモニタリングを行うメリットは，3つあげられます。まず，自分の行動を客観的に観察できます。たとえば，1日の歩数を記録していくと，自分が1週間に平均してどのくらい歩いているか，またどんな時に歩数が少ないかなどの情報を客観的に観察できます。次に，自分の行動を観察することによって，実際の身体活動量や行動パターンがわかると，それをもとに自分の行動を評価することができます。望ましい行動が増加しない場合は行動の改善点を発見したり，対策を考えたりすることが可能になるでしょう。そして，この記録するという行為自体が励みになって，自分の行動を強化することができます。運動の実施記録をつけることによって成果（どのくらい運動してきたか）が確認できると，それが動機づけになってさらにやる気が高まる場合があります。

○意思決定バランス分析

　意思決定バランス分析は，運動を実施することに伴うメリットとデメリットについて，意思決定バランスシートなどの用紙に書き込みながら確認する技法です。この技法は，利益・不利益分析とも呼ばれます。具体的には，運動を行うことによって得られるメリット（よい点）と運動を行うことによって生じるデメリット（よくない点）を書き出します。メリットに関しては，書き出されたメリットのなかから，運動することによってすぐ得られるようなメリットへの気づきを高めることが重要です。たとえば，運動によって体脂肪量を減らすといった目標を達成するためには多くの時間を必要とします。しばらく運動を継続しないと得られそうもないメリットだけでなく，まずは短期間で得られる心理的なメリット（「気分転換になる」「身体が軽くなる」など）に目を向けることが大切です。

　一方，「運動すると疲れる」といった負担感は，運動する意欲を下げることがあります。疲れている時は軽めの運動にする，運動することが苦にならないような頻度や時間帯にするなど，負担の少ない計画に変更することが大切です。メリットだけでなく，デメリットにも目を向けてバランスの取れた計画を立てることが運動を継続していくための重要なポイントになります。

○逆戻り予防

多くの人にとって運動を継続して行うことは容易ではなく，しばしば精神的ストレスや病気，天候などによって，定期的な運動から離脱してしまいます。このように，さまざまな要因によって習慣化している運動を一時的に中断してしまいそうになる状況を想定して，あらかじめ対処法を準備しておくことを逆戻り予防と呼んでいます。たとえば，普段は屋外でウォーキングをしている人が雨降りの際に備えて，屋内で行う運動を考えておくことがあてはまります。また，忙しくて運動する時間が取れない際には，実施時間帯の変更などを考えておくことも対処法の1つです。季節の変化，怪我や病気，転居など生活上の出来事も，逆戻りの原因と考えられるため，そのような状況を想定した対処法を準備しておくことも重要です。しかし，前もって対策を立てていても，その対策をうまく行動に移せなかったり，対策そのものに無理があったりすると，運動を中断してしまう場合があります。その際に重要になるのが，自分自身がそのことをどう考え，どう受け止めるのかということです。「しばらく休んでいたのだから，いまさら始めても無駄だ」といったようなすべてを放棄してしまう考えや「私はいつも三日坊主だ」といったような継続できなかった原因を自己や自らの弱さに帰属することは，定期的な運動からの完全な離脱に繋がります。「次は中断にうまく対応できるもっとよい方法を考えよう」「1回ぐらいのお休みは誰でも経験することだ」といったような柔軟な考えや態度をもつことで，一時的な中断をうまく受け止めて運動を再開することが可能になります。

○ソーシャルサポート

周りの人からの励ましや協力を多く得ている人ほど，運動習慣が長続きすることが明らかになっています。**ソーシャルサポート**とは，家族，友人，同僚，専門家など，その人を取り巻いている重要な他者から得られる有形あるいは無形の援助のことです。

その機能から情緒的サポートと道具的サポートという2つの側面に大きく分けることができます。情緒的サポートは，共感や愛情表現，信頼，尊敬，困った時に話を聞いてくれるなどの援助を指します。また，実践した行動に対する肯定的な評価や賞賛，激励，前向きなフィードバックなど，自己評価をする時に役立つ援助も含みます。一方，道具的サポートは，問題の解決や対処に役立つ情報や知識を提供してくれたり，金銭的な援助，手伝い，補助といった実際に目に見える形での直接的な援助行動のことを指します。

ソーシャルサポートを有効に活用するためには，その人が周りの人は協力者であると自覚し，援助を求める行動をとることが重要です。

（松本裕史）

▷2　ソーシャルサポート
⇨Ⅶ-7参照。

参考文献

岡浩一朗・原田和弘・荒井弘和・松本裕史・中村好男（2007）．行動科学に基づいた運動・身体活動支援——どのようにすれば効果的な支援ができるのか　運動・身体活動と行動変容理論編　健康・体力づくり事業財団

井上茂・小田切優子・下光輝一・涌井佐和子（2008）．運動指導7つのコツ——わかる！　使える！　行動療法活用術　丹水社

Ⅵ 運動による健康の増進

7 運動実践と環境
──運動の継続を支える社会的文脈要因

1 運動の継続に関する動機づけと基本的欲求

運動を定期的に行うことによる恩恵が広く知られているにもかかわらず，運動を継続していくことは多くの人にとって簡単ではありません。運動の継続には動機づけ（意欲）が深く関わっていることを疑う人はいないでしょう。近年，健康運動の継続に関する動機づけの研究は，自己決定理論[1]を中心に進められています。これまでの研究から，運動の継続には内発的動機づけ（運動自体の楽しさや満足に動機づけられる）や自己決定度の高い外発的動機づけ（自分にとって運動は価値があるという重要性に動機づけられる）といった自律的な動機づけが重要であることが明らかになっています[2]。

自己決定理論では，人間は本来積極的で能動的な存在であり，人間のなかには自分自身の成長と発達を目指す志向性があるとしています。このような人間の特徴の基となるのが基本的な心理欲求であり，有能さへの欲求（need for competence），自律性（自己決定）への欲求（need for autonomy），および関係性への欲求（need for relatedness）の3つが仮定されています。有能さへの欲求とは周囲の環境と効果的に関わりたい，有能であると感じたいという欲求です。自律性への欲求とは自らが自らの行動の原因でありたいといった欲求です。関係性への欲求とは，個人間における個人的，感情的な結びつきや愛着への欲求であり，他者と良好な結びつきをもちたいという欲求です。この3つの欲求が満たされる環境で人は自律的に動機づけられると考えられます。

2 運動の継続を支える社会的文脈要因

コンネルとウェルボーン（Connell, J. P., & Wellborn, J.G.）は，その人が置かれている環境を社会的文脈（social context）と呼び，3つの基本的な心理欲求と，その発達を支援する社会的文脈をモデル化しました[3]。社会的文脈は構造（structure），自律性支援（autonomy support），および関与（involvement）からなります（図Ⅵ-6）。鹿毛は，社会的文脈と基本的な心理欲求との関連を次のように述べています[4]。「構造」とは，「環境が提供する情報の量と質，明解さ」です。肯定的なフィードバックなどその人にとって意味のある情報が整理されて提示されるような構造化された環境によって「有能さへの欲求」が満たされます。「自律性支援」とは「選択の機会の提供」です。強制されるのでは

▷1　**自己決定理論**
⇒ Ⅳ-5 参照。

▷2　Matsumoto, H., & Takenaka, K.(2004). Motivational profiles and stages of exercise behavior change. *International Journal of Sport and Health Science*, 2, 89-96.

▷3　Connell, J.P., & Wellborn, J.G. (1991). Competence, autonomy, and relatedness: A motivational analysis of self-system processes. In M.R. Gunnar, & L. A. Sroufe (Eds.), *Self processes and development: Minnesota symposium on child psychology.* Vol. 23. Lawrence Erlbaum Associates. pp. 43-77.

▷4　鹿毛雅治（2004）．「動機づけ研究」へのいざない　上淵寿（編）動機づけ研究の最前線　北大路書房　pp. 1-28.

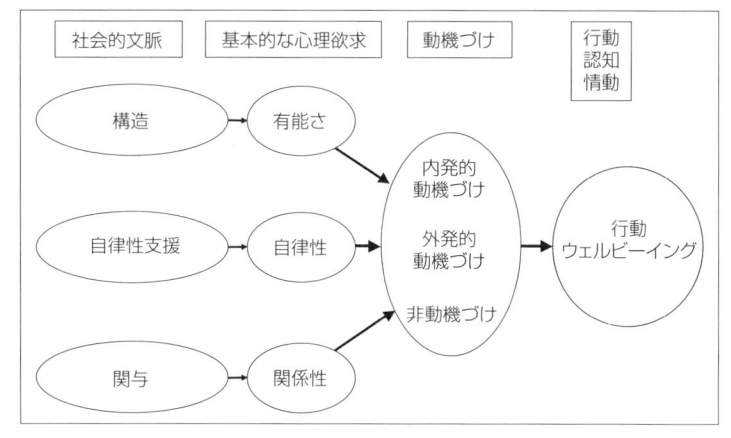

図Ⅵ-6 自己決定理論における社会的文脈を含めたモデル

出所：Connell, & Wellborn (1991). p.51. より作成。

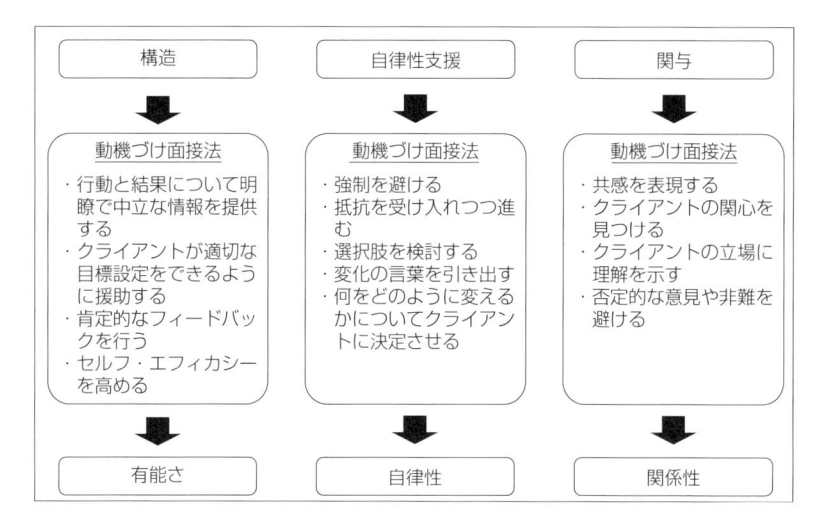

図Ⅵ-7 動機づけ面接法を活用した基本的な心理的欲求へのアプローチ方法

出所：Markland, Ryan, Tobin, & Rollnick (2005). より作成。

なく当人の意思が尊重されるような環境によって「自律性への欲求」が満たされます。「関与」とは、「当人に対する知識，関心，情緒的なサポートの程度」です。敵対するのではなく，思いやりをもって受容されるような環境によって「関係性への欲求」が満たされます。このように3つの基本的な心理欲求を満たす社会的文脈について，モデルが示されているものの，運動場面におけるエビデンスはほとんど見当たりません。マークランド（Markland, D.）らは，自己決定理論の実践的適用を行う上で**動機づけ面接法**の活用を提案しています（図Ⅵ-7）。動機づけ面接法は，外的な圧力（法的圧力，罰，社会的圧力，金銭的報酬など）によって，強制的に行動を変えようとするものではなく，個人に特有の価値観や信念に基づいて，変化への内発的な動機づけを引き出すことに焦点をあてています。つまり，基本的な心理欲求へのアプローチ方法となる原理を示したものが動機づけ面接法と考えられます。

（松本裕史）

▷5 **動機づけ面接法**（Motivational interviewing）
ミラーとロルニック（Miller, W.R., & Rollnick, S.）によって開発されたアプローチ方法であり，クライアント中心主義的であると同時に，両価性を探索し解決することによって，心のなかにある「変化への動機」を拡大する，指示的な方法と定義される。

Miller, W. R., & Rollnick, S. (2002). *Motivational interviewing: Preparing people for change* (2nd ed.). Guilford Press. （松島義博・後藤恵（訳）(2007). 動機づけ面接法 基礎・実践編 星和書店）

▷6 Markland, D., Ryan, R.M., Tobin, V.J., & Rollnick, S.(2005). Motivational interviewing and self-determination theory. *Journal of Social & Clinical Psychology*, 24, 811-831.

参考文献

安藤史高・岡田涼(2007). 自律を支える人間関係 中谷素之（編）学ぶ意欲を育てる人間関係づくり 金子書房 pp. 35-55.

VII 競技心理

1 競技スポーツ・アスリートの心性

アスリートの心性を理解するために,「スポーツ選手のパーソナリティ研究」,スポーツ選手の「心理的適性要因」の研究などが1980年代まで行われてきました。結論として,アスリートのパーソナリティは「外向的,情緒安定」であることや,適性要因として「不安のコントロール」「精神力」「集中力」などがあげられています。これは強いストレス下に置かれるアスリートは精神的に健康で,その状態を保ち続ける力が必要とされる,あるいはそういった特徴をもつ選手が競技環境に適応しやすい,ということを示しています。

このようなことは,少なくとも表面上は納得できます。しかし,アスリートの臨床事例を見るとそれとは異なった側面が浮かび上がってきます。

1 明るく元気に

アスリートのイメージとして「明るく,元気,爽やか」と見られることがあります。適度にスポーツを行うと,気分が爽快になるので,このイメージにあてはまるかもしれません。そのこと自体は,スポーツや身体運動が心理的健康によい影響を及ぼす可能性を示しており,実際にそのような側面からの研究が多く行われています。しかし,競技スポーツに打ち込めば打ち込むほど,「明るく,元気」ではいられなくなり,身体的にも心理的にもかなり過酷な状況になります。身体的・心理的限界を超えるほどのトレーニングをしないと上達しないし,勝てないからです。そこでは常に,身体的故障や病気,心理的問題や精神的な病の発生の危険性をはらんでいます。

2 勝負の世界

スポーツは勝ち負け,優劣を明確にします。多くのアスリートは,勝とうとして限界を超えるまで自分自身を追い込みます。そうでないと競技力向上は望めません。そうすると,その選手が抱える心理的課題にも直面せざるを得なくなります。そのことは,彼らにとってポジティブにもネガティブにも働きます。悩み苦しみながらも自分自身の限界を超えるまで挑戦し続け,その苦悩の末に,力量を向上させ,競技レベルを上げ,勝利を得るといった体験をすることは,心理的な成長をもたらします。野球のイチローや松井,スケートの清水,サッカーの中田などが語る,あたかも修行僧や求道者のような言葉から,その体験の過酷さとそれを超えた世界に達した心性を読み取ることができます。

▷1 中込四郎 (1987). 運動適性としてのパーソナリティ 松田岩男・杉原隆(編著) 新版 運動心理学入門 大修館書店 pp. 223-228.

▷2 たとえば,清水は「辛いトレーニングは脳も変容させるので,能力の限界を押し上げる」,レース中に「眩しいばかりの光が差し,神に導かれた僕はレースを支配している気分になった」と述べています。(吉井妙子 (2002). 神の肉体 清水宏保 新潮社)

▷3 この辺りのことは以下の文献を参考にされたい。
『臨床心理学』編集委員(編) (2004). 特集 スポーツと心理臨床 臨床心理学, 4 (3).
中込四郎 (2004). アスリートの心理臨床 道和書院
日本臨床心理身体運動学会の学会誌である『臨床心理身体運動学研究』に掲載されている事例研究
スポーツ精神医学会(編) (2009). スポーツ精神医学 診断と治療社

▷4 中込 (2004). 前掲書.

一方で，自分自身の力量以上に，あるいは心理的な耐性を超えて，競技に取り組む時，自分自身が抱える問題が表面化し，競技遂行が難しくなる時があります。その時には，スランプ，実力発揮できないなどの競技行動上の問題ばかりでなく，怪我，食行動の問題，ヒステリーなどの身体の問題として，あるいは神経症や精神病などとしても現れてきます。その辺りはスポーツ選手の臨床事例が示している通りです。

③ 優勝恐怖・成功恐怖

勝ちたい，優れたいと思って競技をするアスリートに「優勝恐怖」「成功恐怖」といえるようなことが起こり，勝てる状況になっても勝てないことがあります。望んでいたものが達成される状況になった時，対戦相手を立ち上がれないほどまで打ちのめすことを無意識に恐れている，あるいは勝利者として頂点に立つ孤独感を無意識に回避している，などの解釈が成り立ちます。その辺りは，中込や鈴木の事例にも示されています。いずれもアスリートにかかる心理的重圧の大きさを示しています。あるレベル以上の重圧がかかると，対処できない心理的問題が顕在化する恐れを無意識に感じ，優勝を恐れるといった心理状態をもたらすものと考えられます。

④ 幼児性

親や指導者はアスリートを育てる時に，競技のみに専念させ，競技以外のことに目を向けさせないような競技環境を整えようとすることがあります。このような環境でいわば純粋培養された選手は，相応の力量があれば少なくとも一度は高い競技レベルに達することができます。しかし，高い競技レベルに達すると，他の人の指示に従うだけでなく自分自身の意思や判断で競技遂行することが求められるので，純粋培養され，自分自身で試行錯誤し，苦労しながら競技に取り組んできていない選手は大きな困難さに直面することになります。それがきっかけとなって，自分自身の力でその苦境を乗り越えられればいいですが，伸び悩んで自分でどうしていいのかわからないまま競技を継続することがあります。そのようなアスリートに面接すると非常に幼児的な印象を受けます。純粋ですが，困難に直面した時の耐性は非常に弱いのです。敵に負かされる，何度やっても上達しない，などの困難や苦悩を何度か直面し，自分自身の力でそれを乗り越えていく体験をしないで育つことは，人間の成長にとってマイナスの影響があると考えられます。

そのほかに，「**特殊な人間関係**」，「**完璧主義・強迫性**」，「**身体性**」などアスリートや競技スポーツの世界は独特のものがあります。

（鈴木　壯）

▷5　鈴木壯（2004）．負傷（ケガ）・スランプの意味，それらへのアプローチ──スポーツ選手への心理サポート事例から　臨床心理学，4（3），313-317．

▷6　**特殊な人間関係**
日常的に身体を動かして競技を継続しているアスリートは，心も身体も働かせながら相互に関わっているため，通常の生活での心理的距離よりも近接した濃密な関係になりやすい。それは，深いところまでわかり合える関係を築く可能性があるが，反面，通常なら見なくてもすむような人間のネガティブな側面も見えてしまい，人間関係を悪化させることがある。

▷7　**完璧主義・強迫性**
アスリートは，できるだけミスのない完璧なプレイや演技ができるように日々の練習に励む。このようにかなりエネルギーをかけて完璧にしようとすることは，反面では強迫的心性を生み出しやすい。何事も妥協しないで，間違いのないようにやっていこうとするからである。しかし，すべての面できちんと完璧にやろうとすると余裕がなくなり，生きていくのが困難になることがある。

▷8　**身体性**
アスリートの身体で表現されることにはさまざまな意味が内包されている。たとえば，アスリートがプレイや演技で示す身体表現は身体的にも心理的にも最高の，総体としての人間の最高の表現として見ている人の心を動かす時がある。また，アスリートのさまざまな身体表現や身体症状は心の表現でもある（Ⅸ-1，Ⅸ-10を参照）。

Ⅶ 競技心理

2 ピーク・パフォーマンスの心理的世界

1 覚醒とパフォーマンスの関係

図Ⅶ-1はパフォーマンスレベルと覚醒レベルの関係を示したものです。この2つの関係は逆U字カーブをもつとされています[1]。覚醒水準が低い場合，気持ちが乗らず，萎縮したり，投げやりな態度になったりします。逆に覚醒水準が高い場合は，身体はガチガチになり，力み過ぎてしまったり，冷静に物事を考えることができなくなります。自分のもつ能力を最大限に活用できるためには，中等度の程よい緊張が必要とされています。最高のパフォーマンスを行っている時には，身体は意図したように動き，心理的には活動に没入しています。このような特別な状態のことをピーク・パフォーマンス，ピーク・エクスピリエンス，フロー，ゾーンなどと呼んでいます。これらの用語は厳密には違いがありますが，重複する部分も多く，それぞれの具体的な説明は他書に譲り，ここでは，自分にとって最高のパフォーマンスを行った時のことをピーク・パフォーマンスとしたいと思います。

2 ピーク・パフォーマンスの心理的特徴

あるゴルフ選手にピーク・パフォーマンス時の振り返りを求めた際に「（パッティングのラインを読んでいると）くっきりとした溝がボールとカップを繋いでいて，私はその溝に沿ってボールを転がしてあげればよかった」と語られたことがあります。また，違う選手は，「あの時は何をしても大丈夫なような気がした」と振り返っています。プリベッティ（Privette, G.）がピーク・パフォーマンスを「通常のパフォーマンスを超越する行動」と定義しているよ[2]

▷1 五十嵐透子（2001）．リラクセーション法の理論と実際――ヘルスケア・ワーカーのための行動療法入門　医歯薬出版

▷2 Privette, G. (1983). Peak experience, peak performance, and flow : A comparative analysis of positive human experiences. *Journal of Personality and Social Psychology*, **45**, 1361-1368.

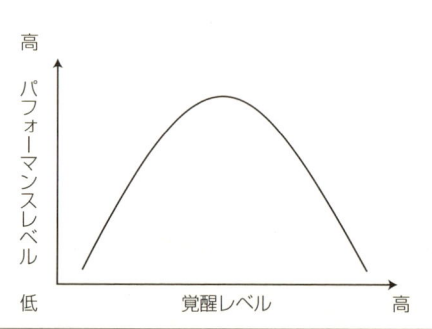

図Ⅶ-1　パフォーマンスレベルと覚醒レベルの関係
出所：五十嵐（2001）．より。

うにピーク・パフォーマンス時の選手は，通常では体験しない世界を体験しています。多くの研究者がピーク・パフォーマンスを再現する手がかりを得るために，ピーク・パフォーマンス時の特徴について研究を重ねてきました。

ピーク・パフォーマンス時の心理的特徴についてガーフィールド（Garfield, C. A.）は，選手へのインタビュー，述懐，伝記などをもとに「精神的にリラックスした感覚」「身体的にリラックスした感覚」「概して肯定的な見通しを立て，自信がある楽観的な感覚」「現在に集中している感覚」「高度にエネルギーを放出する感覚」「異常なほどわかっているという感覚」「コントロールしている感覚」「繭のなかにいる感覚」という8つのピーク・パフォーマンス時の特徴を述べています。▷3 また，吉村と中込は自由連想的な内省報告を用いて，ピーク・パフォーマンスを構成する心理的要因を明らかにしました。▷4 その結果，ガーフィールドが述べた8つの特徴に加え，新たに「自己の超越」「動きの自動化」「肯定的な感情」「ピーク・パフォーマンス後の満足感・充実感」といった4つの特徴を抽出しています。

3 ピーク・パフォーマンス時の個人差

ピーク・パフォーマンス時の心理的特徴にはいくつか共通点が見られますが，ピーク・パフォーマンスを発揮できる覚醒水準や具体的な心理状態は個人や競技種目によって異なってきます。落ち着いた状態で静かにプレーするのがよいという選手もいれば，気持ちを高め，興奮した状態でプレーするのがよいという選手もいます。再びピーク・パフォーマンスに導く手がかりを得るためには，自分自身のピーク・パフォーマンス時の心理状態や体験を具体的に振り返り，明確にしていくことが重要となります。

中込は，同定することが難しいピーク・パフォーマンス時の心理状態を理解するためにクラスタリング法を紹介しています。▷5 これは近い過去のピーク・パフォーマンス場面を設定し，その時の様子について自由連想的に思い出し，整理しながら，各選手が独自のクラスター作成を行います。そして，類似するクラスターをまとめて大まかな要因を抽出してみたり，出来上がった作品を他者に説明するなどして自己理解を深めていきます。

また，崔は，IZOF理論▷6 を用いて，継続的情動のセルフモニタリングの効果を検討しています。▷7 IZOF理論では自分のパフォーマンス発揮に関連する情動の種類を自分で選択し，その情動を感じた程度を自分で評価します。また，評価する情動は4つ（役立つポジティブな情動，役立つネガティブな情動，阻害するネガティブな情動，阻害するポジティブな情動）に分類されています。分類された情動に対して，パフォーマンスとの関係を確かめたり，選択した情動について継続的に振り返ることによって，自己への気づきや情動のコントロール能力を高めることに繋がるとされています。

（平木貴子）

▷3 ガーフィールド，C.・ベネット，H. 荒井貞光・東川安雄・松田泰定・柳原英兒（訳）(1988). ピークパフォーマンス ベースボールマガジン社

▷4 吉村功・中込四郎 (1986). スポーツにおけるPeak Performanceの心理的構成要因 スポーツ心理学研究, 13, 109-113.

▷5 中込四郎（編著）(1994). メンタルトレーニングワークブック 道和書院

▷6 **IZOF理論**（Individual Zones of Optimal Functioning model）
ハニン（Hanin, Y. L.）はスポーツ・パフォーマンスに影響する重要な要因として情動に注目し，情動の種類は個人によって異なり，最適な水準（強度）にも個人差があるとして，IZOF理論を提唱した。
Hanin, Y. L. (2000). *Emotion in sport*. Human Kinetics.

▷7 崔回淑・中込四郎 (2005). スポーツ競技者の心理的コンディショニングに関するモニタリング効果——心理トレーニングとしてのIZOF理論の適用を通して スポーツ心理学研究, 32, 51-61.

参考文献
日本スポーツ心理学会（編）(2005). スポーツメンタルトレーニング教本 改訂増補版 大修館書店

Ⅶ 競技心理

3 "あがる"心理とその克服

▷1 スポーツ科学研究委員会
東京オリンピックでの選手強化を目的として，1960年に発足され，各競技団体へのトレーニングドクターの配置，競技力向上のための科学研究等を行ってきた（現スポーツ医・科学専門委員会）。

▷2 心的緊張
「意思的な統合力や強い注意力によって，数多くの意識事実を統一する力」を意味する。
市村操一・タイペル，D. (1993). トップアスリーツのための心理学 同文書院 p.36.

▷3 市村操一 (1965). スポーツにおけるあがりの特性の因子分析的研究（Ⅰ）体育学研究，9 (2), 18-22.

▷4 Ichimura, S., & Matsuda, I. (1964). A study of stage fright (audience anxiety) in sports. *Proceedings of International Congress of Sports Sciences*, 525-526.

▷5 具体的には，本能的欲求や内的な衝動性の知覚，現実を正確に把握する能力に優れ，また，自らを望むところに向かって形成していきたいという自己実現の機能に優れていた。

▷6 中込四郎・鈴木壯 (1983). 自我機能からみたあがりに関する研究 体育学研究，28, 113-127.

1 「あがり」とは

いわゆる「あがり」といわれる現象は，スポーツ場面に限らず，人前でスピーチをする時や，さまざまな試験を受ける時のように日常生活でも見られる現象です。特にスポーツの競技状況では，「胸がドキドキする」「手足が思うように動かない」「自分のプレーに自信がなくなる」といったような体験をした人は少なくないことでしょう。

この「あがり」に関する調査・研究のきっかけとなったのは，1964年に開催された東京オリンピックです。日本体育協会の**スポーツ科学研究委員会**メンバーによって，スポーツ競技における心理面に関する科学的検討が数多く行われ，「あがり」はそのなかの主要テーマでありました。この委員会では，「過度の興奮のために予期した通りにプレーできず，記録が低下した状態」と定義しています。また，市村は，因子分析的検討から「あがり」の徴候として，のどがつまったような感じになる，胸がドキドキするといった「自律神経系の緊張」，注意力が散漫になる，落ち着こうとしてかえって焦るといった「**心的緊張**の低下」，身体がいうことをきかない，手足が思うように動かないといった「運動技能の混乱」，失敗はしないかと気になる，落ち着いていられないという「不安感情」，相手が強そうに見えるといった「劣等感」の5つの因子を同定し，その特徴を複合的な心理・生理的現象であると述べています。

では，どういう人があがりやすいのでしょうか。市村・松田は，あがる選手の性格特性として，神経質傾向の強い人，主観的傾向の強い人，社会的内向の人といった特徴があることを報告しています。また，中込・鈴木は，「あがり」について，外界の圧力などによる一過性の自我の機能的不全（現象的）と，防衛的な情緒的自我反応（適応論的）と捉え，自我機能からあがりの個人差について検討しており，あがらない選手の方があがる選手よりも，自我の強さ・健全度が高いということを報告しています。

2 「あがり」が生じるメカニズム

「あがり」を生み出す原因には，観衆，対戦相手の力量，報酬，周囲からの評価，時間の切迫などさまざまな要因が考えられます。すべてではありませんが，多くの場合，これらの要因がストレッサー（ストレス源）となり，その反

応としての「あがり」状態を生起させ，パフォーマンスの低下へと繋がっていきます。これまでの「あがり」に関する多くの研究において，ストレッサーに対するストレス反応として，「心理面」「生理面」「行動面」の3側面から検討・報告されています。心理面では，不安感情の増加や心的緊張の低下[7]，注意の変化などが報告されています[8]。生理面では，心拍数の増加，収縮期血圧の増加などの自律神経系の変化などが報告されており，行動面では，観衆や報酬，時間の切迫といったストレス状況下において，運動速度の増加・減少（ゴルフのパッティング動作速度が早くなったり遅くなったりする），運動変位の縮小（フリースローの運動動作が小さくなる）などが報告されています。また，村山らは，「あがり」によるパフォーマンスの低下が，「知覚・運動制御の変化」「安全性重視方略」「身体的疲労」によって生じることを明らかにしています[9]。

3 「あがり」を克服する

競技スポーツの場では，常に強いプレッシャーにさらされています。そのような状況下で，高いパフォーマンスを発揮するには，「あがり」を克服することが必要不可欠となります。ではどうすれば克服することができるでしょうか。

最も大切なことは，自分自身のことをよく知ること，つまり自己理解ということです。身体の調子がよく，闘争心がみなぎり，負ける気がしないという選手の試合結果は，おそらく満足のいくものになるでしょう。一方，試合前には身体が重たく，少しだるく感じる方が結果がよいという選手もいます。つまり，どのような状況で結果がよいのか，悪いのか，またどのようにしてあがってしまうのか，ということには，個人差や種目差が大きいといえます。したがって，正確に自分自身の心身の状態に気づき，内面を理解することが大切になります。

しばしば用いられる測定用具としては，**心理的競技能力診断検査**[10]や**POMS**[11] (Profile of Mood States) などがあげられます。一方，中込らは，本人が自覚できないような無意識的動機が「あがり」を生じさせている場合もあるという見地から，カウンセリングの有効性を唱えています[12]。自分の状況を説明し，カウンセラーは選手の訴えを共感的に理解しようと，時にはいくつかの問いを投げかけます。このような作業を通して，選手は自己理解を促進していきます。

自分自身の心身の状態に気づき，知ることができれば，あとはその状況に対して「心理的スキル」を用いて対処すればいいわけです。呼吸法や自律訓練法に代表されるリラクセーション技法，試合前や試合中を想定したイメージトレーニング，不測の事態に対処する認知行動技法などがその主な心理技法としてあげられます[13]。

（上向貫志）

▷7 市村 (1965). 前掲書.

▷8 注意の変化として以下の理論があげられます。「処理資源不足の理論」：「ミスをしたらどうしよう」のような心配事に有限な処理資源が奪われ，最も重要なスポーツ技能に注意が十分に配分できない。「意識的制御の理論」：自動化された運動技能に対して，「慎重に行いたい」との思いから過剰に注意を配分してしまい，結果として脱自動化により運動が損なわれる。

▷9 村山孝之ほか (2009).「あがり」の発現機序の質的研究　体育学研究，54, 263-277.

▷10 **心理的競技能力診断検査 (DIPCA)**
「スポーツ選手に必要な試合場面での心理的能力（精神力）」を診断するために，徳永幹雄・橋本公雄によって開発された。
徳永幹雄 (1996). ベストプレイへのメンタルトレーニング　大修館書店
徳永幹雄・橋本公雄 (2000). 心理的競技能力診断用紙 (DIPCA.3)　トーヨーフィジカル

▷11 POMS
アメリカの精神科医マックネイヤーらが開発した気分の状態を測定する。
⇒ Ⅷ-3 参照。

▷12 中込四郎 (編著) (1994). メンタルトレーニングワークブック　道和書院

▷13 これらの技法については，Ⅷ-5 〜 Ⅷ-7 参照。

Ⅶ 競技心理

4 スランプからの脱出

1 スランプとは何か

スポーツ競技者が抱える非常に大きな心理的問題のなかに,「**スランプ**」[1]があります。一般には,「生理的限界や疲労では説明できないのに,強い動機づけに支えられた努力を続けていても生じる停滞,後退現象」のことをいいます。しかしこのスランプの定義は,よく使われる用語の割にその認識は人によって異なるようです。たとえば相談に訪れるスポーツ競技者は,しばしば「スランプ」の定義を超えて「スランプである」と認識しています。心理支援の立場では,実際にそれがスランプであるかどうかが問題ではなく,その本人が「スランプである」と感じていることに重要な意味があると考える必要があります。

2 プラトーとスランプ

スランプは**プラトー**[2]と同様,練習曲線（practice curve）で説明される運動技術の練習による出来栄えの変化として示されています。ブライアンとハーター（Bryan, W. L., & Harter, N.）は,1つの技術を習得する過程で,意識とは無関係に進歩が止まる"踊り場"があることを突き止めました。これを「学習の階級説」と呼び,技術は直線的に向上するのではなく,ある段階に達すると「学習の高原（プラトー）」と呼ばれる状態に陥るとしています。横軸に時間,縦軸に達成度をとる練習曲線（図Ⅶ-2）で見ると,この時期の曲線形がプラトー（高原）状態になっているため,このように呼びます。プラトーはどんなに才能がある人でも,避けて通ることができない道であって,そこさえ通り抜けることができれば技術はまた進歩する,というのが彼の説です。それに対してスランプは,状態としては似ているものの,練習曲線でいう限界（方法論的限界,動機づけの限界,生理的限界など）の時に生じ,以下のような特徴があります。①一定水準以上の人にのみ現れる現象である。②したがってスランプは,練習の後期に生ずる。③比較的長い期間にわたる現象である。④その個人の専門から離れると異常はない。⑤精神的な不安や焦燥感に捉われる。したがって,習熟レベルの低い人が成績の停滞を招い

▷1 **スランプ**（slump）
経済用語としては,スランプの反対語は,ブーム（boom）であって,にわか景気や急激な増加のことを指す。したがって,スランプは,「暴落・衰退」ということになる。

▷2 **プラトー**（plateau；高原現象）
練習曲線には,途中で停滞状態が見られる時があるとする説。しかし,動機づけの低下や疲労などが原因と考える説もある。
Bryan, W. L., & Harter, N. (1897). Studies in the physiology and psychology of the telegraphic language. *Psychological Review*, **4**, 27-53.

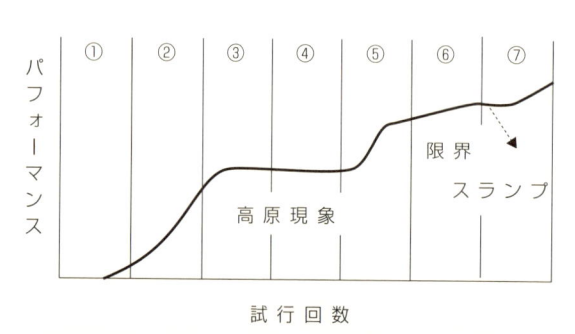

図Ⅶ-2 理論的,典型的な練習曲線（S字型曲線）
出所：松井三治・円田善英（1989）．体育心理学 建帛社 p.127. より。

た場合は,スランプというよりもプラトーであると考えられます。しかし,先述したように「スランプであると感じている」ことは,彼らの状態を理解する上で重要な示唆を含んでいる場合があることも理解しておく必要があります。

3 スランプの心理学的な意味

では,スランプはどうやって克服されていくのでしょうか。それを考えていくためには,スランプのもつ心理学的な意味を考えてみる必要があります。

鈴木と中込はスポーツ選手への心理サポートの事例から,スランプを「内面にある問題が表面化し,競技が首尾よく進まなくなっている状況」と指摘しており,スランプを越えた時に自我の成長や競技力の向上がもたらされていたと報告しています。スポーツの世界では,トップクラスの競技者であればあるほど成績優先で,肉体的な極限状態に直面し続けます。彼らは現実世界から隔離された特別な空間で特殊な技術と独自の人間関係を背景として,彼ら自身の特異な身体を媒介に競技生活を送っています。そのため彼らの抱える問題や課題はしばしばパフォーマンスに象徴的に現れるといえ,「スランプ」もまた,彼らがアスリートとして,あるいは人間として成熟するための内面の課題の表出と考えることができるのです。したがって,スランプの克服過程は人によって異なりますが,スランプを越えた時に飛躍的な成長がもたらされる可能性があるといえます。

4 スランプの選手へのサポート

このようにスランプは,現在の自己の限界と向き合いながら,それを乗り越えるための多くの葛藤を抱いているという心理的にも非常に苦しい状態といえます。そのような時に,監督やコーチから「精神的な問題」とか,「頑張りが足りない」と言われて傷つけられた経験をもったアスリートは少なくありません。このような叱咤激励が時として,彼らを一層傷つけ,状態を悪化させていくといった悪循環を起こすことがあります。スランプは,彼らの努力の末に「現在の限界」に向き合っている状態である,という事実を理解する必要があります。

「スランプ」が長期間続くと,心理的にはうつ状態と同様の状態となります。したがって彼らのサポートには,カウンセリングが非常に有効です。そこではまず,彼らの話をよく聞き,彼らが自分の状態を正しく理解できるよう支えることから始まります。スポーツカウンセリングのパイオニアである長田は,カウンセリングは,その人たちの悩みや苦しみを,自分自身のものとして受け取る人間的共感が重要であると指摘しており,「人間的共感の伴わない,いかなるテクニックも人間の心の問題に関する限り,それだけで効果をあげることは難しい」と語っています。

(菊地直子)

▶3 鈴木壯 (2004). 負傷 (ケガ)・スランプの意味,それらへのアプローチ――スポーツ選手への心理サポートの事例から 臨床心理学,4 (3).

中込四郎 (2004). スランプに陥り不安や競技意欲の低下を訴えたスポーツ選手の心理療法 臨床心理身体運動学研究,6,55-68

▶4 中島登代子 (1992). スポーツと心理臨床 小川捷之ほか (編) 心理臨床大辞典 培風館 pp.1191-1194.

▶5 長田一臣 (1976). スランプに挑む「人生の波」を乗り切るために 講談社

Ⅶ　競技心理

5　少年期とスポーツ

1　現代の子どものスポーツ

◯社会的組織下での活動

　子どものスポーツに関する論考で多く言われることに,「子どもは大人のミニチュアではない」があります。これは,子どもの心身の発育発達にふさわしい指導に対して,子どものスポーツに関わる大人に向けられた啓蒙的提唱ですが,そもそもこの言葉が多く聞かれるようになったのはなぜでしょうか。一昔前の街の光景には,子どもたち同士が公園に集まり,サッカーや野球をはじめとするさまざまなスポーツを自発的に行っている姿があちこちに見られました。しかし現在は,社会の様子も大きく変わり,彼らが自発的に集まり行う,子どもだけによる活動形態は少なくなりました。子どもたちは,民間のスポーツクラブやスポーツ少年団,中学生年代以降は学校運動部といった組織に所属してスポーツを行っています。つまり,指導者や親といった大人が組織し,管理・運営する環境下で,ある方向性をもった理念や目的に沿って構成されたプログラムのもとで,子どもたちはスポーツに取り組んでいるといえます。

◯子どものスポーツの高度化

　現代の子どものスポーツ活動は,各年代で全国大会が開かれているように,楽しく行うレクリエーション的活動というよりも,各年代で頂点を目指す競技志向の色合いが強くなっています。子どもたちの技術向上に対する意欲や勝利意欲は自然と高まり,彼らの競技レベルは以前よりもとても高くなっています。そして,子どもたちの技能や競技成績の上昇に伴い,彼らの身近な存在である指導者や家族からも,子どもたちに対する期待が大きくなります。このような状況は,子どもたちの単一種目に対する専門的トレーニング開始の早期化や高度なトレーニングの日常化へと繋がりますが,それらは同時に,彼らへの心理的ストレスの増大ももたらします。子どものスポーツの高度化は自然なことですが,時にこのような環境下でスポーツを行うことによる意欲低下や,ドロップアウトをはじめとするさまざまな心理的障害の発症も指摘されています。[1]

2　大人の欲求と子どもの欲求

◯成人選手の事例

　「私は親の敷いたレールの上を生きてきた」。これはある成人選手Aが心理

▷1　スポーツ精神医学の立場から,子どものスポーツにおけるさまざまな障害を取り上げ,子どものスポーツ環境に対して啓蒙している。
　永島正紀（2002）．スポーツ少年のメンタルサポート　講談社

サポートを求めて筆者を訪れた時に語られた言葉です。Aは幼少期に親の勧めで、あるスポーツを始めたのですが、始めた当初はそのスポーツ自体を楽しく感じていました。Aはジュニア時代に国内のトップレベルに至りましたが、A自身の競技力の向上に伴い親の期待や関わりも強くなりました。日々の練習や試合への帯同は当然で、一日の生活のほとんどを親と過ごし、スケジュールも親に管理されていました。競技会での成功時には親は喜びほめてくれるのですが、成績が振るわない時には、努力が足りないと強く叱責されることが続いたようです。また親自身がそのスポーツを行いたかったが何らかの事情で叶わず、Aに親自身の夢を託しているとも伝えられていたようです。このような環境で長く競技をしてきたことにより、Aにとってスポーツで勝つことは、親や周囲の人間を喜ばせることであると同時に、Aと親との繋がりを実感できるものとなっていました。Aが勝った時に、親や周囲の人間が喜びに浸っていましたが、その時間だけが唯一Aが一人になることのできる静かなひと時であり、普通なら感じるであろう勝つことのうれしさや喜びは一切感じなくなったとAは語りました。大まかにいうと選手の自立といった青年期的なテーマが課題となる心理サポートでしたが、選手の自立という心の発達的欲求よりも、親の欲求が優先された親子の関係で競技生活を送り続けてきた選手でした。

○身体化・行動化

成人アスリートが心理サポートを求め、そのなかで語る主訴の背景に、それまでの競技への取り組み方や周囲との関わり方が大きく関係しているといった事例は、このほかにも報告があります。成人アスリートは自主的に心理サポートを求めることができますが、親との心理的な結びつきが強く、言語での訴えに乏しい子どもは、自発的に心理サポートを求めることは稀です。彼らは心の悲痛をどのように訴えるのでしょうか。アードラー（Adler, R.）らは、親から過剰な期待を強いられ、腹部にけいれんをきたしたり、摂食障害の兆しと見える食物嘔吐を繰り返したりするようになった事例を報告しています。また、ビーゲル（Begel, D.）の事例は、母親の過剰なまでの期待や関わりに耐えられなくなった選手が、薬物に手を染めるなどの非行行動に至ったものでした。いずれも、選手が親や指導者といった大人に直接訴えることができずに、怪我や心身症のような行動化や身体化によって、心の悲痛を表現した事例でした。このような行動化や身体化を伴わなくとも、子どもがスポーツを行う過程で、時に技術向上の停滞や意欲低下を示すことはよくあります。子どもの技術獲得や意欲の維持・向上に貢献するのが指導者のコーチングや親の叱咤激励でしょうが、子どもの示す滞りのなかに、彼らの発達上の心理的課題が表現されているという視点をもつことも大人には望まれます。また、大人の与える競技環境や関わり方自体をみつめ直すメッセージとして受け止めることも大切です。

（武田大輔）

▷2 たとえば、中込四郎（1999）．競技離脱が「自立」の課題への取り組みとなっていったスポーツ選手の事例 臨床心理身体運動学研究, **1**, 37-48.

▷3 Adler, R., Bongar, B., & Katz, E. R. (1982). Psychogenic abdominal pain and parental pressure in childhood athletics. *Psychosomatics*, **23**, 1185-1186.

▷4 Begel, D. (1999). The dilemma of youth sports. In D. Begel, & R. W. Burton (Eds.), *Sport psychiatry: Theory and practice*. W. W. Norton & Company. pp. 93-109.

▷5 武田大輔（2009）．子どものスポーツにおける感情表現に含まれるメッセージ 体育の科学, **59**, 87-91.

VII 競技心理

6 タレント発掘

1 トップレベルの競技スポーツ環境

　1986年にソウルで行われた第10回アジア競技大会において，日本の金メダル獲得数は中国，韓国に続いて第3位でした。この結果が，国際競技力向上を国家的事業として目指そうとするきっかけとなり，医学・科学・情報分野から競技者や競技団体を支援する実践や研究の中核拠点である国立スポーツ科学センター（JISS）が2001年10月に開所され，さらに，スポーツ種目ごとのトレーニング施設や宿泊施設を備えた競技スポーツの中核拠点となるナショナルトレーニングセンター（NTC）が2008年1月に開所されました。また，2010年8月には，文部科学省が新たなスポーツ文化の確立を目指した「スポーツ立国戦略」を発表し，国際的に活躍できるアスリートの育成・強化をそのなかの一部に盛り込みました。それは才能あるジュニアアスリートの発掘（タレント発掘）や長期的な育成プログラムの実施を目指すものです。

　また，日本サッカー協会のJFAアカデミーは，教育理念として，サッカーだけでなくあらゆる社会のなかでリーダーシップを発揮し，世界基準で活躍できる人材教育を目指すとうたっており，タレント発掘，育成システムの先駆けともいえます。財団法人日本オリンピック委員会（JOC）は，トップレベル競技者を支援・育成するための事業を展開していますが，そのなかの1つに，将来的に競技での活躍が期待される中学・高校生年代の選手数名を対象としたエリートアカデミー事業があります。現在までに，卓球，レスリング，フェンシングの中央競技団体と連携し，ジュニアの育成にあたっています。将来有望とされる若い選手の若干名が，親元を離れNTCに住み込み，センター近隣の学校に就学し，そしてトレーニングに励むという競技を中心とした生活を送っています。いずれの取り組みも，単なる競技力向上だけを目指すのでなく，社会で活躍できる人材の育成を教育理念上には掲げています。

2 タレント発掘の現状

　さて，環境整備は進められていますが，タレントすなわち選手の有する能力については，何を指標にして才能ある選手の発掘を行っているのでしょうか。タレント発掘に関する基礎研究で，競技団体関係者がタレント発掘をどのように考えているかについてのアンケート調査が行われています[1]。この調査では，

▷1　日本体育・学校健康センター　国立スポーツ科学センター（2002）．国立スポーツ科学センター年報 2001　70-71．

体格，体力，心理，知的の4つの大項目を設定し，各々に下位項目を設け，それに対してどの程度重要かについて5段階で回答を求めています。「極めて重要」と「かなり重要」に回答した割合のうち50％を超えた心理項目は，「積極性」「明朗性」「協調性」であり，9割以上は，「忍耐力」「負けず嫌い」でした。また心理項目については，遺伝的要因よりも環境要因に強く関わると調査対象者が意識していると報告されています。ただし，これらの心理項目が対象者から抽出されたものなのか，あるいは調査側が選定したのか，項目選定の詳細が不明です。それらの項目はどの年代でも変容可能な内容であり，各年代においてどのようにそれらの心理的側面を育むかを考えていくことも重要です。

3 タレント発掘の光と影

ある青年選手Bは豊かな才能のもち主で，将来的には日本を代表する選手になると周囲から大きな期待を寄せられていました。しかし，ある時期に指導者との折り合いが合わず，それを機に競技から離脱しました。その頃に心理サポートを求め筆者を訪れたのですが，Bはエリート教育システムのなかで指導されてきた選手でした。Bは，自身が気づかないうちに高いレベルの環境下に置かれ，周囲の大人からはより高いパフォーマンスを期待され，厳しく指導されるが，自分がなぜ高く評価されるのかがわからないと語りました。さらに，指導者から一方的に高い技術を要求される環境で競技することに馴染めず，その間には楽しさや充実さを感じることは一切なかったと語りました。そして心理サポートを通して何をしたいかとの問いに，Bは「自分を知りたい」と答えました。筆者には，つくられた自分でなく本当の自分づくりがしたいとの訴えのように感じられ，とても意味深い言葉として受け止められました。

平野は，スポーツの才能と教育を論じるなかで，現在展開されている日本のタレント発掘事業は，将来ナショナルレベルで活躍するだろう子どもの発掘をねらいの一部とするが，ほとんどすべての能力は可変的であり，発掘は容易でないと述べています。そして，「才能ある子どもを探し出すのではなく，現在もっている優れた才能をよりよく伸ばしていく手助けをすべきである」と指摘しています。また，中込は，選手のタレントを見出し教育することのすべてを否定はしていませんが，「早期から1つのことにあまりに深くコミットさせるのは，その人の人生を他者が方向づけることでもある」と述べています。スポーツによる全人的な教育を理念としてもつのは簡単ですが，大人のつくる枠組みに生きにくさを感じ，心理的不適応を一時的に引き起こす選手がいることも事実です。当然ながら，彼らは自身の心の課題に向き合い成長していきますが，そのような選手の事例から競技スポーツのあり方を再考し，ジュニア世代にふさわしい競技環境を構築していくことも大切であると思います。

（武田大輔）

▶2　平野裕一（2010）．スポーツの才能と教育　岩永雅也・松村暢隆（編著）才能と教育——個性と才能の新たな地平へ　放送大学教育振興会　pp.170-187.

▶3　中込四郎（2010）．タレント発掘　海保博之（監修）ポジティブマインド——スポーツと健康，積極的な生き方の心理学　新曜社　pp.8-13.

Ⅶ 競技心理

7 ソーシャルサポートの活用

1 ソーシャルサポートとは

○アスリートのソーシャルサポート

ソーシャルサポート（social support）は，「ある人を取り巻く重要な他者（家族，友人，同僚，専門家など）から得られるさまざまな形の援助」[1]のことです。アスリートの場合，競技成績に関するプレッシャーや過酷なトレーニングなど，競技に関連するさまざまなストレスに直面します。この時，監督やコーチからの理解やチームメートからの激励といったソーシャルサポートを得ることで，より充実した競技生活を送ることができると考えられます。

○ソーシャルサポートの種類

事例研究法ならびに因子分析による統計手法を用いて分析した結果，アスリートのソーシャルサポートは，大きく分けて情緒的なサポートと道具的なサポートのあることがわかりました。[2]情緒的なサポートには，①理解激励サポートや，②尊重評価サポートがあり，主にアスリートに安心感をもたらすことがわかりました。一方，道具的なサポートには，③指導サポートや，④情報提供サポートがあり，アスリートが問題解決に取り組む際に，それを後押しする機能のあることがわかりました。さらにチームメートや友人と「おしゃべりをして楽しむ」のような，⑤娯楽共有サポートも，アスリートにとっては有効なサポートであることがわかりました。

2 ソーシャルサポートの役割

○バーンアウトの予防

また，ソーシャルサポートが得られているかどうかを測定する質問紙が開発され，さまざまな調査が実施されました。その結果，これら5つのタイプのソーシャルサポートに満足しているアスリートは，同じように競技ストレスに直面していても，その悪影響を一定の割合で抑えることがわかりました。

図Ⅶ-3は，大学新入部員に対して，4月，6月，8月，10月の4回にわたり，バーンアウト[3]傾向に関する継続的な調査を行った結果を示しています。[4]バーンアウトは「燃え尽き現象」とも呼ばれ，競技ストレスへの対処がうまくいかなかった結果，楽しみや達成感の得られない日々を過ごし，結果的に競技へのやる気を失ってしまう状態を指します。この図から，6月ぐらいまでは大

▷1 久田満（1987）．ソーシャルサポート研究の動向と今後の課題 看護学研究，20, 170-179.

▷2 土屋裕睦（2007）．スポーツカウンセリングとソーシャルサポート 水野治久ほか（編）カウンセリングとソーシャルサポート——つながり支えあう心理学 ナカニシヤ出版 pp. 111-121.

▷3 バーンアウト
⇒Ⅸ-7 参照。

▷4 土屋裕睦・中込四郎（1998）．大学新入運動部員をめぐるソーシャル・サポートの縦断的検討——バーナウト抑制に寄与するソーシャル・サポートの活用法 体育学研究，42, 349-362.

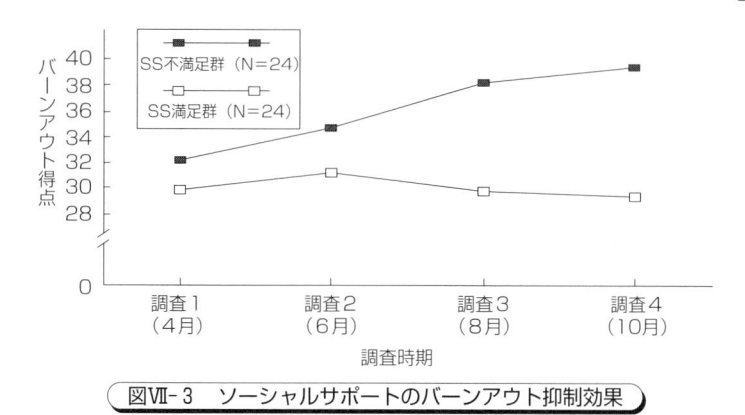

図Ⅶ-3 ソーシャルサポートのバーンアウト抑制効果

出所：土屋・中込（1998）．より．

きな差がみられないのですが，8月を境に，ソーシャルサポート不満足群のバーンアウト得点が高くなっていくことがわかります。この時期新入部員たちは夏合宿を迎え，心身ともにつらい時期を体験しています。しかし同じように夏合宿という競技ストレスがあっても，ソーシャルサポートに満足している新入部員たちのバーンアウト得点は低く抑えられているのが特徴的です。

○競技ストレス緩和効果

彼らに対する面接調査の結果からは，ソーシャルサポートが得られていれば，たとえ困ったことが起きても「きっと大丈夫」と思えたり，「こうすれば解決できる」という主体的な取り組みに繋がっていたりすることがわかりました。情緒的サポートが安心感を与え，道具的サポートが適応的な対処行動を促進していることが確かめられました。

3 スポーツカウンセリングでの活用

○新入部員サポートプログラム

ソーシャルサポートは競技ストレスを緩和し，結果としてバーンアウトを予防することがわかりました。そこでスポーツカウンセリングルームでは，新入部員を対象に，ソーシャルサポートをうまく活用するための教育プログラムを作成して提供しました。その結果，退部率が減少し，さらに競技での実力発揮に繋がることが示されました。つまり，チーム内でソーシャルサポートを高め合うことが，チームワークの向上にも役立つ可能性が示されています。

○チームビルディングでの活用

チームワークを高めるためのソーシャルサポート活用法として，構成的グループ・エンカウンターというカウンセリング技法が有効となることがわかっています。この方法では，エクササイズという一種の心理ゲームに取り組むことで，安全な形で本音と本音の交流を促し，相互信頼関係を生み出すことができます。この技法はチームづくり（**チームビルディング**）の有効な方法として期待されています。

（土屋裕睦）

▷5 土屋裕睦（2000）．スポーツ集団を対象とした構成的グループ・エンカウンター 國分康孝（編集代表）続・構成的グループエンカウンター 誠信書房 pp.147-155.

▷6 **チームビルディング**
⇒ Ⅴ-3 参照。

Ⅶ　競技心理

8 コーチングの心理

1 コーチという役割

　コーチは，①選手を目標に対して動機づけ，②よりよいパフォーマンスを発揮するために練習を管理し，③競技における作戦や戦略を指示するとともに，④心理的ストレスへの有効な対処を促し，⑤安全を保障し，⑥生活面では選手の個人的な悩みや問題の解決に向けて支援し，⑦社会的な規範や倫理をも指導のなかで選手に伝えていかなければなりません。しかしながら，競技スポーツの高度化に伴い，コーチは複数の役割（たとえば，①専門家，②管理・経営者，③リーダー，④モデル，⑤カウンセラー，⑥評価者，⑦個人・社会人など）を担うようになり，それぞれを統一したスタイルでの指導体制を構築するのは，もはや非常に困難なものとなってきています。なぜならば，競技スポーツの高度化に伴って，選手の目的や取り組み方も多様化しており，コーチへの役割期待（ニーズ）も複雑化しているからです。

2 明確な指導理念を確立すること

　コーチは，選手の発達段階や性別，競技レベルや競技種目などに応じて指導内容を決定しなければなりません。そして，その指導内容の決定には，コーチの有する指導理念が大きく影響しています。指導理念には，指導者のスポーツ指導観，すなわち何のためにスポーツをするのか，スポーツから獲得するものは何か，人生においてスポーツに取り組む意味は何か，目指すべき選手像とはどのようなものか，といったコーチの考え方が反映されています。コーチが指導理念を明確にすることで，選手は競技生活や競技成績，価値観の形成に大きく影響を受けています。一方，コーチが明確な指導理念をもたなかったり，偏った指導理念に固執していたりすると，選手との間に価値観の相違を生じてしまったり，選手を成績不振に陥らせてしまったり，ひいては，オーバートレーニングやバーンアウトなどモチベーションの低下を招いてしまう恐れもあります。このような問題を回避・予防するためにも，コーチはコーチングの根幹をなす指導理念を確立しておくことが求められています。

3 コーチング行動を評価する

　コーチは，自身のコーチング行動をよりよくするためには，自らのコーチン

▷1　ここでは，コーチとスポーツ指導者とを同意に表記している。

▷2　コーチの指導理念は，コーチングフィロソフィーと称されることもある。

表Ⅶ-1 コーチング行動評価システム（CBAS）の行動カテゴリー

反応カテゴリー	行動の記述
クラスⅠ　反応的行動	
望ましいパフォーマンスへの反応	
強化（R）	よいプレーと努力への言語的・非言語的報酬を与えること
非強化（NR）	よいパフォーマンスへの無反応
失敗への反応	
失敗に続く励まし（EM）	失敗したプレイヤーへの励まし
失敗に続く技術指導（TIM）	失敗を修正する教示・示範
罰（P）	失敗に続く言語的・非言語的ネガティブ反応
懲罰的技術指導（TIM＋P）	失敗に続いて懲罰的に敵意をもって技術指導
失敗の無視（IM）	失敗に対する無反応
不品行に対する反応	
指導力の発揮（KC）	チームの秩序を保つための反応
クラスⅡ　自発的行動	
ゲームに関連して	
一般的技術教示（TIG）	失敗とは関係なく，技能や戦略についての自発的な教示
一般的励まし（EG）	失敗とは関係なく，自発的な励ましの行為をすること
組織管理（O）	プレーに向けて，義務，責任，ポジションの指示，などの管理行動
ゲームと関係なく	
一般的コミュニケーション	ゲームと関係ない状況でのプレーヤーとの関わり

出所：Smith, Smoll, & Hunt（1977）．より作成。

グ行動を詳しく分析する必要があります。スミス（Smith, R. E.）らは，コーチの練習や試合での行為を直接観察してコーディング（記号化）し，行動パターンや個人差を識別するために，コーチング行動評価システム（CBAS：Coaching Behavior Assessment System）を開発しました[3]（表Ⅶ-1）。その結果，コーチの行動に，①支持性（励まし），②教示性（技術的指導），③懲罰性（技術的ミスや品行に対する指導）といった3つの次元があることが確認されました。特に，①的確な励ましでなければ，選手にかえって悪影響を及ぼしてしまう，②懲罰性の高いコーチは，選手の練習意欲や満足の程度を低下させ，両者が表面的な人間関係に止まってしまう，③選手の態度を決定するのは試合の勝敗よりもコーチング行動である，といった結果が導き出されています。

4 コーチの影響力

コーチは，直接的な指導様式のみならず，コーチの有する指導理念，性格，嗜好性，人間性，雰囲気などによって，選手に対して強い影響（**社会的勢力**[4]）を与えています。たとえば，専門的な知識や能力にあふれ（専門・参照勢力），競技力を着実に向上させ（報酬勢力），選手とともにスポーツに取り組む（指導意欲勢力）コーチが，選手にとって最も影響力をもちます。また，親しみやすく何でも話せるコーチは，全体的な満足度を高めることになります（親近・受容勢力）。また，ジュニア選手は，コーチが親しみやすく自分のことを理解していてくれること（親近・受容勢力）が，シニア選手は，コーチが自分にとって理想の人物であるか否か（専門・参照勢力）が，それぞれ大きく影響します。このように，コーチは，個々の選手の個性はもちろん，性別や発達段階にも考慮しなければいけません。

（豊田則成）

[3] Smith, R. E., Smoll, F. L., & Hunt, E. B. (1977). A system for the behavioral assessment of athletic coaches. *Research Quarterly*, 48, 401-407.
詳しく学びたい人は，スモール，F. A.・スミス，R. E.（編著）市村操一・杉山佳生・山本裕二（監訳）（2008）．ジュニアスポーツの心理学　大修館書店を参照。

[4] **社会的勢力**（social power）
「他者に対する影響力の総称」を指す。詳しくは，森恭・伊藤豊彦・豊田一成・遠藤俊郎（1990）．コーチの社会的勢力の基盤と機能　体育学研究，34, 305-316.
⇒Ⅴ-5 参照。

VII　競技心理

9 スポーツファンの心理

1　ファンとスペクテーターの違い

　スポーツ観戦が日常生活のなかに定着してきたのは，1930年代末頃といわれていますが，この現象を促進したのがメディアの技術革新です。当初は新聞や雑誌に代表される印刷媒体でしたが，その後その即時性から優位な立場を確立したラジオへ，さらには音声に映像を加えたテレビへと大きく移り変わっていきました。現在ではテレビを主として多くの人々がスポーツを観戦しています。

　辞書的な定義によれば，「ファン（fan）とは，スポーツや芸能における個人や団体などの熱心な支持者や愛好者」とされており，fanatic（熱狂的）といったニュアンスを含むようです。このファンに類似する用語にスペクテーター（spectator）があります。ワン（Wann, D. L.）らによると，ファンはチームや選手に興味・関心があり，それに高じて応援する人たちのことを意味します。一方，スペクテーターは**スポーツの消費者**とも呼ばれ，スタジアムに実際に足を運ぶ直接的消費者と，テレビやラジオ，雑誌などのメディアを通じてスポーツを楽しむ間接的消費者に分類されます。ファンとスペクテーターが一致しないケースとしては，スタジアムで直接観戦したことのないファンがいたり，特定の応援するチームをもたないスペクテーターの存在があげられます。

2　ファンは強いチームを応援するのか

　一般に，ファンがチームを応援するには，そのチームに対する「ロイヤルティ」（忠誠心）が大切な要因であるといわれています。これは，ファンが心のなかで時間をかけて育てた，あるチームに対する忠誠心や献身的な愛情ともいえます。ファンは，忠誠心が高く観戦回数も多い「コアファン」と，忠誠心が低く観戦回数も少ない「フリンジ（周辺）ファン」に分けられます。では，どうすればコアファンを増やすことができるのでしょうか。

　スポーツファンには，強いチームや選手と結びつきたいという気持ちと，弱いチームや選手との結びつきを弱めたいと思う自然な気持ちが心のなかに潜んでいます。原田によると，強いチームになびく傾向を**バーギング**（BIRGing）と呼び，「高い評価を受けている個人・集団との結びつきを強調することによって，自己評価や他者からの評価を高めようとする態度」とされています。一方，弱いチームから離れていく傾向は**コーフィング**（CORFing）と呼ばれ，

▷1　Wann, D. L., Melnick, M. J., Russell, G. W., & Pease, D. G. (2001). *Sportfan : The psychology and social impact of spectators.* Routledge.

▷2　**スポーツの消費者**
スポーツを「する」「見る」「聴く」「読む」「着る」人々まで含む広い概念であり，時間，お金，個人的エネルギーを投資する人々のこと。

▷3　**バーギング**
Basking In Reflected Glory（強いチームになびく傾向）の略。

▷4　**コーフィング**
Cutting Off Reflected Failure（弱いチームから離れていく傾向）の略。

「低い評価を受けている個人・集団との結びつきがないことを強調することによって，自己評価を保護したり他者からの低い評価を避けようとする態度」とされています。自分の応援するチームが勝った翌日に，その試合に関して話をする時に，彼らは"we"を使い，負けた時には"they"を使うという調査結果からも，強いチームを支持，応援したい気持ちを人々がもつことが窺えます。

3 観戦行動を規定する要因

では，チームの「強い」「弱い」だけがファンの観戦行動を決定しているのでしょうか。もしそうであれば，弱いチームからファンはいなくなってしまいますが，現実にはそうではありません。そこで注目されるようになった概念が，「特定チームへの同一視（identification）」というものです。つまり，同一視の高いファンはよい戦績をチームの内的要因に帰属し，逆に悪い戦績はチーム以外の外的要因に帰属させるという自己防衛的な帰属様式を採用することによって同一視を低下させず，負けた後であってもチームにコミットメントし続けると考えられています。

上向らは，Jリーグ観戦者を対象として，特定チームへの同一視の形成要因について調査しています。主な結果として，スタジアムでの観戦行動を予測する要因としては，チームの戦績（強い-弱い）ではなく，チームへの同一視の程度が重要であると確認されています。また，同一視の形成要因については，地理的条件（チームのホームタウン）とサポート集団への関与（いわゆるサポーター）という2つの要因が確認されました。つまり，チームが置かれている地元に居住（あるいは勤務）していることと，同じユニホームを身につけ，マフラーを巻き，応援歌を歌うというサポーターになるということが，チームへの同一視を高めることに繋がり，末永くコミットメントし続ける必要条件になるということです。

4 フーリガンについて

サッカーでのファンの乱行といえば，「フーリガン」が有名です。この呼び名は，19世紀末にロンドンに住んでいた無頼のアイルランド系家族の姓フーリハン（Hoolihan）に由来するといわれています。彼らの関心事は，応援よりも相手ファンとの乱闘であり，三井らは，こういった行動の解釈を以下の3つに分類しています。①阻害された労働者階級の若者たちの反抗，②儀式化された攻撃行動，③男らしさへのこだわり。諸説紛々ではありますが，フーリガンが登場する国々では社会階級，イデオロギー，民族，宗教といった社会的な問題が背景に存在しているようです。

（上向貫志）

▷5 松岡宏高（2002）．スポーツファンの心理的コミットメント PSIKO, 3 (12), 28-33.

▷6 Wann, D. L., & Branscombe, N. R. (1993). Sports fans: Measuring degree of identification with their team. *Journal of Sport Psychology*, 24, 1-17.

▷7 上向貫志ほか（1996）．Jリーグ観戦者における同一視の形成に影響を及ぼす要因 総合保健体育科学, 19, 39-45.

▷8 三井宏隆・篠田潤子（2004）．スポーツ・テレビ・ファンの心理学 ナカニシヤ出版

▷9 本来ならば自分たちの町の代表であったチームが，いつの間にか遠い存在になってしまったことに腹を立て，かつての親密な関係を取り戻そうとする抗議行動。

▷10 見た目には凶暴な若者たちの行動であっても，子細に観察すれば，そこには一定のルールがあり，その枠内で行われている一種の儀式である。

▷11 英国社会において強く支持されてきた「男らしさ」のイメージを体現したものであり，彼らが競技場の内外で演ずる戦争ゲームも，それらをシンボリックに表現したものである。

Ⅶ 競技心理

10 アスリートの心理サポート現場

1 心理専門家による選手へのサポート

　近年の競技スポーツの現場には，競技を実際に行う選手だけでなく，彼らを支えるさまざまな専門家がいます。実際の指導にあたるコーチの存在は当然ですが，トレーナー，ドクター，栄養士，情報戦略，マネージャー，心理専門家などさまざまな専門職のスタッフが選手やチームを支えています。心理専門家は，その専門職の特性からさほど目立つ存在ではありませんが，実践的な取り組みは古くからありました。スポーツ選手への心理サポートの実践や研究は，1964年に開催された東京オリンピックでの日本選手の活躍を期待し，「あがり」を主題にした研究の取り組みが始まりとされています。1965年の国際スポーツ心理学会の設立を，スポーツ心理学が独自の学問的領域として認められた節目とするならば，学問とその応用としての実践はほぼ機を同じくして始まり，発展してきたといえます。そして約50年経過した現在のわが国においては，スポーツや身体運動領域に関する心理学的学術基盤を背景とした2つの専門資格が設立されるまでになりました。すなわち，スポーツメンタルトレーニング指導士と認定スポーツカウンセラーです。[1]

▶1 それぞれの資格についての詳細は，Ⅷ-9，Ⅸ-12 参照。また，これら2つの資格だけでなく，臨床心理士など心理関連領域の資格を有する者や医師などによる心理的支援も行われている。

　心理専門家による支援の形態はさまざまであり，専門家と選手が1対1で作業する場合もあれば，集団に対して1人ないしは複数の専門家が関わる場合もあります。また専門家の所属する機関に設置された施設で実施することもあれば，練習や競技会など実際の現場に出向いて実施する形態もあります。1回だけの関わりもあれば，数年来にわたってサポートする形もあります。さらに，対象者は選手だけでなく，指導者や周辺の人々と広範にわたります。このようにサポート形態や対象者がさまざまであるため，専門家は依って立つ理論的基盤をもちつつも，それぞれの現場の全体像を把握して，柔軟な関わりをすることが必要となります。

2 心理サポートが求められる背景

　近年の関連学会では，スポーツ選手への心理サポートに関する実践報告が多く見られ，また関連書籍の出版も増えています。心理的取り組みについて選手や指導者といった現場の人々の関心が高まってきたともいえますが，その背景について考えてみます。競技レベルが高くなるほど，本来の実力を発揮するこ

とが難しくなることは当然です。体力や技術を高めるのと同じように、競技場面で望まれる心理状態を積極的につくり出す心のトレーニングも必要だとの考えが普及してきました。メンタルトレーニングでの心理スキルトレーニングは、このような課題に応える役割を担うでしょう。また、年間での試合の増加、周囲からの期待によるプレッシャー、あるいは有名選手ならマスコミへの対応など、近年の競技の高度化は、競技者にとってストレスフルな環境ともなり、競技場面だけでなく日常場面においても、心身のセルフマネジメント能力が必要とされます。

このほかに、スポーツ科学の発展の功罪とも考えられる中込の指摘をあげたいと思います。中込は、現代の競技スポーツでは科学的根拠に基づいた無駄の少ない効率的な技術・体力トレーニングが行われており、以前に比べると短期間での記録向上が期待できるようになったが、一方で、トレーニングに伴って行われていた心の作業が少なくなっていると述べています。スポーツ科学が発展するまでは、競技者や指導者らが、いかにしてトレーニングし競技力を高めるかについて試行錯誤しており、その作業自体が自然と心を強化することに繋がったのでしょう。現在の状況は、身体の急激な成長に心のそれが追いついていないとも捉えられますが、だからといって心の方も合理化されたあるいはマニュアル化された取り組みを行うことは慎重になるべきです。競技者が語るパフォーマンスに関わる身体についての言及（たとえば、これまでにできた動きが急にできなくなることや不自然に繰り返される怪我など）からは、心と身体の不安定なバランスを表現しているとも捉えられ、そのバランスの安定に、マニュアル化されたプログラムを機械的に取り組むだけでは解決を期待できません。アスリートが自身の身体やパフォーマンスの変化をどのように体験しているかに迫り、体験をより深いものとして自身に取り込むような作業が必要と思われます。世俗的な表現になりますが、"泥臭い"心の作業が大切です。

▶ 2 中込四郎（2004）．アスリートの心理臨床　道和書院

3　心理サポートを求める理由

○選手の求める理由

選手が心理サポートを求める理由はさまざまです。表Ⅶ-2は、心理サポートを求めるきっかけ（主訴）をまとめたもので、主に個別対応を求められた時に選手から訴えられる内容です。練習に対する意欲が湧いてこないといった意欲低下に関わる訴えや、試合前に不安になる、失敗すると集中力が切れるといった情緒的な訴えなど、これらは競技経験があれば一度は感じたことのある内容と思われます。また、引退や部活動離脱など競技継続に関すること、コーチの指導が合わない、チームメートとう

表Ⅶ-2　心理サポートを求めるきっかけ（主訴）

意欲低下	やる気が起きない、慢性的だるさ・疲労感
情緒的問題	不安になる、集中できない、怒り、など
継続・引退	やめたい、やめざるを得ない、やめたくない
対人関係	コーチ、仲間、家族、恋人、その他
動作失調	これまでにできた動き（技）ができない
怪我	突発的・慢性的怪我、復帰までの不安
食事・睡眠	睡眠障害、過食、拒食、食行動問題
性格・気分	自分の性格について
その他	経済的問題、マスコミ、漠然とした主訴

出所：筆者作成。

まくいかないなど対人関係に関することもあります。さらに，これまでにできたことができなくなったという動作失調や，減量のための食事コントロールができないといった主訴もあります。そして近年は，メンタルトレーニングが広く普及してきたこともあり，メンタルトレーニングを教えてほしいということで来談する競技者や，漠然と心を鍛えたいといったきっかけで来談する競技者もいます。

ここで重要なのは，あくまでも主訴はサポートを受けるきっかけ，あるいは入口であるということです。いずれの理論的立場であっても，主訴の周辺を捉える必要があります。たとえば，試合前になると不安になるとの主訴ならば，いつからなのか，試合のレベルによって感じる不安の程度は違うのか，不安を感じるとパフォーマンスはどうなるのか，自分なりの対策をしているか，コーチや仲間には相談しているのかなど，より詳細に聴いていくことになります。そうすると選手が本当に望んでいるのは何であるのか，解決しなくてはいけない本当の課題は何であるのかが見えてきます。課題の把握の水準（心のどの層で捉えるか）とその後のアプローチは理論的立場によって異なりますが，どの立場であっても選手個々の独自の課題として専門家は受け止めていきます。主訴は，表Ⅶ-2に示したように大まかに整理することはできますが，Aという主訴にはBという対処・トレーニングを行うといったハウツー的な関わり方は実際的ではありません。個人にとっての主訴の背景，さらにいえば，意味が見えてくると，選手が本当に求める心理サポートを提供することができると思います。

◯指導者の求める理由

選手が自発的に心理サポートを求めるだけでなく，指導者から選手に心理サポートをしてほしいという依頼もよくあることです。選手の様子を尋ねると，おおよそ表Ⅶ-2に示した主訴を指導者から聞き取ることができます。ただし，指導者から依頼され，その後選手が訪れたとしても，なぜ心理サポートを求めるのか，あるいは指導者から心理サポートを勧められたことに対して，どのように受け止めているかなど，選手自身の気持ちを確認する必要があります。練習に対する意欲のない選手がいると指導者から聞いていても，指導者がそのように感じているだけのこともあります。また，指導者からの依頼を受けて即座に選手のサポートをすることも慎重にならねばなりません。選手に対する心理サポートを依頼する背景には，指導者自身の心の課題が存在し，選手を借りてそれを表現していることもあります。小谷は，指導者が自身の指導観について揺らぎを感じ，その揺らぎを解決する心理過程において，当初は他者に原因を向けていたが，次第に指導者自身の課題として捉え直し，それが指導を問い直すきっかけとなると指摘しています[3]。このような場合は，指導者に対する心理サポートに発展することもあります。

▷3 小谷克彦（2010）．運動部指導者が抱える葛藤体験の持つ意味　筑波大学博士論文

❹ 心理サポートにおける選手と専門家との関係性

　最後に、専門家としての職能的資質について、選手と専門家の関係性という視点から、やや私見的色合いが強いですが触れておきます。

　試合後の選手や指導者のコメントとして、勝った後には気持ちが充実していたといったポジティブな感想を、負けた後には精神面で足りない部分があったなどのネガティブな感想を聞いたことがあるでしょう。心とはやっかいなもので、勝っても負けても都合よく使われるものです。だからこそ、心理の専門家は、勝敗といった結果の扱いには注意が必要です。少なくとも専門家として取り組んだ心理サポートの評価を勝敗のみで是非を問おうとするのは慎むべきです。選手が充実して競技に取り組めるのは、指導者やトレーナー、栄養士など、周囲のスタッフすべての尽力に依るものであり、選手にやる気をもたせ、自信をもって送り出すといった心理的支えは、そのような周辺のスタッフが担うことの方が多いと感じます。たとえ、選手や指導者から感謝の言葉を受け取ったとしても、そのように言ってもらえるだけのサポートになったのはなぜかについて振り返る必要があります。感謝の気持ちを言わしめている関わりであった可能性すらあるわけです。ようするに、選手と専門家との関係性のなかで、どのような心理的作業が行われていたのかについて振り返ることが、心理サポートの質的な評価になります。

　そのために、心理サポートを行った後には、通常、事例検討を行うことになります[4]。事例検討では個々の心理サポートについてさまざまな視点で振り返ることになりますが、重要な視点の1つに選手と専門家との関係性があります。どのようなことで心理サポートを受けにきた選手なのか、その選手は男性なのか女性なのか、少年なのか大人なのか、どのような親や指導者との関わりをもっていたのか、一方関わる専門家は、どのようなスポーツ経験をした者なのか、年齢はいくつなのか、父親的な雰囲気なのかあるいは母親的な雰囲気をもち合わせているのかなど、選手と専門家の関係性のありようは他に2つとないかけがえのないものです。そのような2人の唯一の関係のなかで取り組まれた心理作業を振り返ることが、サポートの評価の1つとなります。心理サポートを単なる心理的コンディショニング調整に向けたスキル獲得の援助だけでなく、その選手の全人格、全体性、存在そのものに触れ、人間的な成長を目指すものと考える立場に身を置くならば、心理サポートの現場における選手と心理専門家との関係は、他分野のスタッフと選手との関係性とは水準の異なるものとして捉えておくべきだ、と思います。その意味で、心理療法家の河合の言葉を借りれば、心理専門職ほど、「謙虚さ」を必要とされる世界はないということになります[5]。

（武田大輔）

▷4　通例、心理サポートの評価のためには事例検討を行う。競技者と専門家との間で展開された心理サポートの過程について詳細に記述した資料をサポート実施者が提示し、実施者以外の複数の専門家によって、どのようなサポートが展開されたのか、そして競技者の心理的変容あるいは競技力の変容がどのようであったかを検討する。

▷5　河合隼雄（1992）．心理療法序説　岩波書店

VIII メンタルトレーニング

1 メンタルトレーニング小史

スポーツ選手の競技力向上や実力発揮を目的とした心理技法の指導をメンタルトレーニング（以下，MTとする）といいます。ここではMTがどのような経緯をたどりながら発展してきたのかを大まかにたどってみます。

1 旧ソ連における宇宙開発

MTの起源を正確に述べることは難しいです。恐らく，古代のアスリートの一部でも，すでに心理面の準備や強化を試みていたに違いありません。今日のMTの先駆けとなった組織的試みとしては，1950年代に始まった旧ソ連の宇宙開発における宇宙飛行士の心理面の訓練があげられます。地球環境とは大きく異なる大気圏外での船内活動を安全に行うためには，事前のさまざまなトレーニングを必要としていました。特に心理面では，呼吸のコントロール，緊張や不安の解消，情緒の安定といった心理的自己統制能力の向上が求められていたようです。

このような要因は，スポーツ選手においても必要とされる心理能力であり，その後，スポーツ選手にも適用されるようになっていきました。それは，ソ連だけでなく，当時の同盟国であった東ドイツにも伝わり，スポーツ選手の間でMTが用いられるようになっていきました。

2 東京オリンピックでの「あがり」対策

東京オリンピックの開催（1964年）に向けて，わが国ではさまざまな方面からの強化策が講じられ，そのなかの1つとして心理部門では「あがり」対策を課題としました。その時に，臨床心理学を専門とする一部の研究者の応援を得て，実践的試みがなされました。それは不安・緊張によるパフォーマンス低下といった問題に絞ったMTとして位置づけられます。当時のこのような取り組みは，MTにおいてわが国が諸外国を一歩リードしていた証拠となります。ところが，その後，この方面での活動は徐々に縮小されていってしまったようです。

3 ロサンゼルスオリンピックでの心理サポート

オリンピックは開催国のスポーツ科学の発展にとっていつも強い影響を与えています。東京オリンピックの時と同じように，アメリカはロサンゼルスオリ

▷1 北米では「心理スキルトレーニング（psychological skill training）」の呼称が多い。「メンタルマネジメント（mental management）」は1980年代後半から90年代にかけてわが国で用いていた。

▷2 当時の活動について，日本体育協会スポーツ科学委員会（1971・1972）より「スポーツ科学委員会研究報告書」としてまとめられている。

▷3 当時MTは「問題対処型」と呼べるようなものであったが，今日のMTはトレーニング対象の拡大がなされ，心理機能の積極的な側面も扱っている。

ンピック（1984年）開催に向けて，心理面からも新たな取り組みを行いました。アメリカのオリンピック委員会は，各競技団体に対してスポーツ心理学や臨床心理学の専門家による代表クラスの選手の心理サポートを要請しました。そして，そこでの実践経験をもとに，関係者の一部は，研究論文，著書，ビデオを通して国内だけでなく諸外国に情報を発信しました。それは確実にスポーツ選手の心理サポート分野のレベルを引き上げるきっかけとなりました。当然その情報はわが国にも届き，MT に関心をもっている人に対して強い衝撃を与えたようです。なぜなら20年前はわが国の方が MT でリードしていたにもかかわらず，逆に大きく水をあけられた状況を突きつけられたからです。

④ メンタルマネジメント研究班

　MT において遅れをとったわが国は，日本体育協会スポーツ医科学委員会において，メンタルマネジメント研究プロジェクトを組織しました（1985年）。国内の MT に関わる研究実践は，その後，このプロジェクトを中心に精力的に推進されていき，欧米の水準に追いついていきました。

　この素早い対応の背景には，遅れをとった衝撃だけではなく，下地もありました。それは東京オリンピック後，MT の実践面から距離をとるようになったのですが，1970年代は「スポーツ選手の心理適性要因の解明」といった研究主題での取り組みがなされていました。ここでの研究成果は，スポーツ選手に求められる心理要因（たとえば，達成意欲，情緒安定，など）を同定し，その結果を受けて，スポーツ選手専用の心理テストの開発や MT でのトレーニング対象（強化すべき心理要因）の明確化へと繋がっていったのです。

　研究班の活動は，MT 経験に基づいた国内からの情報発信を促進し，それまでの欧米の関連図書の翻訳から，徐々に関係者が書き下ろした著書の出版が増えていきました。そしてまた体育系大学を中心に，スポーツ心理学を専門とする研究者が，所属大学内で MT の指導や後継者の養成を行うようになっていきました。さらに2001年より，国立スポーツ科学センター（通称 JISS）において，代表クラスのスポーツ選手の MT やカウンセリングを専門スタッフが担当するようになりました。

⑤ 資格認定制度の設立

　MT の専門家として現場に入っていくためには，一定水準の指導能力や倫理的配慮が求められることから，資格制度の設立が検討されるようになり，日本スポーツ心理学会では「スポーツメンタルトレーニング指導士」の資格認定を2000年より始めました。2012年の現在，120名余りの有資格者を認定しています。これらの有資格者が研鑽を積み，現場からの要請に応えていくことによって，さらに MT の充実をはかっていくことが期待されています。（中込四郎）

▷4　TSMI（Taikyo Sport Motivation Inventory）は，心理適性研究の成果である。スポーツ選手の競技意欲をさまざまな側面から測定している。

▷5　MT 関連著書の出版動向については，以下の文献を参照。
　西野明・土屋裕睦（2004）．我が国におけるメンタルトレーニング指導の現状と課題——関連和書を対象とした文献研究　スポーツ心理学研究，31，9-21.

▷6　MT の資格制度にいち早く取り組んだのは，国際応用スポーツ心理学会（AASP，1992年）や国際メンタルトレーニング学会（ISMTE，1996年）である。

Ⅷ　メンタルトレーニング

2　アスリートに必要とされる心理的スキル

1　心理的スキル

メンタルトレーニング（以下，MTとする）では，スポーツ選手が自身のもっている競技能力を最大限に発揮するための心理的スキルを獲得していきます。ビーリー（Vealey, R.）は，獲得する心理的スキルと，そのスキルを促進するための技法（方法）を分けて捉えることの重要性を述べており，ビーリーの分類によると，心理的スキルを，ファンデーションスキル（決断力，自己への気づき，自尊感情，自信），パフォーマンススキル（身体的最適覚醒，心理的最適覚醒，最適な注意），ファシリテーションスキル（対人スキル，自己管理）の3つに分類し，また，それらを高めるための方法として，基礎的な技法（身体的練習，教育），心理的技法（目標設定，イメージ，リラクセーション，思考・注意のコントロール）をあげています。心理的スキルの獲得におけるわが国の技法を，西野・土屋は，導入技法の学習の段階（アセスメント，心理検査，目標設定，リラクセーションなど），中核技法の学習の段階（イメージ技法），実践技法の学習の段階（積極的思考，不慮の事態への認知的対処法，パフォーマンスルーティンの確立，注意集中など）と大きく3つの段階に分類しています。

心理的スキルを高めるための技法は数多く見られ，それらの中心的な技法の説明は他項に譲るとして，心理的スキルに関連するわが国における研究では，1981年以降，松田らを中心とした日本体育協会のスポーツ医科学委員により作成されたTSMI（体協競技意欲検査）と徳永らの一連の研究で作成されたDIP-CA.3（心理的競技能力診断検査）が主なものとしてあげられます。これらは競技力向上のために必要とされる心理的特性を分類し，それらの分類された項目を心理検査化したものであり，MTの評価としてよく用いられています。いい換えると，上記の研究で分類された特性をうまく調整することは，競技力向上のために必要とされる心理的スキルであると捉えることができます。

そこで，以下にそれぞれの心理検査で分類された特性をアスリートに必要とされる心理的スキルとして説明していきます。

2　心理的スキルを高めるための方法

○具体的な方法

TSMIでは競技意欲に関する特性の分類がなされています。これらの特性は

▷1　Vealey, R. (1988). Future directions in psychological skill training. *The Sport Psychologist*, **2**, 318-336.

▷2　西野明・土屋裕睦（2004）．我が国におけるMT指導の現状と課題——関連和書を対象とした文献研究　スポーツ心理学研究, **31**, 9-21.

▷3　松田岩男ほか（1981）．スポーツ選手の心理的特性に関する研究　第3報　昭和56年度日本体育協会スポーツ科学報告書, **4**.

▷4　徳永幹雄・橋本公雄（2000）．心理的競技能力診断検査用紙（DIPCA.3）　トーヨーフィジカル

アスリートが競技に対して意欲的に取り組む上で土台となる大切な特性であり，これらを自分自身でうまく調整できるようになるスキルを身につけることがMTの目的であるといえます。またDIPCA.3の一連の研究では，一般的にスポーツの分野で「精神力」といわれてきたものの内容を分類しています。徳永は，それらを向上させるための具体的な技法として，目標設定，リラクセーション，サイキングアップ，集中力，作戦イメージ，心理的準備，反省の技法をあげています。▼5 前述のビーリーの分類にあてはめて考えると，やる気や意欲などは競技を行う上で土台となるファンデーションスキルに，集中力やリラックス能力などは実際のパフォーマンスと直接的に関係するためパフォーマンススキルに分類することができます。

また，協調性や対コーチ関係などは，直接的には競技に関係しないが，競技を行う上でチームにうまく適応したり，仲間やコーチと適切なコミュニケーションがとれるといった補足的な部分において，競技力向上を促進するファシリテーションスキルとして捉えることができます。そのようなコミュニケーションを促進し，チームのまとまり（**集団凝集性**▼6）を高めるためのプログラムとして**チームビルディング**▼7（TB）があげられます。TBではチーム全体で皆が参与的にグループディスカッションを行い，チーム目標を明確化したり，チーム規範を話し合ったりする方法がよく用いられています。

○個々に合わせたトレーニングの進め方

以上のように，アスリートに必要とされる心理的スキルは，さまざまな研究で分類がなされています。MTではそれらの特性をうまくコントロールできるようになる心理的スキルを獲得するために，目標設定やリラクセーション，イメージなどのMT技法を用いて心のトレーニングを行っていきます。しかしながら，人の心の構造は非常に複雑かつ個人差があるため，この技法を行ったからこの心理的スキルが身につくといった単純なものではありません。たとえば，「試合場面で緊張する」と訴える選手にリラクセーション技法を用いてリラックスするためのスキルを習得するにしても，緊張してしまう背後にある心理的課題はアスリートによってさまざまです。

どの技法を行うにせよ，また，どのスキルを獲得するにせよ，その過程で生じる個人差を考慮した心の作業が重要であり，アスリート自身が心の奥から本当に何を求めているのかということにしっかりと耳を傾けて聴き，そのために必要な技法や獲得していくスキルは何なのかということを慎重に考えながらMTを進めていく必要があります。そうすることにより，より質の高いMTの効果が期待できます。

（織田憲嗣）

▶5 TSMI，DIPCA.3の分類に関してはⅧ-3参照。

▶6 **集団凝集性**
⇒Ⅴ-2参照。

▶7 **チームビルディング**
⇒Ⅴ-3参照。

Ⅷ　メンタルトレーニング

3　アスリート版心理テスト

アスリートの心理的特徴を客観的に理解することは，指導者が効果的にコーチングを行うためだけでなく，アスリートが自身の特徴を把握し，自分の競技能力を向上させるためにも大切なことです。そのために，多くの心理テストがこれまでに開発されてきました。

1　アスリート特有の心理テストの開発

そもそも，アスリートに対する心理テストは，競技場面においてよく使われる「精神力」あるいは「根性」という漠然として複雑なものを量的に捉えようとして開発が試みられてきました。そしてこのような試みは，「どのような性格のアスリートがどのスポーツあるいはどのポジションに適しているのか」や「どのような性格のアスリートがより上達するのか」といったアスリートの心理的適性に対する理解に発展していきました。

アスリートの心理的適性に関する研究は，1960年代から盛んに行われましたが，この時は心理学で開発された既存のパーソナリティ・テストが使用されていました。特に，内田クレペリン精神検査，谷田部・ギルフォード性格検査，東大式エゴグラムといったテストが使用されていました。しかしながら，実際の競技場面と日常生活とでアスリートの示す特徴が異なることがあります。たとえば，日常生活では穏やかな性格のアスリートが，競技場面では高い攻撃性を示すことは多々あることと思います。つまり，既存のパーソナリティ・テストでは，実際の競技場面で必要とされるアスリートの心理的特徴を測ることが困難であるということが明らかになり，アスリート特有の心理テストの開発が進められてきました。

2　アスリート版心理テストの種類

ここでは，スポーツ領域で用いられている心理テストを，個人内に比較的一貫して認められる「心理的特性」を測定するテストと，試合前や試合中の「心理状態」を測定するテストに分けて紹介します。▷1

○心理的特性を測定する心理テスト

心理的特性を測定する心理テストとしては，**心理的競技能力診断検査**▷2と**体協競技意欲検査**▷3がよく使用されています。DIPCAは，「スポーツ選手に必要な試合場面での心理的競技能力（精神力）」を，TSMIは，目標への挑戦，技術

▷1　ここで紹介する心理テストの詳細に関しては，参考文献を参照のこと。

▷2　心理的競技能力診断検査（DIPCA）
競技意欲（忍耐力，闘争心，自己実現意欲，勝利意欲），精神の安定・集中（自己コントロール能力，リラックス能力，集中力），自信（自信，決断力），作戦能力（予測力，判断力），協調性といった5つの観点からスポーツ選手に必要な試合場面での心理的競技能力（精神力）を測定する。

▷3　体協競技意欲検査（TSMI）
目標への挑戦，技術向上意欲，困難の克服，練習意欲，情緒安定性，精神的強靱さ，闘志，競技価値観，計画性，努力への因果帰属，知的興味，勝利志向性，コーチ受容，対コーチ不適応，心配不安，緊張性不安，不節制といった17の側面から選手の競技意欲を測定する。

向上意欲，困難の克服といった競技意欲を測定するテストです。そのほかにも，スポーツ競技不安テスト（SCAT）といった，競技場面で不安になりやすいか否かを評価するテストもあります。

○心理状態を測定する心理テスト

競技場面での心理状態を測定するテストとしては，気分の状態を簡潔な質問項目によって測定できる**POMS**や試合前や試合中の不安状態を測定することができる**競技状態不安検査**があります。POMSは，6つの側面からプロフィールを簡単に作成することができ，運動・スポーツがもたらす心理的効果やアスリートの心理的コンディショニングの状態を評価する指標，さらにはバーンアウトを予防する際の指標としても利用することができます。競技状態不安検査は，短時間で質問紙に記入できるため，競技直前の不安状態を評価することができます。

3 心理テストを実施する上での留意点

○アスリートをラベリングしてはいけない

心理テストの結果はあくまでもアスリートの心理的特徴を理解するための手がかりの1つです。心理テストの結果は，足りない部分や高める必要がある部分はどこなのか，そして，それらをどのように育んでいけばいいのか，または指導者がどのようにアスリートに接していくことが必要なのかといったことを知るための手がかりとして利用するべきです。ですから，心理テストの結果から，アスリートをこういう人間だと決めつけるような「ラベリング」を行うことは避けなければいけません。アスリートには無限の可能性があり，「ラベリング」を行うことは，その可能性を閉ざしてしまうことになりかねません。

○複数回の実施が望ましい

指導者がコーチングの効果を判断するためには，心理テストを複数回実施することが大切です。つまりそこでは，ほかのアスリートとの比較よりも，同一アスリートの個人内変動に注目することになります。そして，その複数のテスト結果から，アスリートの継時的変化への対応を考えるとともに，指導者が自身の指導を振り返ることにも利用することができます。また，1回目で特に問題が認められなかったアスリートでも，その後の競技活動において問題を抱えることになるかもしれません。そのためにも，定期的に心理テストを実施し，アスリートの心理状態を把握しながら指導することが必要といえます。

○実際の競技場面で得た情報と合わせた総合的な判断が必要

心理テストのみでアスリートの心理的特徴をすべて把握するのには限界があります。そこで，競技場面での観察や選手やコーチとの関わりから得た情報と心理テストの結果を総合的に判断することが大切です。

（小谷克彦）

▷4 **POMS**（Profile of Mood States）
このテストは，緊張-不安（T-A），抑うつ-落ち込み（D），怒り-敵意（A-H），活気（V），疲労（F），混乱（C）といった気分状態の6つの側面を測定する。各側面の点数からプロフィールを作成した際，活気が高得点で他の側面が低得点となる「氷山型」になった場合が，一般的に良好な状態といわれている。

▷5 **競技状態不安検査**（CSAI-2）
不安状態を認知的不安，身体的不安，自信といった3つの観点から測定する。

▷6 吉川政夫（2005）．メンタルトレーニング技法の基礎——評価技法を中心に 心理検査 日本スポーツ心理学会（編）スポーツメンタルトレーニング教本 改訂増補版 大修館書店 pp.64-68.

▷7 吉川（2005）．前掲書.

▷8 吉川（2005）．前掲書.

参考文献
磯貝浩久（2008）．スポーツ心理学者の倫理の問題——心理検査の利用 日本スポーツ心理学会（編）スポーツ心理学事典 pp.52-55.

Ⅷ メンタルトレーニング

4 メンタルトレーニングプログラムの作成

1 プログラム作成における留意点──個別のケース

　メンタルトレーニング（以下，MTとする）のプログラム作成においては，MTを行う対象や期間・時期，また，どのような目的でMTを求めているのか（相手のニーズ）によって，プログラムの立て方はさまざまです。

　アスリートに個別で対応するケースと，チーム全体に対応するケースでは，同じMT技法を行ったとしても，そこでなされる心の作業の質は異なってきます。個別で関わる場合，アスリート個人の細かな要望や心理的課題を聴くことができ，技法を介して専門家と密に対話しながら共同作業を進めていくことができます。中込は「MTの効果は，導入される心理技法の種類によってのみ規定されるのではなく，技法を介した両者の『関係性』によるところが大きいと考えなければならない」と述べており，関わる側が自分自身のできることとできないことをしっかりと把握し，対象のニーズと照らし合わせて，どのような関わりをしていくのか，じっくりとプログラムを構成していく必要があることを示しています。続けて中込は，アスリートのどのような心理的側面に働きかけるのか，どの水準でアスリートと関わるのかといったことの重要性についても言及しています。そこでは①認知・知識トレーニング（戦略の知的理解，ゲーム状況での予測・判断を促す認知的トレーニング），②情動・動機トレーニング（リラクセーション，イメージ，目標設定，積極的思考，セルフトークなどのMTの中核をなす技法），③人格変容・成長（カウンセリング：アスリートの生き方や内的課題や問題を扱う）の3つの水準に関わる心理的側面を分類しています。

　実際にMT技法を習得・学習する水準（いわゆる意識レベルでの強化）で関わっていたとしても，技法の習得過程で行われている心の作業はアスリートによってさまざまです。たとえば，目標が明確でなくやる気がわいてこないというアスリートに対して，目標設定を行う場合を考えてみましょう。一般的な**目標設定の原理・原則**に従いつつ目標設定を行い，表面的にはしっかりと原則に従った目標設定がなされていたとします。しかしながらそれだけに終わらず，そのアスリートがなぜそのような具体的なパフォーマンスの課題を取り上げているのかということも関わる側は考えながら作業を進めていくことが必要です。

　その背後にある深いレベル（人格的レベル）での心の課題を意識しながらこ

▷1 中込四郎（2005）.メンタルトレーニング・プログラム作成の原則　日本スポーツ心理学会（編）スポーツメンタルトレーニング教本　改訂増補版　大修館書店　pp.41-45.

▷2 中込（2005）．前掲書．

▷3 **目標設定の原理・原則**
・一般的な目標ではなく，詳しくて具体的な目標を設定する。
・現実的で挑戦的な目標を設定する。
・長期目標も大切ではあるが，短期目標を重視する。
・チーム目標よりも個人目標を重視する。
・勝敗目標よりもプレー目標を重視する。
・目標に対してその上達度が具体的かつ客観的に評価されるよう工夫する。
石井源信（1997）．目標設定技法　猪俣公宏（編）アスリートとコーチのためのメンタルトレーニングマニュアル　大修館書店
⇒Ⅷ-7参照．

ちらが関わることにより，設定された目標に対してより深いレベルでの関わり，問いかけができ，アスリート本人にとってより意義のある目標が設定されることに繋がります。ここでも同様に，自分自身がどの層でアスリートと関わっているのかしっかりと把握しておくことが重要で，そのスタンスがしっかりしていないと，技法やプログラム自体が効果的に働かなくなってしまいます。とりわけ心理学の専門家は魔法のようなことをしてくれるといったような現場の誤解を生みやすく，関わる側の能力や知識を過信して対応してしまうと，現場やアスリートからの信用を損なってしまうことになりかねません。まず前提として，自分のスタンスややれる範囲をしっかり把握した上で，相手のニーズを聴き，そのニーズに対して自分自身何ができるかを熟考し，MTプログラムを作成していくことが重要となります。

❷ プログラム作成の留意点──チームのケース

　チーム全体に対応するケースでは，個別で関わるような密な対応をすることは難しく，まずはそのチームの指導者が求めるMTのニーズを聞き，それに対して必要と思われるプログラムを構成していくことになります。その関わり方は，事前にこちら側が用意したプログラムに沿った講習会形式が中心となり，技法の用い方に関する情報提供が主なものとなります。一連のMTプログラムの流れとして，心理検査で自己分析を行った後，目標設定，リラクセーション，イメージ，認知の再構成（積極的思考）などのMTの中核となる技法を指導していきます。その際に，それぞれの技法を実際に体験してもらう形式をとり，その技法を行ってみてアスリート自身それぞれがどう感じたのかという振り返りの作業をプログラムに組み込むことで，アスリートにとってより意義ある体験となり，MTがより効果的に働くと思われます。

　期間や時期によってもプログラム構成の仕方は異なってきます。長期的・定期的に関わることができるのであれば，MTの基礎的な技法からその応用の仕方まで指導した後，実際の競技場面での様子を見ながら状況を追いつつ，追加で必要なプログラムを組み込んだり，これまでの取り組みを振り返る内省のセッションを定期的に行うことができます。また，チームに関わる場合では，定期的にアスリートに個別で話を聴く時間を設け，個々がどのように感じているのか直接聴くことにより，より質の高いプログラムを提供することができます。短期間の関わりにおいては，技法の用い方の情報提供にとどまり，それらを実際にうまく使えるようになるには時間を要することをしっかりと伝え，その期間内でやれることを行っていくことが大切です。また，ニーズに応じて1つの技法にターゲットを絞り，その技法の習得のみに焦点を当てて行うのもよいでしょう。

〔織田憲嗣〕

Ⅷ メンタルトレーニング

5 メンタルトレーニング①
リラクセーション技法

1 リラクセーションとは

　わたしたちは，日常的に「リラクセーション」や「リラックス」という言葉を使っています。しかし，これらの言葉を定義するのは難しいと多くの研究者が述べています。そのようななかで渡辺は，「リラクセーションは，みずからの意思によって働く筋肉を通して精神をコントロールするものである」と述べ，心と身体の両面に関わるものと表現しています。定義が難しいといわれるリラクセーションですが，筆者がリラクセーション技法を選手に指導する時は，「身体がゆるんで，心がくつろいだ状態を，自分で感じられるようになることが大事」と説明しています。また，中込は，リラクセーションの主な効果として「覚醒水準の低減」，「自己の身体に対する鋭敏さのアップ」，「睡眠の促進，疲労の回復」，「精神状態をクリアーにする」の4つをあげており，リラクセーション技法にはさまざまな効果があるということがわかります。

▷1　渡辺俊男（1989）．緊張とリラクセーション　丸山廣（編）ストレスとつきあう　こころの科学，26, 55-58.

▷2　中込四郎（編著）（1994）．メンタルトレーニングワークブック　道和書院

2 現場におけるリラクセーションの重要性

　あるオリンピック代表チームの心理サポートを行っていた時に，リラクセーションの重要性を象徴する出来事がありました。この時は，オリンピックの直前合宿からオリンピックの試合が終わるまで，代表チームと共に過ごしました。ある時，練習を観察していると，コーチの声かけの変化に気づきました。オリンピックの直前合宿が始まった頃は，選手への声かけは技術に関するものが主でした。しかし，本番の試合が近づくにつれ，心理面に関する声かけが多くなっていったのです。さらに，競技会場で選手を試合に送り出す時には，「あとは自信をもって，リラックスしてやるだけ」と笑顔で声かけをしているのです。皆さんのなかにも，競技スポーツを行ったことがある人ならば，「緊張して動きがぎこちなかった」という経験や，「リラックスしていけば大丈夫」などと指導者からいわれたことがある人も多いでしょう。このように，競技場面でのリラックスは非常に重要なものなのです。

3 呼吸法──腹式呼吸と暗示呼吸

　最初に，リラクセーション技法の基本といわれる「腹式呼吸」を紹介します。吸う時には，お腹がふくらむように鼻から息を吸い込みます。次に吸い込んだ

ところで少し息を止め，お腹がへこむように鼻と口から息を吐きます。吐く時には，吸う時の倍くらいの時間をかけて，ゆっくりと吐きます。4～5秒かけて吸ったら，8～10秒かけて吐くという感じです。これを数回繰り返します。姿勢は，座っていても寝ていても構いません。最初は，息苦しさを感じるかもしれませんが，すぐに慣れます。次の「暗示呼吸」は，腹式呼吸にプラスとマイナスの暗示語を加えて行う呼吸法です。吸う時には，「太陽・大空のエネルギーやゆったりとした気持ちを吸い込む」ということを心のなかで唱えながら息を吸い込みます。吐く時には，「不安，恐れ，迷い，緊張，ストレスが吐く息と一緒に出ていく」ということを心のなかで唱えながら息を吐いていきます。この腹式呼吸と暗示呼吸を2～3回ずつ行うと，「身体がゆるんで，心がくつろいだ状態」を感じることができます。緊張も不安もない状況のなかで行うと比較的簡単に感じることができますが，緊張感が高まっている試合会場で効果を得られるようになるためには，毎日練習することが大事です。

4 自律訓練法

自律訓練法とは，ドイツの精神医学者シュルツ（Schultz, J. H.）が1932年に創案したもので，心身医学的な心理生理的治療法といわれるリラクセーション技法です。基本課題は日常のストレスを取り除くことであり，一般の方のメンタルヘルスや健康法，そしてスポーツ選手のメンタルトレーニングなど幅広く応用されています。ここで紹介する自律訓練法は，スポーツ場面でよく用いられる標準練習の「重み（重感）の練習」と「温かみ（温感）の練習」で，この2つでおおよその目的が達成できるといわれています。[3]

▶3 長田一臣（1995）．日本人のメンタルトレーニング　スキージャーナル

◯重みの練習と温かみの練習

右手に意識・注意を傾けます。そして，「右手が重たい」と心のなかで数回唱えます。この時のポイントは，手や足にぼんやりと注意を向けるだけで，無理に「そうなろう」としないことです。その後に「気持ちが落ち着いている」と心のなかで唱え，左手に移ります。右手－左手－両手－右足－左足－両足－両手両足－全身の順序で行うのが基本ですが，両手－両足－両手両足－全身という順序で行うやり方でも構いません。温かみの訓練も同じやり方で，「温かい」と言葉を変えるだけです。

◯自律訓練法を行う時の注意点

「適度な明るさ，暑すぎず寒すぎない」「ベルトやネクタイなどは外す」「トイレは済ませ，空腹時はさける」などがあります。また，「リラックスしよう！」と意気込むのではなく，受動的な態度で臨むことが非常に重要です。

◯自律訓練法の姿勢

姿勢には，椅子姿勢と仰臥姿勢があります。椅子姿勢では，椅子に座り，足裏は自然に床につけ，両手のひらを下に向けて，太腿部の上に置きます。目を

表Ⅷ-1　自律訓練法チェック法

	年　　月　　日　　時　　分						
	まったく感じなかった			普通			非常に感じた
両手の重感	1	2	3	4	5	6	7
両足の重感	1	2	3	4	5	6	7
両手・両足の重感	1	2	3	4	5	6	7
全身の重感	1	2	3	4	5	6	7
両手の温感	1	2	3	4	5	6	7
両足の温感	1	2	3	4	5	6	7
両手・両足の温感	1	2	3	4	5	6	7
全身の温感	1	2	3	4	5	6	7
リラックス感	1	2	3	4	5	6	7
その他，気になることを記入する。							

出所：筆者作成。

軽く閉じ，顔はやや下げます。仰臥姿勢では，仰向けに寝て，軽く目を閉じます。両腕は体側につかないようにして，手のひらは自然に開いて床につけます。両足は自然にⅤの字に開きます。

○練習の消去動作

自律訓練法の練習後には，必ず消去動作を次の手順で行って下さい。「①手のひらの開閉運動を，最初はゆっくり，徐々に早く・強く行う」「②両腕の曲げ伸ばし運動を，最初はゆっくり，だんだん強めに行う」「③大きく伸びをし，最後に目を開け，軽く全身を叩く」を行います。もしも，気分がすぐれなかったら，もう一度①から行いましょう。

○自律訓練法の具体的な行い方

姿勢を整え，最初に大きく1回深呼吸をして，「気持ちが落ち着いている」を心のなかで2回唱えます。そして，両手に意識・注意を向けて，「両手が重たい」をゆっくり3回唱えます。同様に，「両足が重たい」「両手・両足が重たい」「全身が重たい」を行います。続いて温感も行います。最後に消去動作を必ず行います。一通り行うと約3～4分で終わります。毎日行い，記録を残すことが大事で（表Ⅷ-1），1か月程度続けると重みや温かみの感じがわかり，3か月続ければかなり上手になります。この自律訓練法を習得すると，日々のストレスや極度の緊張や不安に対する予防や対処ができるようになります。

5　漸進的筋弛緩法

漸進的筋弛緩法は，呼吸法や自律訓練法と並んで，最もよく使われるリラクセーション技法です。1929年に，アメリカのジェイコブソン（Jacobson, E.）によって創始され，現在ではさまざまな使い方をされています。ここでは，スポーツ場面で最も用いられている方法を紹介し，その効果についても説明します。

「緊張している時には，骨格筋繊維が過度に収縮している状態であり，リラクセーションは骨格筋を弛緩させることで獲得される」というのが，ジェイコブソンの考え方です。

ジェイコブソンの原法に従うと，1セッションで40分以上かかるといわれています。そのため，より簡便化した方法を成瀬が開発し，さらに山中・冨永が用いている方法を紹介します。この方法は，①身体の部位に力を入れる（緊張），②その状態を保持する，③力を抜く（弛緩）を繰り返しながら，最終的に全身をリラックスしていくものです。手→足→胸→腰→顔という順序で行います。その手順を以下に示します。なお，各部位には順番に力を入れていきますが，力を抜く（弛緩）時には，逆の順番で行っていきます。

(1) 仰臥姿勢になり，両足は無理なくVの字に開き，手のひらは下に向ける。
(2) 右手（利き手が対象）の指が天井を指すように，手首を曲げる（力を入れる）。そして，前腕部に力が入っている（緊張している）ことを感じ，その後，ストンと力を抜き，その抜けた感じを感じる。
(3) 同様に左手も行う。
(4) 次に，右足のつま先が天井を指すように，足首を曲げる（力を入れる）。そして，足首，脛骨部（前脛骨筋），ふくらはぎ（下腿三頭筋）の辺りに力が入っている（緊張している）ことを感じ，その後，ストンと力を抜き，その抜けた感じを感じる。
(5) 左足も行う。
(6) 両手を同時に行う。
(7) 両足を同時に行う。
(8) 両手→両足を行う（両足→両手の順で力を抜く）。
(9) 両手→両足→胸（大胸筋に力を入れる）を同時に行う（胸→両足→両手の順で力を抜く）。
(10) 両手→両足→胸→腰（腰を浮かすように力を入れる）を同時に行う（腰→胸→両足→両手の順で力を抜く）。
(11) 両手→両足→胸→腰→顔（くちびるをすぼめ，目をかたくつむるように力を入れる）を同時に行う（顔→腰→胸→両足→両手の順で力を抜く）。

基本的には，仰臥姿勢で行いますが，やり方によっては，座位や立位でも行うことができます。力の入れ具合は，60～70％ぐらいにします（競技スポーツを行っている方でしたら，80％ぐらい力を入れても大丈夫です）。また，5秒くらい力を入れ，15秒くらい抜けた感じを感じます。

漸進的筋弛緩法を簡単に説明するならば，「筋肉に力を入れて，その緊張を感じ，その後，力を抜き，その抜けた感じを感じるリラックス法」といえます。

(立谷泰久)

▷4　寺井堅祐・梅沢章男 (2011). 漸進的筋弛緩法 日本ストレス学会，財団法人パブリックヘルスリサーチセンター（監修）ストレス科学事典　実務教育出版社　pp.645-646.

▷5　山中寛・冨永良喜（監修）(1999). ビデオ教材　こころを育むストレスマネジメント技法　南日本放送

参考文献

中込四郎（編著）(1996). イメージがみえる——スポーツ選手のメンタルトレーニング　道和書院

佐々木雄二・笠井仁（編著）(2000). 自律訓練法　現代のエスプリ，**396**.

Morris, T., Spittle, M., & Watt, A.P. (2005). *Imagery in sport*. Human Kinetics.

五十嵐透子 (2001). リラクセーション法の理論と実際——ヘルスケア・ワーカーのための行動療法入門　医歯薬出版

Ⅷ　メンタルトレーニング

6 メンタルトレーニング②
イメージ技法

わたしたちは普段「イメージ」を自然に使っています。たとえば，朝一日の予定を考える時「今日はスポーツ心理学の講義があるからこの教科書を持って，その後部活があるから着替えも持って……」などとイメージしたり，「今日は大事な試合だから，勝つことをイメージして！」などと使うこともあります。しかし，この2つの例はイメージ技法とはいえません。イメージ技法とは，自ら意図し手順を踏んでイメージを描いていく方法のことをいいます。このイメージ技法をきちんと用いれば，パフォーマンスの向上にとても役立ちます。

▷1　運動イメージについては Ⅱ-6 参照。

1 イメージの種類

イメージには，2つの種類があるといわれています。1つは「内的イメージ」と表現され，「自分が実際にプレーを行っている」イメージです。もう1つは「外的イメージ」といわれるもので，「自分のプレーを第三者的に観ている」イメージです。この2つのイメージは，それぞれ特徴がありますので，目的によって使い分けましょう。たとえば，内的イメージは，試合のリハーサルという目的で使い，外的イメージは，戦術や戦略を考える時に用いましょう。

2 イメージの機能・役割・鮮明性

▷2　江川玟成（1989）．実践スポーツ心理学　大日本図書

▷3　杉原隆（2003）．運動指導の心理学　大修館書店

▷4　Smith, D. (1987). Conditions that facilitate the development of sport imagery training. The Sport Psychologist, 1, 237-247.

▷5　高橋幸治（1996）．イメージがみえるまで（基礎編）　中込四郎（編著）イメージがみえる――スポーツ選手のメンタルトレーニング　道和書院 p.52.

イメージの機能や役割について，江川は，①新しい技術や動作パターンの習得，②フォームの矯正・改善，③遂行に役立つリハーサル，④心理面の改善・対策という4つの機能があると述べています。①と②は，主として身体的なものに働きかけるもので，メンタルプラクティスといわれています。メンタルプラクティスについて杉原は，「身体をほとんど動かさず運動している状態を頭の中で想像することによって行う技術練習」と述べています。③と④は，主として心理的なものに働きかけをし，試合に直結するものです。このようにイメージには，さまざまな機能や役割があるため，それらを理解して，今の自分の目的に合わせたイメージ技法を行うことが大事です。また，イメージの鮮明性について，スミス（Smith, D.）は，「はっきりとしていてカラフルで現実的で，さらにそのイメージに関係した感情や適切な感覚を含んだもの」と述べ，高橋は「筋感覚など様々な感覚や感情においても鮮明であることも含まれている」と，イメージの鮮明性やイメージ中の身体感覚の重要性を指摘しています。

3 イメージ技法の実際

ここでは，選手のイメージ技法の「体験」から，その効果や役割について説明します。

○運動技能・技術の獲得とイメージの関係

A選手は，オリンピック出場後に種目の変更を行いました。その新しい種目のイメージ技法を行ったところ，「前の種目のように，イメージがうまく出ない」と訴えました。これは，まだ新しい種目の身体の動きをきちんと習得できていないため，「イメージが出ない」ということが起こったと考えられます。いい換えれば，「イメージが出る／出ない」で，運動技能・技術の習得の度合いがわかるといえます。

○リハーサルのためのイメージ技法

B選手（スキー，オリンピック出場）は，試合のイメージ（内的イメージ）を行ったところ，「本当に雪上にいたと思った。疲れ方も同じだった」と述べました。この選手のイメージは，実際のプレーに近い想起内容であり，イメージの鮮明度が高いといえるでしょう。

○試合直前のイメージ技法の行い方

C選手（スキー，オリンピック出場）は，リフトの上で呼吸法とイメージリハーサルをルーティンとして行っており，「試合直前のリフトの上で，1人で気持ちを落ち着け，そしてよいイメージを描くことは，自分にはとても重要です」と報告しました。非常に効果的な使い方といえます。

4 イメージ技法の具体的手順

イメージ技法の行い方はさまざまですが，ここではイメージリハーサルという目的での方法を紹介します。最初にイメージストーリーをつくります。たとえば，「最高のパフォーマンスを発揮した時のこと」を思い出し，その時に心と身体に感じたことを，できるだけ詳しく書き出します。そして，この最高のパフォーマンスを次の試合で行っているというイメージストーリーにします。

次に，軽く目を閉じ，**腹式呼吸と暗示呼吸**を2～3回ずつ行い，リラックスした状態をつくります。そして，先程のイメージストーリーをイメージします（5～10分程）。イメージが終わったら，「スッキリと気持ちよく目が覚める」というような言葉を唱えて目を覚まします。最後に大きく伸びをし，身体を軽く叩くなどの消去動作を必ず行います。これを1日に数回行いましょう。イメージ技法後，「どのようなイメージだったのか」「どのようなことを感じたのか」「イメージの鮮明性はどうだったのか」ということを，記録することも大事です。後でこの記録を振り返ると，イメージの効果が実感できます。

（立谷泰久）

▷6 腹式呼吸と暗示呼吸
⇨ Ⅷ-5 参照。

VIII メンタルトレーニング

7 メンタルトレーニング③
認知行動技法

1 認知行動技法の理論的背景

　今日のメンタルトレーニングでは，臨床心理学領域で発展してきた理論が多く利用されています。ここでは，学習理論に基づく技法を認知行動技法と定義し，その一部を紹介します。

　学習に関する考え方は，大きく２つの流れがあります。１つは観察可能な人間の行動を「刺激－反応」の結びつきから理解する行動理論，もう１つは「学習は知覚体系の体制化，あるいは再体制化，すなわち認知の変容の枠組みで説明される」とする認知理論です。これらは，行動理論を基盤とする行動療法，認知理論を基盤とする認知療法として臨床場面で発展してきました。

　行動療法は初期の頃，**レスポンデント条件づけ**と**オペラント条件づけ**などの原理に基づいて不適切な行動は誤って学習されたものと考え，同じ条件づけの原理に従って症状を消去したり，適応的な行動習慣を再学習しようとしてきました。しかしながら，バンデューラ（Bandura, A.）が**社会的学習理論**を提唱したことを機に刺激に対する個人の解釈や予期の重要性が訴えられるようになり，刺激と原因の媒介変数として認知概念を重要視する流れが生まれました。一方，ベック（Beck, A.）の提唱する認知療法では，出来事に対する不適切な認知が抑うつ感情などの問題症状を生むと考え，こうした不合理で否定的な認知を明らかにし，合理的・肯定的な認知に置き換えようとしてきました。けれども，臨床実践では，認知に介入する場合であっても認知的な技法に限らず，行動療法の枠組みや技法を多く取り入れている事実が強調され始めました。それぞれの流れのなかで，行動療法と認知療法が統合され，現在は広い意味で，行動療法と認知療法の総称を認知行動療法とする見方が主流となってきています。スポーツの現場においてもスポーツ自体が学習であるため，実に多くの認知行動療法で利用されている理論や技法が応用され，取り入れられています。ここでは，セルフモニタリング，目標設定技法，認知再構成法，コーピングカード，セルフトーク，リラクセーション技法について触れたいと思います。

2 セルフモニタリング

　認知行動的介入を行う場合，ほとんどのプログラムにセルフモニタリングと目標設定技法が含まれています。セルフモニタリングとは，自分の行動・思考

▷1　竹中晃二（2005）．行動変容技法　日本スポーツ心理学会（編）スポーツメンタルトレーニング教本　改訂増補版　大修館書店　p.87.

▷2　**レスポンデント条件づけ**
犬の口に餌を入れると唾液が出る，というような当然生じる生理的変化に，中性的な刺激（たとえばメトロノームの音）を一緒に提示して，メトロノームの音で唾液が分泌するように行動を変容させるもの。

▷3　**オペラント条件づけ**
ある状況下で空腹の動物が特定の反応（たとえば，ボタンを押すなど）をすると餌が与えられるならば，次からはこの状況下ではその反応が生じやすくなる。「反応がもたらす結果」による学習過程をオペラント条件づけと呼ぶ。

▷4　**社会的学習理論**
バンデューラは，人は，自分で直接経験しなくても，他の人々の行動やその結果を観察することにより，新しい行動様式を獲得したり，反応パターンを変容したりすることができるという，観察学習の成立過程を理論化した。

▷5　丹野義彦（2008）．認知行動療法とは　内山喜久雄・坂野雄二（編）認知行動療法の技法と臨床　日本評論社　p.2.

等を自分で観察し，記録することにより，行動や思考を把握・管理する技法です。どのような事柄についてセルフモニタリングを行い，記録していくのかは，選手の課題や情報収集の目的によって変わってきます。行動変容に焦点を当てたセルフモニタリングを行う際には，まずは観察可能なレベルでの状況や現象，自分の行動をその前後のエピソードと一緒に注目し，客観的に捉えていきます。そして，パフォーマンス発揮に不適切な行動を起こしたり維持させている要因や，適切な行動を妨害している要因などを検討していきます。認知変容に焦点を当てたセルフモニタリングを行う際には，どのような状況で自動思考が起こり，どのような気分であったか，その時の態度・行動はどのようなものであったのかに注目し，不合理で否定的な認知を明らかにしていきます。セルフモニタリングを行う効果としては，自分の傾向や傾向と課題との関連に対する気づきを促すこと，改善点を発見する資料となること，取り組みによる変化を把握できること，自己管理・目標設定を容易にすることがあげられます。

3 目標設定技法

目標設定技法は，選手のメンタルトレーニングで比較的多く用いられている技法です。行動を方向づける動機づけの役割を果たし，練習の質を高めることに有効に働くと考えられています。[6] 目標設定を実施する際には，セルフモニタリングや**アセスメント**[7]などから選手の課題と改善策を明確にし，選手との間で課題や改善策について了解を得ることが前提となります。竹中は立てる目標が量的でしかも短期（毎日あるいは週ごと）に設定される時に最も効果を発揮すると述べ，目標を設定する際の注意点として以下の6つをあげています。[8]

- 具体的で実現可能な目標を設定する：目標は結果，すなわち単に優勝といった競技における成功ではなく，パフォーマンスの具体的内容を対象にする。また，自分で制御できる内容とできない内容を明確にする。
- 挑戦意欲が湧くような目標を設定する：現在のレベルを客観的に評価した上で，その延長線上に目標を設定する。
- 評価可能な行動を設定する：たとえば，何回や何kgなどの数値で示すことができる目標を設定する。
- 長期目標から逆算した短期目標を設定する：短期目標は長期目標の道しるべになるように，段階的に設定する。
- 肯定的な目標を設定する：行動抑制等の否定的な目標ではなく，肯定・積極的な目標を考える。
- 達成日を決める：いつまでに何をすべきかを決めることによって，今，何をすべきかを考える。

このような目標を立てることで，短期的に何度も達成感を感じることができ，次なる目標達成への行動の強化を行います。設定した目標に対して，セルフモ

▷6 マートン，R. 猪俣公宏（監訳）(1991). メンタル・トレーニング 大修館書店

▷7 **アセスメント**
査定，評価，診断のこと。面接や観察，関連の心理テストなどを通して情報を得る。

▷8 竹中 (2005). 前掲書. p.88.

ニタリングを用いて取り組みを確認し，変化や進歩の度合を確認し，適宜目標の内容の修正を繰り返し行うなかで目標を達成していきます。

④ 認知再構成法

　置かれている状況をどのように認知するかによって，パフォーマンスは変わってきます。たとえば，重要な試合に挑む時，緊張し過ぎてしまい，萎縮してしまう選手もいれば，自分を盛り上げ，積極的なプレーをする選手もいます。出来事や状況そのものが選手の反応を引き起こすのではなく，その出来事や状況を選手自身がどのように捉え，解釈するのかが大きく影響しています。

　ミスやアクシデント，ライバルの健闘など，思わぬ事態に直面し，パフォーマンスが乱れた際，多くの選手はその出来事そのものが自分のパフォーマンスを乱したと捉えます。しかし実際は，「ここで結果を出さなければ，レギュラーから外されてしまうかもしれない」「こいつに負けると馬鹿にされる」といったように選手が置かれている状況を消極的に捉えたために，パフォーマンスが混乱したのです。その場の状況や相手などに応じて，ふと浮かんでくる思考や言葉，イメージを自動思考（automatic thought）と呼んでいます。この自動思考が感情の変化や生理的変化を引き起こし，パフォーマンスに影響を与えます（図Ⅷ-1）。選手は，これまでも周囲の人から「考えすぎだ」「前向きに考えろ」というアドバイスを受けてきたかもしれません。しかし，自動思考は，媒介信念（その人なりの思い込みや仮定，個人的な決め事，構え）や中核信念（思考階層の一番深層に位置し，その人の思考全般に影響を及ぼす価値・信念体系）といった固定的で絶対的な信念の影響を受けています。そして，それらの考えや信念は，これまでの人生のなかで強固に習慣化されており，単なるアドバイスを与えるだけで変容できるほど簡単なものではない場合がほとんどです。強固に習慣化された認知の再構成を可能にする方法は，①選手が自身の思考の特徴に気づき，②それらの思考が自分の気分や感情，あるいは，競技上の悩みに影響を及ぼしていることを理解し，③思考の妥当性を現実の競技生活に照らし合わせながら再検討を続けるなかで新しい考えや取り組みを探索していく。さらに，④新しい考えや取り組みを競技のなかで積極的に活用しながら，その有効性を確認していくことです。それを補助するためにセルフモニタリングやコーピングカード，セルフトーク，リラクセーション法などの技法が活用できます。

▶9　井上和臣（1997）．心のつぶやきがあなたを変える――認知療法自習マニュアル　星和書店

⑤ コーピングカード

　かなりの緊張やプレッシャー下に置かれる場面では，選手に強い不安や混乱が生じることがあります。その時，状況の文脈や自分の思考・行動が十分に観察できなくなり，新しい考えや取り組みの模索・実行がうまくできなくなるこ

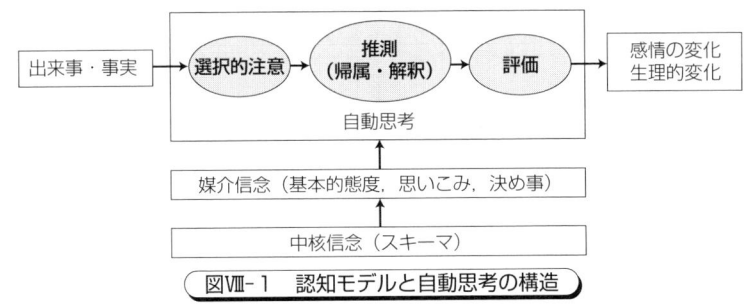

図Ⅷ-1 認知モデルと自動思考の構造

出所：鈴木・神村（2005）．より．

とがあります。コーピングカードは，このような場面において有効です。コーピングカードとは，あらかじめ想定される場面で活用できそうな考え方や対処法などが書かれたカードのことをいいます。競技場面においては，考え方や対処法に加え，目標設定技法で設定したパフォーマンスの具体的内容や，**パフォーマンス・ルーティン**などを記述するのもよいでしょう。そして，このカードを携帯したり，目につくところに置いておくなどして，困難な場面に遭遇したら，このカードを取り出して内容を確認し，取り組みを実行するようにします。

6 セルフトーク（自己教示）

セルフトークは，認知再構成法や目標設定技法において明確になった新しい考えや取り組みを実施する際に利用する技法です。その際，「内容が積極的であること」「単純な肯定文であること」「現在進行形を使用すること」といった原則に従って，競技遂行にプラスに働く「合理的」「現実的」「挑戦的」「自己肯定的」思考に基づく言葉，あるいは実行すべき具体的行動の内容などを繰り返し自分にいい聞かせます。実際に言葉に出して言う，コーピングカードを活用する，心のなかで繰り返しつぶやく，などいろいろな方法で行うことができます。特定の言葉を繰り返し唱えることで，その場で必要とされる考えや行動を具体的に示すとともに，それ以外の否定的な考えや後ろ向きな態度が侵入してくるのを抑制する効果があります。しかし，実感が伴わないセルフトークでは意味がなく，自分にとって納得できる，しっくりくる内容にすることが重要です。

7 リラクセーション技法

強い不安や混乱が生じる場面では，冷静に新しい考えや取り組みを探索・実施できるように，リラクセーション技法を用いることが有効です。リラクセーション技法には呼吸法，漸進的筋弛緩法，自律訓練法などさまざまな技法があります。選手に応じて導入しやすい方法を選択するとよいでしょう。

(平木貴子)

▷10 ベック，J. 伊藤絵美・神村栄一・藤沢大介（訳）（2004）．認知療法実践ガイド――基礎から応用まで　星和書店

▷11 パフォーマンス・ルーティン
プレーの前に必ず行う準備行動や一定の所作のこと。

▷12 中込四郎（編著）（1994）．メンタルトレーニングワークブック　道和書院

▷13 リラクセーション技法の詳細は，Ⅷ-5 参照。

参考文献
鈴木伸一・神村栄一（2005）．実践家のための認知行動療法テクニックガイド　北大路書房
日本スポーツ心理学会（編）（2005）．スポーツメンタルトレーニング教本　改訂増補版　大修館書店

Ⅷ　メンタルトレーニング

8　チームスポーツのメンタルトレーニング

1　チームスポーツの特徴

○チームワークとは

チームスポーツではチームワークが重要となります。チームワークとは，一言でいえばそれぞれのメンバーが集団目標を達成するために異なる役割を共同して遂行している状態のことです。わが国ではコミュニケーションの良好なことをことさら強調する傾向がありますが，分業的協同こそがチームワークの本質です。集団目標達成のために個々のメンバーが，相互補完的な活動を遂行しようとすれば，当然メンバー間で良好なコミュニケーションは必須となりますが，仲がよいだけではチームワークを発揮したことにはなりません。この点，集団目標の達成のために，チームのメンバーがどのように関わり合っているかが重要となります。

○個人の総和≠チーム力

チームのパフォーマンスを最も予測する変数として注目されているのが，集団効力感（collective efficacy）です。簡単にいえばチームとしての自信のことですから，個人の自信と同様，以前のパフォーマンス（成功体験）や動機づけ（やる気）の程度が関連することは理解できるでしょう。さらに集団効力感には，チームの要因として，チームワークのほかにリーダーシップスタイルや，チームのサイズ（人数），凝集性[1]等も関連することがわかっています。したがって，個人の能力の総和は必ずしもチーム力と同じではない，といえます。たとえばメンタルトレーニングを通じてチームのメンバー一人ひとりの自信を高めたとしても，チームワークが機能していなければ，チームの集団効力感は高まりません。チームスポーツのメンタルトレーニングの特徴はここにあります。

2　チームスポーツでの実践例

○ペアの相性トレーニング

これまでの実践には実業団でプレーするソフトテニスのペアを対象に，図式投影法や交換ロールシャッハ・テストを用いてペアの相性を高めようとする試みがありました。また1990年より3年間，日本オリンピック委員会スポーツ医・科学研究として実施された「チームスポーツのメンタルマネジメント」で[2]

▷1　**凝集性**(group cohesion)
チームにメンバーを留まり続けるよう動機づけ，引きつける度合いであり，端的にいえばチームとしてのまとまり具合のこと。
⇒Ⅴ-2 参照。

▷2　鈴木壯・中込四郎・山本裕二（1993）．実業団ソフトテニス選手へのメンタルトレーニング事例から──選手とカウンセラーとの関係性　岐阜大学教育学部研究報告（自然科学），17, 87-103.

表Ⅷ-2 チームに対するメンタルトレーニングのプログラム例

セッション	エクササイズ	シェアリングの内容
①オリエンテーション	自己理解 （ペアで実施）	チームのためのメンタルトレーニング 心理的競技能力ならびにチーム理解
②自己理解と他者理解	気になる自画像 （グループで実施）	心理検査の結果フィードバック 課題の明確化，直面化
③リラクセーション	呼吸法 （ペア→グループで実施）	呼吸法（リラックス）， 受動的注意集中状態の理解
④ピークパフォーマンス	成功体験の共有 （ペアで実施）	ピークパフォーマンス時の心身の様子 実力発揮の要因分析ならびに理解
⑤イメージトレーニング	イメージストーリーの作成 （ペアで実施）	目標達成場面の先取り，イメージ 理想的な競技遂行状態の確認
⑥積極的思考	不測の事態への対処 （ペア→グループで実施）	不測の事態における認知の再構成 チームルーティーンの確立
⑦メンタルリハーサル	大会当日の目標設定 （ペア→全体で実施）	パフォーマンス目標の設定，宣言 行動目標→イメージ想起
⑧チームビルディング （相互信頼関係）	別れの花束 （全体で実施）	プログラムの振り返り，学習内容の確認 各自の目標，チームワーク向上

出所：土屋（2001）．より．

は，ヨットならびに卓球選手に対して，東大式エゴグラムを用いた実践がなされました[3]。いずれも，ペア間で相互理解が進み，実際の試合場面での実力発揮に繋がったことが報告されています。つまり個人の能力を高めることだけでなく，メンタルトレーニングを通じて，ペアの相性や，メンバー間の関係の質を向上させることの重要性が示されています。

○チームビルディング

さらにバスケットボールやサッカーのようなチームスポーツにおいては，**チームビルディング**[4]と呼ばれる技法が採用されることが増えてきました。チームビルディングの方法はさまざまですが，最近では試合での実力発揮を目的とした，チームスポーツのための独自の方法が開発されています。表Ⅷ-2は，ある大学女子サッカーチームに提供されたチームビルディングのプログラムです[5]。構成的グループ・エンカウンターのエクササイズとしてメンタルトレーニング技法の学習を組み込んでいます。構成的グループ・エンカウンターとは，エクササイズという課題に取り組みながら，そこでの体験をチームメンバー間で分かち合うことで（シェアリング）心理教育を行う，グループカウンセリングの技法です。したがって，このプログラムに参加したメンバーは，試合において自分の役割を果たすための心理技法を，相互信頼・相互尊重のグループ体験として学ぶことができます。つまりメンバー個々の実力発揮と同時に，チームワークも向上させようというねらいがありました。この実践では，メンバーそれぞれが実力を発揮しただけでなく，チームとしてオフェンスとディフェンスの分業的共同がうまく機能し，全日本学生選手権大会優勝という目標が達成されました。

（土屋裕睦）

▶3 米川直樹ほか（1992）．競技種目別メンタルマネジメントに関する研究 4-1ヨット チームスポーツのメンタルマネジメントに関する研究 第2報 平成3年度日本オリンピック委員会スポーツ医・科学研究報告，39-47．
　岡沢祥訓ほか（1992）．競技種目別メンタルマネジメントに関する研究 4-2卓球 チームスポーツのメンタルマネジメントに関する研究 第2報 平成3年度日本オリンピック委員会スポーツ医・科学研究報告，49-57．

▶4 **チームビルディング**
⇒ Ⅴ-3 参照。

▶5 土屋裕睦（2001）．ある大学女子スポーツチームに実施した構成的グループ・エンカウンターの効果 日本スポーツ教育学会第20回記念国際大会論集，191-194．

VIII メンタルトレーニング

9 スポーツメンタルトレーニング指導士

1 資格認定の経緯

○メンタルトレーニングの資格

　試合で実力を発揮するためには，技術・体力のトレーニングとともに，心理面のトレーニング，すなわちメンタルトレーニングが欠かせません。試合で平常心を保つことや，よいイメージをもって臨むことは，実力発揮のためにとても大切なことです。また適切な目標を設定できれば，日々の練習の質も向上し，実力そのものを向上させることにも役立ちます。したがって，このようなメンタルトレーニング指導は日々の練習のなかで欠かせないものであるという認識が，競技の現場でも根づいてきました。しかし，メンタルトレーニング指導者のなかには，効果の疑わしい方法を用いたり，選手の主体性や人権をないがしろにするような活動を行う，自称「メンタルトレーナー」や「メンタルコーチ」が出現し，競技現場を混乱させました。そのようなこともあって，科学的知識に裏づけられたメンタルトレーニングを専門的に指導できる人材を育成し，認定する必要が生まれました。それが日本スポーツ心理学会認定「スポーツメンタルトレーニング指導士」資格です。

○日本スポーツ心理学会

　日本スポーツ心理学会は1973年に設立された学術団体で，毎年学会大会を開催し，学会誌「スポーツ心理学研究」を発行しています。これまでメンタルトレーニングに関する基礎・応用研究を活発に行い，また各種のシンポジウムを開催するなどして，メンタルトレーニング指導の理論的基盤を構築する役割を担ってきました。そのような立場から，2000年より「スポーツメンタルトレーニング指導士」資格の認定を開始しました。競技現場において科学的な知識に裏づけられたメンタルトレーニング指導を実践し，専門家としての社会的信用を得ながら，さらにスポーツ心理学への理解を得ることが目的です。2012年現在，120名余りの資格取得者が認定され，さまざまな競技団体で活動をしています。

○資格認定の方法

　資格を認定されるためには，まず基礎資格として，スポーツ心理学会に2年以上在会し，大学院でスポーツ心理学を専攻するなどして修士号を取得していなければなりません。さらに，大学・大学院で取得すべき単位として，メンタ

▶1　学会のホームページは http://www.jssp.jp/ を参照。

ルトレーニング指導に必要と思われる科目が指定されており，スポーツ科学の専門家であることが求められています。この基礎資格を満たした上で，スポーツ心理学に関する学術上の業績，研修実績，指導実績が求められます。さらに，自身がなんらかのスポーツ経験を有することも資格認定の条件となっています。これらの基礎資格を満たした後，認定講習会を受講し，さらに**スーパービジョン**に合格しなければ，資格を得ることができません。

○スポーツメンタルトレーニングの専門性

以上のようにスポーツメンタルトレーニング指導士の資格を取得するためには，大学入学後少なくとも6年以上の研鑽が必要で，これは医師免許や臨床心理士資格取得に関わる年限とほぼ同等です。さらに上述した通り，科学的知識と実践的技能の両方が求められる専門的な資格となっています。この基準が厳しすぎるという批判もあるのですが，たとえばオリンピック選手やプロスポーツ選手にメンタルトレーニング指導を行うような場合，彼らにとってはまさに命がけの取り組みに付き添うわけですから，指導士にもより高い専門性が求められるのは当然のことであると考えられます。

2 スポーツメンタルトレーニング指導士の活動

○6つの活動領域

日本スポーツ心理学会認定「スポーツメンタルトレーニング指導士」の活動には，以下の7つの領域があげられています。すなわち，①メンタルトレーニングに関する指導・助言，②スポーツ技術の練習法に関する指導・助言，③コーチングの心理的な側面についての指導・助言，④心理的コンディショニングに関する指導・助言，⑤競技に直接関係する心理検査の実施と診断，⑥選手の現役引退に関する指導・助言，⑦その他競技力向上のための心理的サポートです。このように一口にメンタルトレーニングといっても，競技現場から要請される活動は，コーチングや競技引退に関する助言のように，多岐にわたることが理解できます。

○広がる活動の場

資格認定10周年を記念して，スポーツメンタルトレーニング指導士の活動を紹介するガイドブックが発行されました。ここには資格取得者のさまざまな実践例が紹介されています。それを見ると，メンタルトレーニング指導の対象年代もジュニアからシニアまで，競技レベルも愛好家やサークルチームからオリンピック選手，プロスポーツ選手まで広がっています。さらにメンタルトレーニング指導の内容についても個人技法からチームビルディングまで，さまざまに展開されていることがわかります。スポーツメンタルトレーニング指導士は，競技現場においてますますニーズの高まっていく資格であると考えられます。

（土屋裕睦）

▷2 スーパービジョン
メンタルトレーニング指導に熟練した指導者（スーパーバイザー）が，資格取得希望者（スーパーバイジー）のメンタルトレーニング指導について，助言や示唆を与えながら行う教育のこと。資格認定に際してはこの教育と同時に，資格取得希望者のメンタルトレーニング指導の適切性が審査される。

▷3 日本スポーツ心理学会（編）(2005). スポーツメンタルトレーニング教本 改訂増補版 大修館書店

▷4 日本スポーツ心理学会資格認定委員会・日本スポーツメンタルトレーニング指導士会（編）(2010). スポーツメンタルトレーニング指導士活用ガイドブック ベースボールマガジン社

Ⅷ　メンタルトレーニング

10 メンタルトレーニングとカウンセリング

1　心理サポートの現場から

○アスリートへの心理サポート

　アスリートへの**心理サポート**を担当していると，彼らが過酷な競技環境のなかでさえ，自身のパフォーマンスを発揮できるよう，優れた心理的スキルを身につけていることを確認することがあります。一方で，そのような競技ストレスへの対処がうまくできず，神経症や精神病理学的範疇の問題行動を示すアスリートのいることも事実です。図Ⅷ-2は，選手の行動を異常な行動と優れた行動に分け，それぞれ対応するスポーツ心理学者を区別すべきであることを示しているものです。臨床心理学のトレーニングを受けていない者が，重篤な摂食障害を患っている選手や，**バーンアウト**に陥って重い抑うつ状態にある選手に関わるのは不適切ですから，このような区別を認識しておくことは有効と思われます。また試合で実力を発揮するためには，治療的な関わりよりも教育的，開発的な関わりが有効であると主張されることもあります。

○アスリートを支援するスポーツ心理学の専門家——2つの資格

　アスリートを支援するスポーツ心理学の専門家の代表的な資格は，日本スポーツ心理学会認定「**スポーツメンタルトレーニング指導士**」と日本臨床心理身体運動学会の「**認定スポーツカウンセラー**」です。このようにそれぞれの専門性に応じた2つの異なる資格があることから，メンタルトレーニングとスポーツカウンセリングを対比して論じることがあります。その際に，先の図をもとに，優れた行動を示すアスリートにはメンタルトレーニングがふさわしく，異常な行動を示す選手にはカウンセリングが必要であるといった捉え方は短絡的で，適切ではありません。実際のところ，優れた競技成績をもつアスリートのなかにも，日常生活から考えれば，一見異常とも思える心性を垣間見ることがあります。たとえば，練習において完璧を期すあまり強迫的な行動が見られたり，特定の場面で強い攻撃性が潜んでいたりすることがあります。このような状況を異常と捉えるよりも，高い競技力をもつ個性的な1人の人間の1側面として見ていくと，その選手の全体像への理解が深まる場合があります。このことからアスリートへの心理サポートにおいては，メンタルトレーニング指導であってもスポーツカウンセリングであっても，全人的な理解に繋がる視点が必要である，と考えられます。

▷1　心理サポート
アスリートやチームに対する心理的援助の総称概念。その活動の具体的な内容を表すために，メンタルトレーニングやスポーツカウンセリングの用語が用いられている。
⇒Ⅶ-10参照。

▷2　マートン，R. 猪俣公宏（監訳）(1991). コーチング・マニュアル　メンタル・トレーニング　大修館書店　pp.77-86.

▷3　バーンアウト
燃え尽き症候群のこと。詳細についてはⅨ-7参照。

▷4　スポーツメンタルトレーニング指導士
⇒Ⅷ-9参照。

▷5　認定スポーツカウンセラー
⇒Ⅸ-12参照。

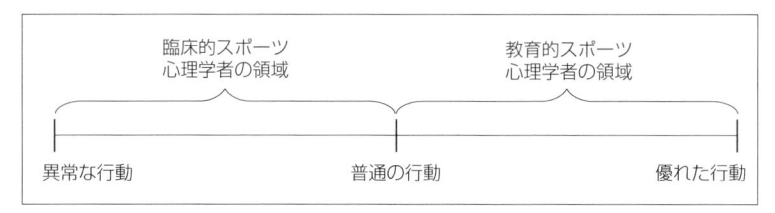

図Ⅷ-2　臨床的スポーツ心理学者と教育的スポーツ心理学者の領域

出所：マートン（1991）．より．

2 アスリートに役立つ心理サポート

○行動変容の理論

　アスリートに役立つ心理サポートの成否は，科学的知見に裏づけられた確かな理論に基づいているか，にかかっています。たとえば，メンタルトレーニングでは，競技力向上や実力発揮に役立つ，さまざまな心理的スキルを学習することが中心的な活動になります。ここにはリラクセーション技法やイメージ技法などが含まれています。すなわち，試合で緊張してしまって実力が十分発揮できなかった選手が，これらのスキルを学習することで実力を発揮できるようになる，すなわち試合場面での行動が変容すると考えられます。このような考え方（学習理論）は，メンタルトレーニングの理論的な基盤となっています。一方，なぜリラックスできないのかについて自己理解や洞察が進むことで，試合で過度な緊張をしなくなる例もあります。また，内界探索的な取り組みから無意識レベルの葛藤や課題が解決されて，結果として好ましい行動変容が起こる場合もあります。これらの考え方は自己理論や深層心理学理論に基づいており，スポーツカウンセリングにおいて採用されることが多いようです。

○関係性

　このようにアスリートに対する心理サポートでは，採用される技法の違い，行動変容を説明する理論の違いによって，その活動にはさまざまな形態や特徴が見られます。メンタルトレーニングとスポーツカウンセリングの違いは，優れたアスリートを対象とするかあるいは異常な行動を示すアスリートを対象とするかといった対比よりも，むしろこのような形態の違いとして捉えた方が，その専門性が明らかになると思われます。一方，メンタルトレーニングにおいてもスポーツカウンセリングにおいても，支援者が選手と信頼関係（ラポール）を築けるかどうかは，効果を決定づける最も重要な要因です。アスリートの抱える悩みは，「わかっていてもできない」ものが多く，心理スキルを一方的に指導されても，すぐに身につけたりできるようになったりすることは稀です。できないにはできないなりの理由があるわけですから，選手の訴えを傾聴し，その心情に共感し，彼らの立場を受容することが大切です。メンタルトレーニングにおいても，スポーツカウンセリングにおいても，選手との関係性は極めて重要な要因です。

（土屋裕睦）

IX　スポーツ臨床

1　スポーツカウンセリング

▷1　プロ野球コミッショナーでもあった精神科医の内村がスポーツ心理学への関心を1934年に述べていることから推測すると，カウンセリングという言葉では考えられなかったかもしれないが，スポーツカウンセリングは東京オリンピック以前から関心をもたれていた可能性がある。
　内村祐之（1984）．精神医学者の滴想　中央公論社

▷2　スポーツ科学研究委員会心理部会（1965）．心理部会報告　東京オリンピックスポーツ科学研究報告，481-522.

▷3　スポーツ科学研究委員会心理部会（1965）．前掲書．

▷4　「体育の科学」誌第28巻第5号（1978）．から第31巻第4号（1981）．まで21回にわたって連載された。

▷5　**スポーツ心理臨床研究会**（SPACE：Sport psychologists, Psychiatrists, Athletes, Clinical psychologists, and Enlightenment）
「心とからだを考える」研究会として始められ，1998年5月に日本臨床心理身体運動学会に発展した。

　スポーツの世界にカウンセリングの必要性が叫ばれたのは東京オリンピック（1964年）の頃です▷1。選手の競技力向上やメダル獲得のための「あがり」対策として自律訓練法等が導入され，「心理的負担が競技に関することや単なる精神的コンディショニングの問題ばかりでなく，自己の将来への不安，人間関係など，重要な問題を含んでいる。（中略）その対策として，そして全人的な相談の出来る場が必要である。（中略）スポーツカウンセリング体制の確立を要望し，勧告する」▷2と，スポーツカウンセリングの重要性が示されました。しかし，1960年代はカウンセリングや心理療法そのものが方法も「十分に確立していない段階」にあり，必要性は「痛感されたが，時間やスタッフの関係で万全を期することができなかった」▷3のです。その時代に選手の競技力向上のために心理技法を適用するだけでなく，カウンセリングの必要性が指摘されたことは時代を先取りしていたといえるかもしれません。ただ残念なことに，その後発展することはなく，一部のスポーツ心理研究者が単独で実施するのみでした。1978年から81年まで「体育の科学」誌上で"スポーツカウンセリングの実際"が連載されました▷4が，執筆者のなかでスポーツカウンセリングの専門家（実践者）はごくわずかでした。必要性は叫ばれましたが，スポーツカウンセリングの方法論は確立されることはなく，詳細な事例報告はほとんど見られず，そして，スポーツカウンセラーの養成・訓練の問題も触れられることはありませんでした。その後，1990年代になって**スポーツ心理臨床研究会**▷5と，それを引き継いで発足した日本臨床心理身体運動学会が中心となり，スポーツカウンセリングやスポーツ臨床を発展させてきています。

1　スポーツカウンセリングとは

　スポーツカウンセリングとは，「競技場面に関わるすべての人々を対象とする心理臨床行為」であり，「競技力向上に関わる問題，競技遂行上の問題，神経症，身体的問題，あるいは，全人格的成長や引退の問題など，さまざまな問題や悩みを抱えるアスリートに対する心理アセスメント，そしてカウンセリングや心理療法がその主たるものである」といえます。スポーツカウンセリングの対象となる具体的な問題は，心因性動作失調，実力発揮の不出来，スランプ，運動部への不適応，食行動の問題，バーンアウト，アスリートとしての生き方の問題などさまざまです。

スポーツカウンセリングの定義や目的は，初めはある特定の側面に限定することとして述べられていました。たとえば，わが国では心理的コンディショニングに限定し直接競技力に関連するとしたもの，アメリカではスポーツ心理学者の第三のカテゴリーとして，臨床／カウンセリングスポーツ心理学者をあげ，彼らが抑うつ，不安，薬物依存，対人葛藤などに関連する重い情緒的な問題をもった選手を支援するものとされました。実際のスポーツカウンセリングはこのような狭い範囲に限定できるわけではありません。カウンセリングは，「心理的に困っている人を援助するという実際的な要請に応えて行なわれてきて」おり，スポーツカウンセリングも心理的コンディショニング対策だけではなく，また，問題行動や病を抱えた選手への援助に留まるものでもないのです。選手だけでなくそれに関わる指導者も含めて対象者の生き方全体に関わってくるもので，適用範囲は広いと考えられます。

また，スポーツカウンセリングでは，通常のカウンセリングと同様に，選手や指導者が抱える悩みや問題は，彼らが成長するためのきっかけ（芽）となるものであると考えています。悩みや問題を抱えた選手や指導者の語ることを傾聴しながら，心の世界に寄り添うカウンセラーに支えられて，アスリートや指導者の成長が促進され，結果として問題解決していくと考えているのです。

2 アスリートの訴えの特徴

アスリートの問題は，背景にさまざまな問題を抱えていたとしても，多くは「競技力向上」，「人間関係」，「身体に関わるもの」の問題として表されるようです。

競技の場は，勝敗を争うところであり，アスリートが自分自身の実力を発揮して，勝ちたい，優れたい，と思うのは当然のことです。そういった競技の場において，アスリートから「なかなか勝てない」「実力発揮できない」「スランプだ」，そのために「メンタルトレーニングを教えてほしい」「心理的アドバイスがほしい」などの直接競技力向上に関わる訴えがあるのは自然なことです。その時に，競技力向上のための心理教育やアドバイス，あるいは直接競技力向上を目指す心理スキルトレーニングを導入することがまず考えられます。しかし，そうだとしても，その適用は慎重にしてほしいと思います。その訴えの背景にある問題が何であるかをまず第一に見極めねばならないのです。簡単に指導やアドバイスをすると，真面目な選手ほどそれに従おうとしますが，そのこと自体が心理的問題を含んでいるからです。また，ポジティブな側面のみを強化する心理トレーニングではすまないことがあるからです。

次に，「人間関係」の問題は，たとえば「○○と気が合わない」「指導者と合わない」「先輩がいじめる」「上下関係が嫌だ」などで示されます。「身体運動は常に自分自身が思わぬところであらわになる体験である」ので，身体を動か

▷6　中島登代子（2004）．スポーツカウンセリングの専門性　臨床心理学，**21**，353-359．

▷7　スポーツ心理学会（編）（2008）．スポーツ心理学事典　大修館書店

▷8　長谷川浩一（1979）．試合（Game）の心理　松田岩男ほか（編）スポーツと競技の心理　大修館書店　pp.281-333．

▷9　Cox, R.H., Qiu, Y., & Liu, Z. (1993). Overview of sport psychology. In R.N.Singer, M.Murphey, & L. K. Tennant (Eds.), *Handbook of research on sport psychology*. Macmillan. pp.3-31.

▷10　河合隼雄（1992）．心理療法序説　岩波書店

▷11　中島登代子（1996）．スポーツと心身の癒し——心理臨床学的視点　江田昌佑（監修）スポーツ学の視点　昭和堂　pp.129-145．

すことは，内面にある通常ならあまり表出されない心の世界を表さざるを得なくします。そのため，アスリートは日常の練習や試合で，それぞれの選手によって表現される意識的・無意識的な心や身体の動きを感じ取り，相互にそれを調整しながらプレーや演技を行っている，と考えることができます。いわば，日常的に人間関係のトレーニングを行っていることになります。しかし，嚙み合わないプレーがあったり，気持ちが通じなかったりすると，競技行動上の問題だけでなく，人間関係の問題も生じてくるのです。長期にわたって同じアパートや合宿所に住み，同じ場所で練習するといった状況ではますます人間関係が複雑となります。心理的に接近し過ぎて，適切な距離を取りながら人間関係を調整していくことが難しくなり，その時に人間関係の問題が生じるのです。特に女性アスリートは，人間関係の調整がより複雑で，いじめ，ストレス，あるいは身体症状として問題化することがあります。さらに，日本的な上下関係がそれに加味されると事態はますます複雑となります。人間関係の問題は単に人との関係の問題としてだけでなく，それをきっかけとして，心の奥底に隠されている，その選手自身が抱えている心理的問題を表面化させることもあります。

3つ目の「身体に関わるもの」は上述の2つに関連する問題です。実際の競技上での過剰なストレスによって身体の動きが通常のようにできなくなったり（プレーの不調や混乱），怪我を発生させたり，あるいは食行動の問題，ヒステリーなどを引き起こすことがあります。アスリートは日常的に身体を使って競技を継続しているので，心理的問題としてよりも，それが影響した身体に関わる問題として表面化することが多くなるのです。

③ スポーツカウンセリングの特殊性

アスリートは，競技に打ち込めば打ち込むほど，あるいは競技レベルが上がれば上がるほど，全人格をかけて競技に関わっていきます。また，身体を動かすことは通常よりも心理的問題を表面化させやすいようです。したがって，競技の場は通常ならば隠されている心理的問題を表面化させやすい状況となります。しかし，多くのアスリートは競技することが守り（支え）となって，心理的問題をそれほど表面化させることなく競技を継続しています。しかし，そのような守り（支え）が崩れた時，問題がかなり深刻になる可能性があります。単に競技行動上の問題だけでなく，神経症や精神病レベルの問題をも生じさせることがあるのです。したがって，スポーツカウンセリングでは，表面上の訴えだけでなく，その背景にも注意深い配慮が必要です。

アスリートがたとえば，怪我や病気で競技を中断あるいは休止せざるを得ない時，なかなか競技力が向上しない時などには，まず怪我の治療のために医療に関わることや，競技力向上のために心理スキルトレーニングを実施すること

が考えられるでしょう。そのことによって問題が解決すればよいのですが、時にはそれではすまないことがあります。いつもやれていたことがやれなくなったり、なかなかうまくいかなかったりするので、悩み苦しむことになります。悩み苦しみながらも、それを乗り越えられる時には、人格的な深さや広さを増し、それが心の成長の機会となります。しかし、競技にのみ同一化（sport only identification）しているアスリートほど、競技での悩みや問題、不適応は深刻な問題を発生しやすく、また、心理的な基盤の弱い選手ほど、競技をすることで守られている自我の守りが弱くなることになり、大きな心理的問題を引き起こします。アスリートとしての不適応が運動部やチーム、そして学校や会社での不適応ばかりでなく、神経症や精神病を発症させる危険性が大きくなるのです。オリンピックのメダリストがその後の伸び悩みからうつ的になり、自殺に至った例がありました。また、同様の例はスポーツ臨床やスポーツ精神医学の文献に示されています。

スポーツカウンセリングでは、さまざまな悩みや問題を訴えて来談したアスリートに対してアドバイスや指導によって解決しようとすると、かえって問題を悪化させる危険性があると考えています。その悩みや問題はアドバイスや指導では解決できないために生じているのであって、それに従うことは問題となっている考えや行動をかえって強めることに繋がりかねないのです。真面目なアスリートほどアドバイスや指導に従順なので、注意深い配慮が必要です。

❹ アスリートの心と身体

アスリートの心理的問題は、たとえば動作失調、スランプ、実力が発揮できないなどの競技遂行上の心理的問題、バーンアウト、そして強迫性障害やパニック障害などの神経症レベルの問題として生じます。しかし一方では、怪我、摂食障害、ヒステリー（身体表現性障害、解離性障害）などの身体レベルの問題として生じることがあります。つまり、負傷頻発、拒食症、ヒステリー性健忘、失声などの身体症状として顕在化するのです。したがって、アスリートの怪我、動きの不調や混乱、ヒステリー症状（心因性の失明や失声など）、摂食障害、心身症などは身体レベルのものとしてだけではなく、心の表現としても捉えていくことが必要です。心と身体が共時的に**布置（コンステレーション）**されているのです。心で起こっていることは身体のことでもあり、身体で起こっていることは心のことでもあるのです。身体症状を身体のこととしてだけでなく、心理的問題が内包されていると考えると、アスリートの心の世界の理解が深まるはずです。そして、その問題の解決のために行われる身体的な治療には、心理的な配慮もまた必要とされることがわかります。

（鈴木　壯）

▷12　橋本克彦（1999）．オリンピックに奪われた命──円谷幸吉、三十年目の新証言　小学館

▷13　たとえば、スポーツ精神医学会（編）（2009）．スポーツ精神医学　診断と治療社

▷14　布置（コンステレーション）
「全く関係ないと思われたいくつかの事象が、ある『関係性』の相において、互いに『布置』されているとき、それらの事象が起こったときや、あるいは類似の観念の想起にあたって、突然、その内包する『意味』が見えてくることをいう。（中略）『意味』にかかわる体験の背後に布置されていると考えられる事態全体を一瞬に捉えるありかた」である（山中康裕（1993）．コンステレーション　サミュエルズ, A. 山中康裕（監修）ユング心理学辞典　創元社　pp. 57-58.）。つまり、コンステレーションを読み解くと、無関係のように見えることが、全体的な意味を含んだことに見えてくることになる。

IX　スポーツ臨床

2　スポーツとパーソナリティ形成

1　スポーツはパーソナリティを形成するのか

　スポーツに長く専心してきた人ならば,「スポーツをしてきたおかげで今の自分がある」といった自分自身の性格や生き方がスポーツ経験によって形成されたという思いを抱くことがあるでしょう。スポーツマン的性格と評される明朗さ,積極性,忍耐力などは,スポーツ選手のポジティブな心理的側面を表した一般的なイメージでしょうし,スポーツは青少年の全人的な教育に役立つとの一般的通念はいまだ根強くあります。一方で,「異なった性格だったら,もっと活躍できたのに」と,自分の性格特性が競技にふさわしくなかったとの消極的な思いを抱いたことのあるスポーツ経験者もいるでしょう。ここからは,高い成績を収めることのできる競技者には,その競技に必要とされる競技心性が先天的に備わっていたとも考えられます。スポーツの経験は**パーソナリティ**[1]の形成に寄与するのかどうか,この課題に対する研究は古くから行われており,いつの時代も古くて新しい課題といわれています。

2　パーソナリティ研究の概観

　中込は,これまでのスポーツとパーソナリティの関係について扱った研究を次の3つの観点から整理しています[2]。1つは,スポーツ経験の質・量的差異からの比較で,身体的コンピテンス,パーソナリティテストなど,幅広くパーソナリティを捉えて従属変数とし,それらに影響すると想定された説明変数に,経験年数,種目差,経験の有無などを用いています。結果に一貫性はなく,たとえば経験年数によって従属変数の得点に有意差が示された研究もあれば,関係は認められないという報告もあります。次に,たとえば数日間のスキー実習体験によって自己概念が変化するのかといった,短期・集中的な運動体験とパーソナリティとの関係を明らかにした研究です。概ね肯定的な変化が認められた報告が多く,これらの研究は,後に運動による精神的健康の維持・向上に関するメンタルヘルスや,自然のなかでの運動体験の効果に関する冒険教育領域などで援用されています。そして,うつや神経症,情緒障害などの精神疾患に対する運動の治療効果を検証した研究があります。症状の抑制や改善などある程度の効果が認められており,心理療法の補助的手段として期待できます。
　これらの研究の多くは,スポーツとパーソナリティとの相関関係を支持する

▷1　**パーソナリティ**
(personality)
人の行動様式,思考パターン,感情表出の仕方といった個人差であり,時間的・空間的な一貫性が比較的安定している心理構造を意味する。人格や性格と訳されることもあり,ほぼ同義で用いられることが多いが,「指導者は人格者であるべき」のように,人格という言葉には,価値判断的な意味合いが含まれることが多い。ここでは,パーソナリティ,人格,性格をほぼ同義に捉え,その意味としては,先天性が高く変容しにくい部分と絶えず変化,発展していく部分とを含む幅広い捉え方をしている。

▷2　青年アスリートがスポーツ場面で体験する危機様態と彼らのアイデンティティ形成について明らかにした一連の研究がまとめられている。第1章の序論で,スポーツとパーソナリティに関係する論文をレビューしている。後半の章では,どのような体験が青年アスリートのアイデンティティ形成に寄与するかについて,体験の質に迫る事例研究が一部採用されている。
　中込四郎 (1993). 危機と人格形成　道和書院

結果を示していますが，実際のところ個人のスポーツ体験は多様であり，各個人がどのような体験をしているのかといった体験の質についての討議が必要と思われます。今後は，なぜスポーツ体験によってパーソナリティが形成されるのかといった心理的変容のメカニズムに迫る研究が求められます。

③ スポーツ選手の心性

　パーソナリティ変容のメカニズムは複雑な上，理解するための方法論的な難しさも相まって，パーソナリティ研究の関心は実際の実力発揮場面における心理的側面へとシフトしました。一連の研究は，「精神力」と広く曖昧に表現されてきた心理的側面を，「集中力」「情緒コントロール」「自信」など，トレーニングによって強化・向上可能な心理的能力としてその構成要素を明らかにしました。現在では，**心理的競技能力診断検査**をはじめとする各種心理テストが開発され，心理スキルトレーニングに広く使われています。現在は，心理的競技能力をどのように高めるかに注目が集まっていますが，ここで取り上げられる心理的競技能力は，パーソナリティのポジティブな一側面ともいえます。

　ポジティブな側面への注目は，「スポーツ選手は健康的でなければ高い競技成績をあげることはできない」との主張も後押ししていますが，一方で心理サポートを求めるトップレベルの選手の臨床像からは，ポジティブな一側面だけで選手を理解することに限界を感じずにはいられません。競技に対する強いコミットメント，強迫的なまでの体重管理，審美的要素のある競技を行う競技者に多い自己愛的傾向，対人関係での高い感受性など，一般的な「健康」では理解できない特性を有している印象をもちます。これらは決してネガティブなものではなく，むしろそのような心性が，競技の推進力になっているとも感じられます。このような心理サポート現場からの声は，競技者のパーソナリティをこれまでとは異なる層から明らかにせよとの要請でもあり，その取り組みは，より立体的な選手の全体像を浮かび上がらせると期待できます。また，表層的な心理的競技能力の向上によってのみ競技力の向上を目指すのではなく，パーソナリティに触れることでも同じ効果を期待できる裏づけとなるでしょう。パーソナリティに迫るとは，いい換えれば，その人そのものを理解することです。人間は，自身が全身全霊で取り組むものに自分らしさを表現します。競技者なら競技パフォーマンスです。競技者への心理サポート経験が豊富な船越は，「試合とは全人格の勝負である」と述べ，心理スキルの強化も有効ではあるが，「一時的な効果を期待する心理は実りが少ないのではなかろうか」と，全人格的な成長が競技者には求められると指摘しています。

　スポーツは全人的教育に役立つのか，その実証に繋がる研究の積み重ねはいまだ必要で，いつまでも古くて新しい課題かもしれません。

（武田大輔）

▷3　**心理的競技能力診断検査**（DIPCA）
通称，DIPCA.3と呼ばれている質問紙検査。
　徳永幹雄・橋本公雄(2000)．心理的競技能力診断検査　トーヨーフィジカル
⇨ Ⅶ-3，Ⅷ-3 参照。

▷4　Morgan, W. P.(1978). Sport personology：The credulous-skeptical argument in perspective. In W. F. Straub（Ed.）, *Sport psychology：An analysis of athlete behavior*. Movement, Ithaca. pp.330-339.

▷5　中込は，アスリートの心理相談の経験からだけでなく，心理アセスメント技法（ロールシャッハテスト）を用い競技者の心性を検討し，その特徴を捉えている。また，ロールシャッハテスト以外にも，アスリートに対する心理サポートに臨床心理査定を導入している専門家がおり，たとえば風景構成法を用いる専門家からは，アスリートの描画表現に病的なサインと受け止められる部分と健康的なサインと受け止められる部分とが混在し，一般の臨床心理学モデルからの理解には限界があるとの指摘もある。
　中込四郎(1989)．運動選手のロールシャッハ反応　ロールシャッハ研究，31, 85-94.

▷6　船越正康(2000)．世界一を競う選手たちの心理　杉原隆ほか（編著）スポーツ心理学の世界　福村出版　pp.127-135.

IX スポーツ臨床

3 運動部活動における不適応

1 不適応の理由

　所属する運動部集団において不適応感をもつことは，アスリートにとって最もつらく，厳しい状態といえます。それは彼らにとって，競技を継続し自己を発揮する場を失うという物理的な危機であり，同時にこれまでの状態（取り組みの質や立場など）を続けていくことが困難であるという内面的な危機に直面することだといえるからです。彼らの相談は当初，非常に問題（理由）が明確なように見えます。青木は，高校運動部における離脱者の主要な理由として「人間関係の軋轢」「他にしたいことがある」「勉強との両立」「怪我」などを報告しています[1]。また他の研究報告からもほぼそれを支持する結果が得られています。つまり，彼らが最初に自覚する不適応感は，外界に多くの要因があるかのようにみえることがあるのです。しかし，運動部での適応感を規定する要因から検討してみると，むしろ部内における自らの関与や感情が重大な要因となっていることがうかがえます。たとえば中学生から大学生を対象とした桂・中込の研究では「部内における自己有能感」「部の指導者・運営」「制約・束縛感」「種目・部活へのコミットメント」「対チーム感情」と5つの要因を同定しています[2]。このように見てみると，不適応の問題は所属する集団における居心地の悪さについて，さまざまな角度から理解を深める必要があるといえます。

2 運動部活動における不適応の背景

　相談に訪れるアスリートのなかには，集団への不適応が引き金となって神経症レベルの身体症状や，うつに代表されるような精神的な症状を呈することがあります[3]。それは，彼らが競技に多くの時間や心理的経済的な投資をしてきたことに関わりがあります。競技レベルによらず，この高い自己投入を続けてきたアスリートは，競技をよりどころとしてアイデンティティを確立しているといえます。したがって，競技集団に不適応感を抱くということは，自身のアイデンティティを揺るがす非常に大きな心理的な出来事ということができます。

　ところで，これまで多少の問題はあっても競技を続けてきたアスリートたちが離脱を考えるような強い不適応感をもつということには，どんな意味があるでしょうか。独特の環境下に生きてきたアスリートの理解のためには，アスリートの競技活動，あるいは競技してきた背景を理解する必要があります。

[1] 青木邦男（1989）．高校運動部員の部活動継続と退部に影響する要因　体育学研究, 34, 89-100.

[2] 桂和仁・中込四郎（1990）．運動部活動における適応感を規定する要因　体育学研究, 35, 173-185.

[3] 菊地直子（2009）．大学運動選手の不適応についての事例研究——スポーツにおける対象喪失　仙台大学紀要, 40(2), 137-249.

わが国では，子どもたちの体力・運動能力がともに低下している一方で，オリンピックなどの国際舞台で活躍する日本人が増えてきています。彼らのほとんどは児童期・思春期の多感な時期から競技生活を送っています。これは，スポーツ競技が他の分野より比較的若い時期にピークを迎えることと重要な関係があるようです。ボッテリル（Botterill, C.）は，アスリートについて「彼らは生活におけるさまざまな選択の連続のなかで，競技を最優先事項としなければならない状況下にあり，時には，競技に自己投入する裏で社会生活を営んでいくための多くの対象を無視し，犠牲にしているのではないか」と指摘しており，競技スポーツが若年化していることを合わせて考えると，不適応には心理的な発達に関連する課題が関わっていることが推察されます。

3 理解と対応

青年期後期にさしかかった大学スポーツ選手の臨床実践についての報告からは，さまざまな主訴にもかかわらず，その多くは広義の自立やアイデンティティの確立といったテーマを背景にしていることが多いことが指摘されています。したがって，運動部活動での不適応についても彼らの心理的発達過程のなかの出来事として理解していくことが大切です。

細川・中込は，運動部不適応を問題として来談したアスリートを対象に，風景構成法という描画を手がかりにしてその心性を明らかにしています。対象者の風景画における共通の特徴とその意味づけから，①全体的な風景構成の不整合に見られる「周辺環境の位置づけの問題」，②奥行き感のなさや山・道に見られる「将来の見通しのなさ」，③人や動物あるいはその関係性に見られる「人間関係の希薄さ」，④不自然な田の構成に見られる「自己実現の場の未確立」が指摘されています。特に，「自己実現の場の未確立」は，彼らの所属集団においての目的の違いや関係性，立場や役割等に対する適応の悪さを連想させます。そして「風景構成の不整合」には，どのように位置づけしてよいかわからない自分自身のまとまりの悪さを感じます。このような特徴から，彼らが遭遇しているのは単にその所属集団との関係だけではなく，これまでの自分自身の取り組みへの問い直しの意味があることがうかがえます。

したがって，このような場合は**スポーツカウンセラー**などの専門家に相談し，支えてもらうことも有効な対応といえます。傾聴し，共感してもらうことで，彼らは心理的な課題と向き合い，取り組むことができます。そして心理的安定を取り戻し，「自分にとって競技をすることの本当の意味」について理解を深めることが，ひいては人格の発達に繋がると考えられるのです。このように彼らの不適応感を単に不適応のきっかけとなる要因の理解でやめてしまうと，表層的な理解にとどまり，彼らが真に向き合うべき心理的な課題を見落としてしまうことがあるので注意が必要です。

（菊地直子）

▷4　文部科学省（2009）．平成20年度体力・運動能力調査結果

▷5　Botterill, C.（1982）. What 'endings' tell us about 'beginnings'. In T. Orlick, J. T. Parrington, & J. h. Salmela（Eds.）, *Mental training for coaches and athletes*. Coaching Association of Canada and Sport in Perspective. pp. 164-165.

▷6　中込四郎（2004）．アスリートの心理臨床　道和書院

▷7　細川佳博・中込四郎（2000）．部活動での不適応を訴えた事例の風景構成法の検討　臨床心理身体運動学研究，**2**，41-52.

▷8　**スポーツカウンセラー**
⇒IX-1参照。

IX スポーツ臨床

4 運動部指導者の葛藤

運動部活動の指導をするなかで，指導者は生徒の反発，勝つことへの過度なプレッシャー，そして周囲からの過剰な批判など，実に多様な問題事象に遭遇しています。そして，そのなかで悩みを強める指導者も少なくないでしょう。このような現象に関して，これまでの研究では，問題事象に対する適切な指導方法，またはストレスやバーンアウトといった視点から悩みを治める方法について考えられてきました[1][2]。ここでは，指導者がどのように悩んでいるのかについて改めて考えるために，問題事象において指導者が抱く葛藤[3]に焦点を当てて説明していきます。

1 葛藤を抱く指導者の現状

従来から運動部活動は，競技力を高める活動の場であると同時に，スポーツを通した教育活動の場でもあると考えられています。そのため，指導者は周囲から「コーチとしての顔」だけでなく「教育者としての顔」も期待されており，その期待される役割の多様さから多くの葛藤を抱くことになるといえます。

小谷らは，中学・高校の教師である運動部指導者が日々の指導のなかで抱える葛藤の内容の抽出を試みています[4]。その結果，指導者は「指導援助」，「部活動の方向性」，そして「周囲との関係性」に関わる問題から葛藤を抱くことが多いということを明らかにしています。さらに，経験年数によって指導者が遭遇する問題の内容が異なります。同研究では，若年の指導者に関しては「部活動の方向性」に関する問題から葛藤を抱くことが多く，年輩の指導者においては「指導援助」に関わる問題から葛藤を抱くことが多いという傾向が認められています。つまり，若年の指導者は，自身の指導方針が確立されていないために方向性に悩むことが多くなり，一方，年輩の指導者においては，指導者自身の方針が確立しているがそれを貫くべきか否かという悩みを抱くようになると考えられます。

2 葛藤を抱くなかで指導者はどのような体験をしているのか

では，指導場面で直面する葛藤状況において，どのような欲求や考えが指導者個人の内面で対立しているのでしょうか。小谷らは，葛藤を抱く指導者の内的体験を個別事例から明らかにしています。指導場面では，勝利への執着心と同時に生徒個人の成長への願いといった欲求や，指導者個人の欲求と他者への

---

[1] 北村勝朗・齋藤茂・永山貴洋 (2005). 優れた指導者はいかにして選手とチームのパフォーマンスを高めるか？——質的分析によるエキスパート高等学校サッカー指導者のコーチング・メンタルモデルの構築 スポーツ心理学研究, 32, 17-28. など多数ある。

[2] Kelley, B.C. (1994). A model of stress and burnout in collegiate coaches: Effect of gender and time of season. Research Quarterly for Exercise and Sport, 65, 48-58. など多数ある。

[3] 葛藤
葛藤とは，大別して対人との対立から生じる個人間葛藤と個人の内面において対立が生じる個人内葛藤の2つの現象から捉えられてきているが，「相互に相容れない欲求，動機，感情，価値観などの間に対立が存在し，個人に緊張をもたらしている状況」という点では共通している。こうした葛藤を捉える視点として，接近−接近型，接近−回避型，回避−回避型といったレヴィン (1957) の分類に，二重の接近−回避型を加えた4つの類型がよく使用されている。
レヴィン, K. 相良守次・小川隆（訳）(1957). パーソナリティの力学説 岩波書店

配慮から生起する欲求など，さまざまな欲求が指導者のなかで混在しています。そして，そのような欲求が対立・矛盾して葛藤を引き起こしているといえるでしょう。さらに，小谷らの研究では，さまざまな欲求が対立・矛盾する背景には，「どのような活動をすればよいのか」や「今までの指導でよいのか」といった指導観の揺らぎが指導者のなかで生じていることを明らかにしています。つまり，指導者が抱く葛藤は，単なる二者択一的な問題ではなく，指導観の揺らぎによる問題であるといえます。そして，そのように考えると指導者にとって葛藤は，新たな指導観を築いていく作業になるとも考えられます。

❸ 葛藤を抱きやすい指導者と抱きにくい指導者の違いとは

葛藤を抱きやすい指導者と抱きにくい指導者との間にはどのような違いが見られるのでしょうか。小谷らは，問題事象に対する取り組みによって指導者の葛藤生起のパターンを分類し，**熟慮葛藤**，**焦慮葛藤**，**熟慮決定**，**短慮決定**の4つのパターンを認めています。そして，最も葛藤を抱きやすい焦慮葛藤は，他者からの評価に捕われると同時に，自分に対する自信の無さから葛藤を抱くという特徴があり，一方，葛藤に対して適切に対処している熟慮決定では，指導者の揺らがない態度と同時に，他者の意見を受容することができる態度によって葛藤を抱かないという特徴があるといった違いを明らかにしています。

また，一言に「葛藤を抱く」あるいは「葛藤を抱かない」といっても，葛藤を引き起こす過程によって葛藤の質的な様相が異なることがあります。対人葛藤の研究では，「葛藤を抱かない」という状態が，問題事象に対して積極的に取り組んだ結果というよりも，むしろ問題事象を回避して葛藤を抱かないようにしている方が多いのではないかと指摘されています。つまり，問題事象に対する取り組みによって，葛藤状況に伴う体験の意味合いが異なってきます。

❹ 指導活動のなかでの葛藤体験のもつ意味とは

葛藤を繰り返し経験するという事態は，指導者のストレスを強め，指導に悪影響を及ぼすことになるでしょう。しかしながら，葛藤を解決することで，指導することへの喜びややりがい感を得ることにもなります。安藤は，教師が抱く葛藤に対して，「様々な側面から教師によせられる理想的な教師の行動への期待を多く認識し，自覚し，それらをどのように自らの教師としての行動のなかに取り込んでいくかについて，考えを深める契機として重要な意味を持っている」と指摘しています。つまり，部活動場面においても，そこで葛藤を抱く指導者は，その体験のなかで，自身が置かれている現状を見つめ直し，考えを深め，自身の態度を改めて模索する体験をしていると考えられます。

（小谷克彦）

▷4 小谷克彦・中込四郎 (2003). 運動部活動において指導者が遭遇する葛藤の特徴 スポーツ心理学研究, 30, 33-46.

▷5 小谷・中込 (2003). 前掲書.

▷6 **熟慮葛藤**
問題事象に対してさまざまな情報を収集し，落ち着いて取り組もうとするがなかなか実行に移せなくて，葛藤を抱くパターン。

▷7 **焦慮葛藤**
問題事象に対応することができずに焦りやイライラが伴い，問題事象を避けるかもしくはなかなか決定ができないパターン。

▷8 **熟慮決定**
問題事象を回避することなく取り組み，実行もすぐに移すことができて葛藤を伴うことが少ないパターン。

▷9 **短慮決定**
問題事象に対して十分な検討をせずに短絡的に決定して葛藤を抱かないパターン。

▷10 小谷克彦・中込四郎 (2008). 運動部指導者の葛藤生起パターンごとにみられる対人関係の中での自己知覚の特徴 スポーツ心理学研究, 35, 1-14.

▷11 田川隆博 (2002). 青年期の友人関係における対人葛藤解決方略論再考——葛藤回避を組み込む分析枠組みの構築 中部教育学会紀要, 2, 1-14.

田村敏昭 (2004). 内的葛藤を失った現代青年——臨床事例からの理解 総合人間科学, 40, 17-26.

▷12 安藤智子 (2005). 教師の葛藤対処様式に関する研究 多賀出版

IX スポーツ臨床

5 スポーツ傷害と心理

1 どうして怪我をするのか

　スポーツ活動に怪我はつきものであり，避けては通れないといってもよいでしょう。では，どうして怪我をするのでしょうか。身体的要因（年齢，経験，疲労など）や環境要因（競技施設，用具など）については，察しがつくと思いますが，ここでは心理的要因について考えてみたいと思います。

　アンダーセン（Andersen, M. B.）らは，**ストレス認知評価モデル**[1]をベースとして，ストレス－スポーツ傷害モデルを提唱しています[2]。これは，プレッシャーのかかる競技場面において，その状況をストレスフルであると認識した場合，筋緊張や視野が狭くなるといった生理的反応を生じさせ，怪我の発生率を高めるというものです。また，**パーソナリティ**[3]，**ストレッサー歴**[4]（日常生活含む），**対処資源**[5]という背景に潜む要因が，間接的に影響しているとしています。

　さらに，オジルビー（Ogilvie, B.）らは，一部のスポーツ選手における無意識的動機に着目し，怪我を頻繁に繰り返す「負傷頻発選手」の存在を明らかにしています[6]。この負傷頻発選手に共通するパーソナリティ特徴には，高い要求水準や対人関係における疎通性の低さ，愛情や承認の欲求，強い劣等意識や疎外感などが背景に存在していることが示唆されています[7]。

2 怪我はこころにも傷を負わせるのか

　スポーツ選手の怪我に関連した心理的な訴えは，抑うつ，不安，焦燥感の訴え，身体的には治癒しているにもかかわらず復帰への不安の訴えなど多様に存在します。ピアソン（Pearson, L.）らは，怪我をした61名のスポーツ選手を対象に調査を行い，負傷した選手は健常な選手と比較して，高い緊張，敵意，失望感，そして疲労感や情緒混乱を示していたことを報告しています[8]。

　怪我により以前ほどプレーできなくなった選手は，大切なものを失ったかのような思いに陥ることがあります。これは一種の喪失体験に類似するともいわれています。キューブラー・ロス（Kübler-Ross, E.）は，死を宣告された臨死患者の心理過程を5段階モデルとして同定しており，このモデルを下敷きにした研究もいくつか見られます。そこでは，負傷者の心理変化として，「否認」→「怒り」→「取り引き」→「抑うつ」→「受容」といったプロセスを辿り，最終段階である受容，つまり負傷という現実を認識し，回復へのリハビリテー

▷1　**ストレス認知評価モデル**
ラザルスとフォルクマンが提唱したストレスモデル。ラザルス, R. S.・フォルクマン, S.　本明寛ほか（訳）(1991). ストレスの心理学　実務教育出版を参照。

▷2　Andersen, M. B., & Williams, J. M. (1988). A model of stress and athletic injury : Predicting and prevention. *Journal of Sport and Exercise Psychology*, 10, 394-306.

▷3　**パーソナリティ**
⇒ IX-2 参照。

▷4　**ストレッサー歴**
近親者の死，引っ越し，結婚などの生活上の出来事や変化など。

▷5　**対処資源**
家族や友人，チームメートから受けられるソーシャルサポートの有無。
⇒ VII-7 参照。

▷6　Ogilvie, B., & Tutko, T. (1966). *Problem athletes and how to handle them*. Pelham.

▷7　上向貴志ほか (1994).「負傷頻発選手」の心理的背景　筑波大学体育科学系紀要, 17, 243-254.

ションに対して前向きに取り組むことができる状態になることが望ましいと報告されています。[10]

3 スポーツ傷害（障害）のもつ意味とその見方

○スポーツ傷害（障害）の意味

スポーツ選手を対象とした心理相談では、試合での実力発揮や競技への意欲、怪我、スランプ、人間関係といった多様な訴えが見られます。鈴木は、「負傷やスランプは、内面にある問題が表面化し、競技が首尾よく進まなくなっている状況と考えることができる」と述べ[11]、スポーツ選手の心理サポート事例から負傷やスランプの心理的な意味について考察を行っています。そこでは、度重なる負傷と痛みについて、「競技について思い悩む時期や選手としての転機に痛みが発生し、痛みはその時点での心理的限界に達していることを示すと同時に、その限界を突破していく時の痛みでもある」と述べています。事例の詳細は文献を参照されたいと思いますが、つまり競技力の向上や人間的な成長が遂げられる時点と前後して、負傷あるいは痛みが同期して起こっていることがわかります。

○スポーツ傷害（障害）の見方

中込は、心理相談に来談してくるスポーツ選手の多くの事例から、「スポーツ障害の見方」として示しています[12]（図IX-1）。ここでのスポーツ障害とは、怪我や傷害をも含むさまざまな競技上の滞りを意味するものです。図IX-1では、大きく外界（見える世界）と内界（見えない世界）、そして自我親和的（意識レベルで受け入れられる）と自我異和的（受け入れがたいもの）という2つの側面に分割されています。それぞれの4領域が、上下では相互に影響し、左右では同期する、また斜めにも関連しているわけです。具体的に想定してみると、スポーツ選手が心理的に成長する時に、身体的問題（怪我や痛み）を出すことがあります。つまり、「心理的成長」が「スポーツ障害」を引き起こし、あるいは「こころの課題・問題」と「競技力向上」が繋がってくる場合もあるわけです。したがって、怪我などのスポーツ障害という外界での事実に対して、心理的成長やこころの課題・問題という内界での事実を背景に認めたり、また同期するといった見方をすることがスポーツカウンセラーには求められるでしょう。

（上向貫志）

▷8 Pearson, L., & Jones, G. (1992). Emotional effects of sports injuries: Implications for physiotherapists. *Physiotherapy*, **78**(10), 762-769.

▷9 キューブラー・ロス, E. 川口正吉（訳）(1971). 死ぬ瞬間——死にゆく人々との対話 読売新聞社

▷10 上向貫志 (2000). スポーツ傷害における心理サポート 杉原隆ほか（編著）スポーツ心理学の世界 福村出版 pp.226-237.

▷11 鈴木壯 (2004). 負傷（ケガ）・スランプの意味、それらへのアプローチ 臨床心理学, **4**(3), 313-317.

▷12 中込四郎 (2004). アスリートの心理臨床 道和書院 pp.11-14.

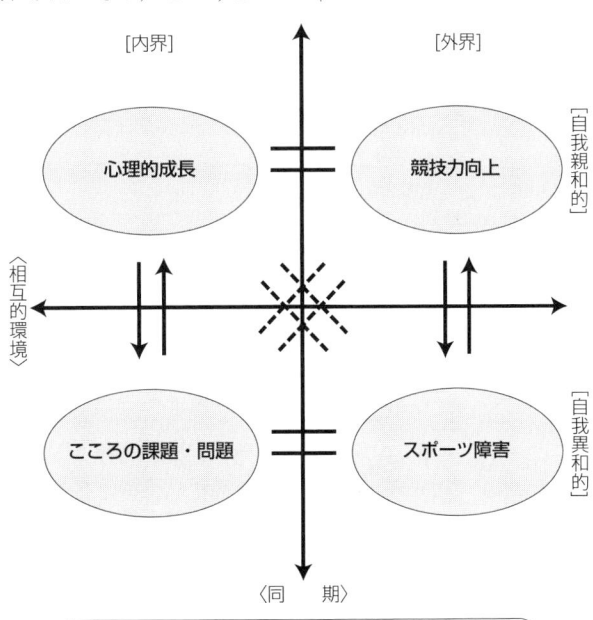

図IX-1 心理相談におけるスポーツ障害の見方

出所：中込（2004）．より。

IX スポーツ臨床

6 アスリートにおける食行動問題

1 アスリートの食行動問題

スポーツ競技，特に身体そのものの美しさやバランスが重要視されるような種目を見る時，その陰に選手の並々ならない努力による体重のコントロールを窺い知ることができます。スポーツ競技環境は，勝利至上主義的でありパフォーマンス向上が最優先され，そのために行われる行動は不健康なものであっても正当化されてしまう側面をもっているといえます。したがって，競技者の間には極めて多くの食行動問題が広まっている可能性が高いと言わざるを得ません。欧米では，1980年代以降で競技者の食行動問題が急増し，その対応が急務となりましたが，わが国では競技者の食行動問題が表面化しづらく，対応の遅れが懸念されています。

競技者の食行動の問題には，大別すると神経性食欲不振症（以下，拒食症）と神経性大食症（以下，過食症）の2つがあります。これは，一般的に摂食障害（eating disorders）として理解されます。前者は，摂食量を減らすことによって甚だしくやせ衰え，それでもなお強烈なやせ願望をもち続けるといった病態を示し，後者はむちゃ食いとそれを排出する浄化行動（吐く，下剤を使うなど）を繰り返すことが臨床的な特徴です。こうした診断には，医学的に定められた一定の基準を満たす必要があります。しかし，アスリートの食行動の問題は，たとえば試合に向けての厳格なカロリー制限，一時的な絶食やむちゃ食い，自発嘔吐，行き過ぎたトレーニング，計量前の下剤・利尿剤の濫用といった行為が主なもので，重篤なものは少ない（重篤なものに発展する恐れはある）のが特徴です。これらの行為は，体脂肪の減少がパフォーマンスの向上に寄与することや，競技シーズンの終了や引退で消失することもある一方で，現役を退いてもなお混乱を残し続ける場合もあるなど，どこまでが深刻な問題となるのかを判断するのが非常に難しいのです。したがって，中込は「彼らにとって問題となるのは，もはや体重の軽減が競技成績のアップの手段とはならず，体重の軽減それ自体が目的となってしまっている場合，また，摂食行動が自分の統制下にない場合である」と述べています。

2 アスリートの食行動問題の発生に関わるパーソナリティ的要因

一般的に摂食障害の患者には，完璧主義や達成欲求の高さ，強迫傾向などの

▶1 競技類型では，体操，新体操，フィギュアスケート，バレエ，などの審美的な（aesthetic）スポーツでリスクが高く，マラソンやノルディックスキーなどの耐久（endurance）スポーツ，柔道，レスリング，ボクシング，ボート，重量挙げなどの体重による階級制限（weight-class）のあるスポーツにも多いといわれている。

▶2 山崎史恵・中込四郎（2000）．スポーツ競技者の食行動問題――その独自の特徴と背景について　臨床心理身体運動学研究，2，7-25．

▶3 たとえば，アメリカ精神医学会によって定められた病理の診断基準を例示したもの（DSM：Diagnostic and Statistical Manual of Mental Disorders）がある。
American Psychiatric Association (2000). Quick reference to the diagnostic criteria from DSM-IV-TR. American Psychiatric Association. (American Psychiatric Association 髙橋三郎・大野裕・染矢俊幸（訳）（2002）．DSM-IV-TR　精神疾患の分類と診断の手引　新訂版　医学書院）

▶4 中込四郎（1994）．摂食障害への臨床心理学的アプローチ　臨床スポーツ医学，11，413-417．

独特のパーソナリティの特徴があるといわれています。そしてその特徴は，アスリートの競技への取り組みに非常に類似していることも事実です。彼らは常にトップを希求し，成功への忍耐と努力は並大抵のものではありません。常識をはるかに超える禁欲的な生活や過酷なトレーニングを自らに課しています。彼らは，競技を成功させるために完璧を求めますし，達成要求も群を抜いて高く，トレーニングに見られるように反復性・強迫性など多くの側面で摂食障害患者の傾向に近いところがあるのです。しかしそうだからといって，すべてのアスリートがこのような症状に陥るわけではありません。問題は，高すぎる自己達成意欲やコーチ・周囲からの期待などのプレッシャーが，そのような傾向に結びついてしまうことです。それらは時として，彼らの力となると同時に，強迫性をエスカレートさせる危険をはらんでいます。このような極限下で生じてくる競技者の食行動問題が，負傷やスランプといったネガティブな体験を契機に生じてくるということは，必然といえるでしょう。

3 アスリートの食行動問題の理解

競技者の食行動問題を理解するためには，一般的な摂食障害の患者の治療のように，生育史における妨げられてきた未解決の課題などに焦点を当てるより，個人がもつ課題が競技場面に置きかえられて生じていると考えることが有効であると考えられます。たとえば，摂食障害患者が求める深い愛情は，競技者の場合，競技場面での強い承認欲求へと姿を変え現れてきます。彼らが直面している同一性の課題は，まさに競技者としての自分をどのように位置づけるかという競技的文脈に則して語られることがあるからです。このように，アスリートの抱える心理的問題はしばしば最も原始的な食行動に「歪んだ自己表現」として反映されやすいといえます。

山崎は力動的な立場から，食行動問題を抱えたアスリートについて，自らの身体に対峙するかのような態度が強く，身体に内的な不全感・不信感を投影しやすいといった特徴を報告し，こうした態度が食事場面での身体感覚の疎外や体重コントロールへの固執，コントロール不能といった問題へ至る一因となっていることを指摘しています。また，彼らへの心理療法の面接資料から，彼らが自らの身体感覚や経験，さまざまな感情をセラピストに語り，受け止めてもらうことによって，身体に対する感じ方に変化が起こり，それに伴って食事への受容的態度が生まれるなど，カウンセリングの必要性を示唆しています。このようにアスリートの食行動問題は，単に食行動の異常そのものから問題の有無を判断するのではなく，その行為の背後にある心性や競技者の健康，あるいはパフォーマンスなどと合わせて考えていく必要があるのです。

（菊地直子）

▷5 上原徹（2009）．アスリートにみられる摂食障害 日本スポーツ精神医学会（編） スポーツ精神医学――診断と治療法 診断と治療社

▷6 山崎・中込（2000）．前掲書．

▷7 山崎史恵（2003）．摂食問題を抱えた競技者の心理的背景としての身体 筑波大学大学院体育科学研究科博士論文

IX スポーツ臨床

7 バーンアウトの発症機序

1 バーンアウトとは

　バーンアウト（burnout）は日本語で「燃え尽き」と訳されます。この問題を初めて報告したのはフロイデンバーガー（Freudenberger, H.J.）であると多くの文献で紹介しています[1]。そこでは「長い間の目標への献身が十分に報いられなかった時に生じる情緒的・身体的消耗」と定義されています。

　最初は，対人専門職に従事している人々（たとえば，教師，ソーシャルワーカー，そしてアスレチックトレーナーやスポーツコーチ）に認められる心理的問題とされていたのですが，1980年代中頃より，パフォーマンスの停滞やオーバートレーニングが引き金となり，無気力や抑うつなどの問題を呈した一部のスポーツ選手にもこの概念が適用されるようになりました[2]。その背景には，競技開始年齢の早期化，高度なトレーニング，心理的ストレスの増加，といった競技スポーツの高度化に伴う影響が考えられます。この問題に上手く対処できないと，競技継続の困難や運動部集団からの離脱を招きます。

2 バーンアウトの診断

　バーンアウトの診断は，大まかにいうと，「状態像」と「発症過程」の2通りの情報を手がかりとします。岸らは，マスラック（Maslach, C.）らのバーンアウト尺度を下敷きに[3]，4つの下位要素（バーンアウトに陥った選手の状態像）からなるスポーツ選手用の尺度を開発しています[4]。しかしながらこの尺度から求められる問題の程度のみでバーンアウトであると診断するには無理があります。なぜかというと，バーンアウト以外の心理的問題を抱えた選手であっても，上述のような状態を示すことがしばしばあるからです。むしろ，これらはスポーツ選手が心理的問題を抱えた時に，比較的共通して出してくる状態像として捉えておく必要があります。

　そこで，診断をより確かなものとするために，問題が発症するまでのプロセスに関わる情報を加えます。中込らは，バーンアウト選手の事例を検討し，発症のプロセスに「成功体験→熱中→停滞→固執→消耗」といった大まかな流れを認めています[5]。つまり，過去に活躍し，高いモチベーションでトレーニングに取り組んできたが，何らかの障害（怪我，人間関係でのトラブル，競技会での失敗など）がきっかけとなり，競技面での停滞を経験する。そしてその状況を

[1] 彼は自らのクリニックのスタッフにこの問題を認めた。
　Freudenberger, H. J. (1974). Staff burn-out. *Journal of Social Issues*, 30, 159-165.

[2] バーンアウトとオーバートレーニングが混同されることがある。前者は心理学的概念，そして後者は医学的・生物学的概念として位置づけられ，心理学領域から見た両者の関係は，オーバートレーニングをバーンアウト発症における状況要因の1つとして位置づける。

[3] Maslach, C., & Jackson, S. E. (1981). The measurement of experienced burnout. *Journal of Occupational Behavior*, 2, 99-113.

[4] 本尺度は「競技に対する情緒的消耗」「個人的成就感の低下」「チームメイトとのコミュニケーションの欠如」「競技への自己投入の欠如」の4つの要因からなっている。
　岸順治ほか (1988). 運動選手のバーンアウト尺度作成の試み　スポーツ心理学研究, 15, 54-58.

克服しようと，さらに練習を継続するが，結果の伴わない状況が繰り返され，競技意欲の低下，さらには競技継続そのものが困難となってしまう，といった流れです。

このようなプロセス情報と先ほどの状態像を総合して，バーンアウトの診断を確定していきます。[6]

3 「固執」の背景

バーンアウト発症では，「なぜ固執するのか」を考える必要があります。以下では，固執を生み出すバーンアウト選手の特徴について述べます。

◯パーソナリティ特徴

バーンアウトに陥りやすい人に共通する特徴として，完璧主義，几帳面，強迫的，執着気質，高い要求水準，自己愛的，などがあげられます。これらは競技での高い達成を果たす上では，むしろ必要とされる特徴とも考えられ，練習場面では，熱心，まじめ，達成意欲の高い選手との肯定的評価に繋がり，周囲には指導しやすい選手と映るはずです。

◯スポーツのみへの同一化（sport only identification）

アイデンティティ[7]の手がかりの大半を競技に求めると，ほかへのアイデンティティの切り換えが困難となります。「とにかく競技は続けるもの，続けなければいけないと思っていた」「辞めたいと思っても，ほかに何をやってよいのかわからなかった」と，バーンアウトを経験した選手がその時の状況を振り返っています。これもまた，競技へのモチベーションとして機能している反面，問題の発症に繋がる背景ともなっているのです。

◯危機状況での対処行動のつたなさ

バーンアウトに陥るプロセスは，危機的場面での「対処行動」の失敗とも受け止められます。現時点でその選手がとりうる対処様式は，過去の危機事象での対処経験が影響しており，危機事象が異なっても以前に身につけた対処様式が繰り返されることが多いのです。

◯報われない経験

バーンアウトの特徴である心身の消耗は，「報われない」経験が強く関係しています。スポーツの世界では，"結果オーライ"といったところが一部であり，競技成績が出ている間は，心理的に問題となる関わり方をしていても，問題が顕在化することは少なく，気づくのが遅れます。それは望ましくない関わり方を強化することになり，固執をもたらす要因ともなっています。

「固執」は，競技面での停滞・低下した状況に置かれても，頑張り抜こうとし，柔軟かつ的確に対処することを困難にし（目標の修正，練習内容の再検討，休養），心身の消耗をもたらせているのです[8]　　　　　　　（中込四郎）

▷5　中込四郎・岸順治(1991)．運動選手のバーンアウト発症機序に関する事例研究　体育学研究，**35**，313-323．および，中込四郎(2004)．アスリートの心理臨床　道和書院　pp. 153-171．の2つの文献参照。

▷6　たとえば，ある重要な大会に向けてトレーニングを継続し，その後，「やるだけのことはやった」と"気が抜ける"や"燃え尽きた"といった状況が訪れても，それはここで問題とするバーンアウトと区別して扱っている。

▷7　アイデンティティ
青年期に取り組まねばならない心理社会的発達課題であり，エリクソン(Erikson, E. H.)によって広範な研究がなされた。自我同一性（ego identity）と訳されることが多い。

▷8　固執段階にある選手の心理体験に迫ると，「報われずとも頑張り抜こう」との思いが伝わってくる。したがって選手の感覚としては，「燃え尽き」というよりも「くすぶり」「不完全燃焼」といった方がその時の体験に近いと考える。

IX スポーツ臨床

8 アスリートアイデンティティ

1 アイデンティティ形成におけるスポーツの役割

　そもそもアイデンティティとは，いわゆる「自分らしさの感覚」のことを指しています。エリクソンは青年期の心理社会的発達課題としてアイデンティティ形成をあげました。ここで，アスリートのアイデンティティ形成を考える時，スポーツ参加やスポーツ競技経験がどのような役割を果たしているのかを把握しておく必要があります。青年期は，アスリートがスポーツ競技場面へ最も自己投入している時期ともいえます。この時期に獲得されるアスリートとしての自己は，アイデンティティの中核となり得ます。すなわち，アスリートのアイデンティティ形成において，スポーツ競技場面は重要な対象領域であり，そこでの自己投入を通じて，アスリートは重要な自己像の一面を獲得していくのです。

　そして，このような自己投入の結果，アスリートが好成績をあげれば，周囲からも「あなたはアスリートだ」と認められるようになります。その経験は，重要な自己確認あるいは自己定義の機会となるでしょう。そう考えると，この時期は，アスリートとしてのアイデンティティの感覚が芽生える時期ともいえます。また，アスリートの所属するチームは，明確な帰属集団として位置づけられ，彼らにとっての重要な拠り所となっています。チームの仲間やコーチは，アスリートのモデルとしての役割を果たすこともあります。このように，スポーツ参加やスポーツ競技経験は，アスリートの全体的なアイデンティティ形成に大きな役割を果たしているといえます。

2 アスリートアイデンティティ形成の問題

　中込は，体育専攻の学生選手を対象とした研究のなかで，アスリートアイデンティティの特徴について検討しています。特に，アスリートアイデンティティ形成のあり方を，マーシャ（Marcia, J. E.）の**アイデンティティステイタス**面接の方法を用いて検討した結果，大学生アスリートは，他の青年期にある者と比較して，①危機経験が少なく，②早期から卒業後の進路決定がなされている，といった早期完了型が多いことを指摘しました（表IX-1）。

　アスリートアイデンティティを強めることは，いわばアスリートとして健全な姿とも捉えることもできます。しかしながら，アスリートがアスリートであ

▶1　エリクソン，E. H. 仁科弥生（訳）(1977). 幼児期と社会　みすず書房

▶2　中込四郎 (1993). 危機と人格形成　道和書院

▶3　**アイデンティティステイタス**
アイデンティティステイタスとは，アイデンティティ形成において個人がどの段階にあるのかを，危機（crisis）と積極的関与（commitment）という2つの要因から分類したものである。詳しくは表IX-1参照。

Marcia, J. E. (1966). Development and validation of ego identity status. *Journal of Personality and Social Psychology*, **3**, 551-558.

表IX-1　マーシャのアイデンティティステイタス

アイデンティティ ステイタス	危　機 (crisis)	積極的関与 (commitment)	概　略
アイデンティティ達成	すでに経験した	している	自分に確信がなく，いくつかの可能性を考えた末，解決に達しており，それに基づいて行動している。
モラトリアム	現在経験している	している	いくつかの選択肢について迷っているところで，その不確かさを克服しようと一生懸命努力している。
早期完了	経験していない	している	自分と親の目標との間に不協和がなく，どんな体験も青年期までの信念を補強するのみで，頑固さが特徴。
アイデンティティ拡散	経験していない	していない	危機前で今まで本当に何者かであった経験がないので，何者であるかを想像することができない。
	経験した	していない	すべてのことが可能だし，可能なままにしておかなければ自分自身を支えていけない。
	経験していない もしくは 経験した	していないこと に傾倒している	傾倒しないことに首尾一貫した立場を保持しており，いわば冷笑的に傾倒することを拒否している。

出所：Marcia（1966）．より作成。

るために，スポーツ状況への自己投入が過度に求められることで，スポーツ以外の対象を無視しながらアイデンティティ形成を進めることは問題視すべきです。このようなスポーツのみへの同一化（sport only identification）は，深刻な問題へと発展しかねません。なぜならば，アスリートとしての自己が何らかの理由（成績低下や怪我，引退など）で妨げられる時，深刻な危機に発展することが危惧され，そこでの取り組みは，アスリートとしての自己を形成してきたからこそ大きな影響を受けざるを得ないからです。

▷4 Ogilvie, B. C., & Howe, M. (1986). The trauma of termination from athletics. In J. M. Williams (Ed.), *Applied sport psychology*. Mayfield Publishing Co. pp.356-382.

3 危機はチャンスでもある

また，中込は，「対象に働きかけ，それと同時に働きかけられるという相互性のある取り組みがアイデンティティ形成を促すのであり，危機に対する解決に向けての探求や努力の経験を経て確固たる信念のもとに自己投入できる対象を発見する過程が，アイデンティティ形成と関係する」と述べています。すなわち，スポーツ競技場面において，主体的で積極的な対処や取り組みを行うことで，将来，直面する危機においても着実な取り組みが期待できるとしました。危機は，チャンスでもあるのです。アスリートアイデンティティをどのように形成するのか。そのことが，その後の人生の取り組みにも大きく役立つといえるでしょう。

▷5　中込(1993)．前掲書．

このような立場からすると，アイデンティティは，一旦形成されれば完成されるものではなく，一生涯を通じて，達成と拡散を繰り返しながら成熟していくものといえます。

（豊田則成）

IX スポーツ臨床

9 競技引退のもつ意味

1 競技引退とは

　競技引退（athletic retirement）とは，どのようなレベルのアスリートであっても，いずれ必ず直面しなければならない発達課題（developmental task）であるといえます。このアスリートがアスリートでなくなるという大きなライフイベントは，アスリートにとって重大な**アイデンティティ**危機（identity crisis）となり，そこで経験するさまざまな不適応は深刻な心的外傷（trauma）へと発展する可能性をもっています。その契機となる出来事は，個性的なライフイベントであることに相違ありません。また，それが突然の出来事であるのか，それとも予期できていたのかによって，その後の適応問題にも大きく影響するといわれています。ただし，アスリートのキャリアトランジション問題を課題とした研究動向は，まだ少ないといわざるを得ません。

2 アスリートのアイデンティティ再体制化

　アスリートは，競技引退を経ていく過程を通じて「アスリートである自分」から「アスリートではない新たな自分」へのアイデンティティ再体制化（identity reconfirmation）を迫られます。豊田・中込は，トップアスリートの競技引退に伴うアイデンティティ再体制化のプロセスを導き出しています（図IX-2）。そのなかでは，彼らが現役中に，もうこれ以上，競技を継続できないことに気づくこと（社会化予期：participation socialization）と，引退後の将来に向けた自己のあり方を主体的に選び取っていくこと（時間的展望：time perspective）によって，引退後の生活への適応を促せることを確認しています。

　また，豊田・中込は，中年期危機を経験した元オリンピック選手の事例から，競技引退を通じて体験したアイデンティティ再構築の課題の積み残しは，中年期に再び問い直されることもあるといった仮説的知見を導き出しました。対象となった元オリンピック選手らは，引退を契機とした自己実現の課題に一生涯を通じて取り組んでおり，いわば個性化のプロセスを歩んでいるのです。

　昨今では，競技引退をアスリートのキャリア問題として捉える傾向にあります。すなわち，アスリートとしての（ファースト）キャリアをどのように構築し，アスリートではない新たな（セカンド）キャリアをどのように再構築していくのかという2つの側面から捉え，ファーストキャリアからセカンドキャリ

▷1　アイデンティティ
エリクソン（Erikson, E. H.）は自我同一性（ego identity）とし，「過去において準備された内的な斉一性と連続性が，他人に対する自分の存在の意味の斉一性と連続性に一致すると思う自信の積み重ねである」とする。ここでは，概ね「自分らしさ」という意で使う。
⇒ IX-7, IX-8 参照。

▷2　豊田則成・中込四郎（2000）．競技引退に伴って体験されるアスリートのアイデンティティ再体制化の検討　体育学研究, 45, 315-332.

▷3　中込四郎（2004）．アスリートの心理臨床　道和書院
　Levy, M. A., Gordon, L., Wilson, R., & Barrett, C. (2005). Career transitions. In J. Taylor, & G. S. Wilson (Eds.), *Appling sport psychology : Four perspectives*. Human Kinetics. pp.249-266.

▷4　豊田則成・中込四郎（1996）．運動選手の競技引退に関する研究――自我同一性の再体制化をめぐって　体育学研究, 41, 193-206.

▷5　豊田・中込（2000）．前掲書.

IX-9 競技引退のもつ意味

```
[目標達成]
「メダルを獲った」

[敗北体験]
「負けたから
もうイヤだ」

[競技力・
体力の低下]
「思い通りに
動けない」

[将来の見通し]
「そろそろ
いい歳だし」

[怪我・病気]
「元通りに
復帰できない」
```
→「引き際」へのこだわり → アスリートとしての自分の振返り → アスリートでない自分の展望 → 「新たな自分」への取り組み → 「新たな自分」の確立

| 社会化予期 | 時間的展望の逆転 | 自分の再吟味と方向づけ | 軌道修正・軌道転換 | アイデンティティ安定 |

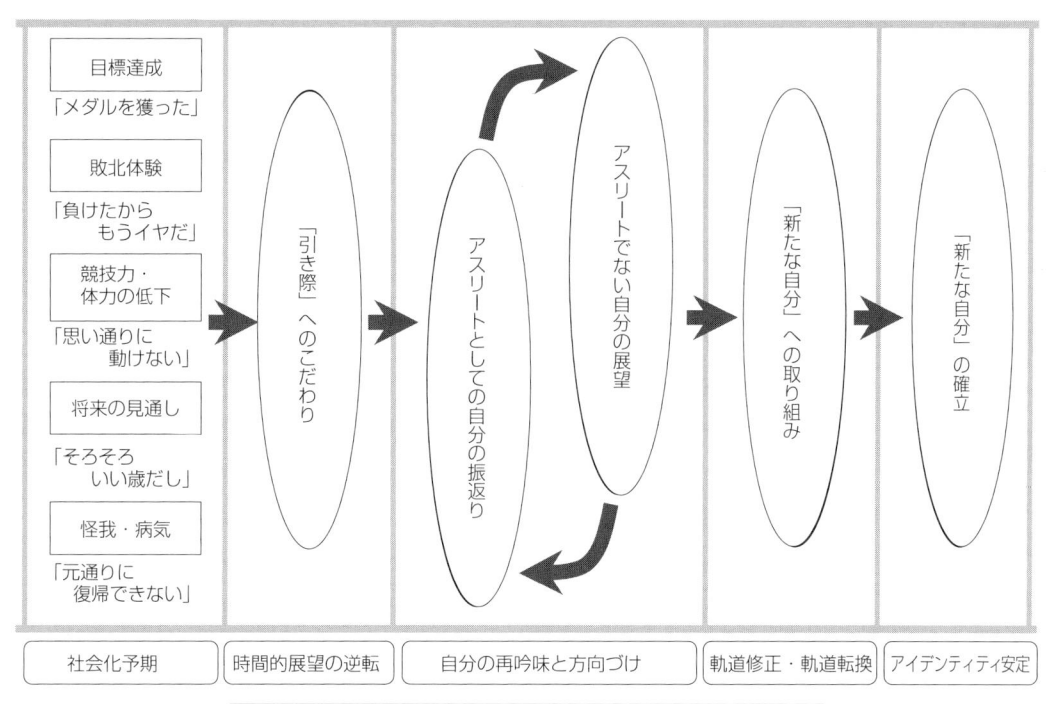

図IX-2　競技引退に伴うアイデンティティ再体制化のプロセス

出所：豊田・中込（1966）．より．

アへのトランジションを競技引退問題としています。▷6

3　キャリアトランジション支援

　諸外国では，すでに，専門的プログラムが多くの成果を残してきています。特に，オーストラリアのACE（Athlete Career and Education Program：1992- ）やアメリカ合衆国のCAPA（Career Assistance Program for Athlete：1993- ）は，先進的な取り組みと位置づけることができます。これらのプログラムは生涯発達の視点からアスリートのキャリアトランジションを捉え，現役中から，競技生活と引退後の準備とのバランスをとることを重視しています。

　また，このような諸外国の動きに追随して，わが国においても2002年にはJリーグキャリアサポートセンターが，そして，2004年にはJOCセカンドキャリアプロジェクトが，それぞれ独自のアスリート支援プログラムを立ち上げました。これらのプログラムは，アスリートへのセカンドキャリア紹介・斡旋のみならず，トランジションに直面して苦悩しているアスリートへの心理的な支援（psychological support）にも積極的に取り組んでいます。昨今では，このような社会的動向を受けて，プロ野球やVリーグも，引退した選手のセカンドキャリア支援に積極的に取り組むようになってきました。

（豊田則成）

▷6　吉田毅（2006）．アスリートのキャリア問題　菊幸一ほか（編）現代スポーツのパースペクティブ　大修館書店　pp.210-227.

IX スポーツ臨床

10 心因性動作失調

▷1 身体表現性障害と解離性障害

アメリカ精神医学会の分類（DSM：Diagnostic and Statistical Manual of Mental Disorders）。身体表現性障害（Somatoform Disorders）とは、「一般身体疾患を示唆する身体症状」が、「一般身体疾患、物質の直接的な作用、または他の精神疾患によって完全には説明されない」ような、背景に心理的要因の影響が考えられる機能障害である。解離性障害（Dissociative Disorders）とは、「意識、記憶、同一性、または知覚についての通常統合されている機能の破綻」を特徴とする障害である。
American Psychiatric Association（編）高橋三郎・大野裕・染矢俊幸（訳）(2004). DSM-Ⅳ-TR──精神疾患の診断・統計マニュアル 新訂版 医学書院

▷2 ヒステリー (hysteria)

受け入れがたい心理的葛藤、問題などがある時に声が出ない、手足が麻痺するなどの身体症状などが生じることがあり、それをヒステリーと呼ぶ。

▷3 岩田泉・長谷川浩一 (1981). 心因性投球動作失調へのスポーツ臨床心理学的アプローチ スポーツ心理学研究, 8, 28-34.

▷4 中込四郎 (2004). アスリートの心理臨床 道和書院

1 身体症状の心理的背景

心理的要因が影響して身体症状が出てくることがあります。それは、精神疾患の分類に**身体表現性障害**や**解離性障害**、あるいは**ヒステリー**があることからもわかることです。身体症状に身体的要因の影響が見られなくても、たとえば心臓が悪くなくても動悸がしたり、脳の機能障害がないのに記憶喪失になったり、身体に原因がないのに身体の痛み（たとえば、腰に悪いところがないのに腰が痛かったり）があったりします。その背景には心理的要因の影響が考えられます。

同様のことはアスリートの動作の混乱や失調（心因性動作失調）にも見られ、その背景に心理的要因の影響が考えられます。厳密にいえば、すべての動作に心理的要因が関わっているともいえるので、動作の混乱や失調には何らかの心理的要因の影響があると考えていいでしょう。たとえば、過剰に緊張すると身体の動きはぎこちなくなったり、堅くなったりして、動作が通常のようにできなくなることは誰でも体験することです。また、やる気がなくなると通常のように力を入れて動作することが難しくなるでしょう。

2 心因性動作失調

心因性動作失調は、狭義には通常のように投げられない、打てないなどで表される動作失調ですが、スランプ、実力発揮できないなどの競技遂行上の問題も含めて広義に考えると、さまざまな競技場面に見られることがわかります。たとえば、試合中にいつもやれているプレーができない、いつものシュートが入らない、変なところに力が入る、大事な場面になると力む、なども心理的影響が考えられます。

心因性動作失調について、たとえば、岩田・長谷川は心因性投球動作失調が通常の「適応障害と同じ心理的機制によって生起する」と述べ、自律訓練法、動作訓練、カウンセリングなどによって改善した事例をあげています。また、中込は、投球失調の事例をあげ、そのメンタルトレーニング過程を述べています。いずれも心理的技法によって動作が改善されており、動作の失調に心理的要因が大きく影響していたことを物語っています。

ゴルフのイップス、バッターの打撃不振、シューターのスランプなども心因

性動作失調と考えてよいでしょう。その時には，背景にある心理的要因を見極め，それを乗り越える，あるいは克服するような方法をとる必要があります。

3 心と身体――共時的な見方

　心因性動作失調という表現は，心理的要因によって動作が影響を受けているという，因果論的な見方を示しています。それとは異なる観点からユング心理学の理論を援用すると，心と身体が共時的に**布置（コンステレーション）**している，というように見ることができます。プレーや演技という身体によって自己表現する場にいるアスリートは，心理状態によってその出来が異なることは日常的に体験していることです。あるいは，プレーや演技に性格が現れるということはよくいわれることです。このことは通常，心理状態の変化が身体の動きに影響している，あるいは身体の変化が心の動きに影響している，というように因果論的に考えられることが多いようです。しかし，ユング心理学では，身体の動きと心の動きが共時的に存在する，といった捉え方をします。これは，身体で表現されたことは，同時に心の表現でもあるということです。

　共時的な見方からすると，心因性動作失調はどのように見ることができるでしょうか。たとえば，遠くもなく，近くもなく，その中間ぐらいの距離になると投球動作やシュート動作が乱れてしまう選手がいるとします。それは短いあるいは長い距離は正確に投げられる，シュートが打てるのに，中間の距離になると調整が難しくて，うまく投球できない，シュートができないことを示しています。それは，よく知っている人あるいはまったく知らない人ならそれほど問題なく関われるのに，まったく知らないわけでもないが，よく知っているわけでもない中間距離の人とどう関わってよいかわからなく，怖がってしまう対人恐怖の心理と類似しています。つまり，中間の距離の投球動作の失調と中間距離の人との対人関係の困難さ（怖さ）とが共時的に存在しているのです。そのほかに，勝たねばならないという心理的圧力がかかり過ぎて，自律神経失調症になり，めまいや吐き気に苦しみ，通常のように演技できなくなり，さらに練習もできなくなった選手がいました。それは，心と身体のバランスを保てないほどの強い圧力が心理的にも身体的にもかかり，バランスよく立って，動けない状態にあったことを示しています。「シューターのスランプ」，「イップス」などもまた同様に，動作の失調が，同時に心理的問題をも表現しているのです。

　それらの問題の解決のためには，身体的な治療や身体的トレーニングに加えて，心理的な配慮もまた必要とされることがわかります。その時には，「無意識の流れに注目」し，「同時に，言葉だけでなく，イメージレベルでの読みが必要」になります。

（鈴木　壯）

▷5　布置（コンステレーション）
⇒Ⅸ-1参照。

▷6　鈴木壯（2000）．臨床スポーツ心理学研究の課題――スポーツ心理学の新たな視点　スポーツ心理学研究，**27**，30-38．

▷7　ここで述べる「イメージ」は，メンタルトレーニングで用いられるような，「外界を映し出したもの」ではなく，人間の内界を映し出した「心と身体の中間領域に横たわるもの」である。
　山中康裕（2000）．心に添う　金剛出版

▷8　中込四郎（1998）．「臨床スポーツ心理学」の方法　スポーツ心理学研究，**25**，30-39．

IX　スポーツ臨床

11　スポーツセラピーの可能性

1　スポーツセラピーとは

　スポーツセラピー（sports therapy）は，スポーツと心理療法（psychotherapy）との合成語と考えられていますが，スポーツ心理学や臨床心理学，精神医学の領域において，その存在が明確に認められているわけではありません。これまでに考えられてきたスポーツセラピーは，体操やダンスといったスポーツによる療法を，心理療法のなかに存在が認められている絵画療法や音楽療法と同じような存在としたい，というものでした。その名称には，スポーツの種類や治療的位置づけによって，ダンスセラピー，ジョギングセラピー，エクササイズセラピーといったように多様なものがありました。類似した用語として運動療法がありますが，元来の運動療法は糖尿病，高血圧，高脂血症などの疾患予防および治療として確立されてきました。その後，運動の精神面への効果について多くの報告がなされたことから，運動療法は身体疾患に加え，精神疾患に対する治療として用いられることとなり，その効果を認める報告も見られます。つまりスポーツセラピーは運動療法が対象とする「身体」と「こころ」のうち，こころを対象とした療法として捉えるのが適当であると考えられます。

2　精神科現場における適用

　昨今のメンタルヘルスとスポーツ（運動）との関係に注目する背景として，身体を動かすスポーツが，心理療法よりも時間や費用の面で効率がよいということがあります。また，近年の薬物治療は従来からの副作用を大幅に軽減していますが，一方で肥満や高血糖という新たな副作用も生み出しており，この薬物療法における一次的，二次的な副作用に対してもスポーツセラピーは効果的であるといえるでしょう。ここでは精神科医療の現場におけるスポーツセラピー（狭義の運動療法）の先行研究をいくつか紹介してみましょう。

○うつ病へのスポーツセラピー

　なぜスポーツがうつ病に効果があるのか，という問いに対する明確なメカニズムはわかっていないようです。しかし，さまざまな仮説が提唱されており，心理社会的な面からの効果としては，自己効力感，達成感，積極的思考の増強，悲観的思考からの気晴らし，自己概念の強化などがあげられています。山口は，思考抑制のない軽症のうつ病患者を対象とし，日常的に運動を行っていた群と

▶1　中込四郎・鈴木壯 (1980). 運動（スポーツ）の心理療法価について　体育学研究, **25**, 127-138.

行っていなかった群の2群間比較において，抑うつ症状の持続期間の短縮と自覚症状（集中力の低下，対人緊張，不安，恐怖感）の改善という結果を導いています。また，種目・強度・時間よりも何かの運動を一定期間継続して行うことが治療的意味合いをもたらし，継続することが最も重要であると述べています。

○統合失調症へのスポーツセラピー

横山らは，統合失調症患者を対象として，運動群，対象群の2群に分け，約6か月の症状の変化を比較しています。その結果，注意の障害において有意な改善が見られたと報告しています。また，ジョギングとソフトボールの活動後に不安の軽減が見られたことも報告しています。スポーツは単なる筋肉の活動ではなく，記憶・注意・遂行などあらゆる認知機能を短時間のうちに求められる活動であり，認知機能リハビリテーションに適していると考えられます。スポーツを利用したこの種のトレーニングを行い，科学的な評価を加えることにより，「療法」としての発展が期待されています。

3 心理療法理論から見た運動の心理的有効性

これまでに述べてきた運動の心理的効果とは異なる視点に立ち，中込は，心理療法の場を念頭においた「運動（スポーツ）の心理療法価（心理療法理論から見た運動の心理的有効性）」について，以下の4つをあげ，心理療法の一方法としてのスポーツセラピーの可能性を示しています。

・自由な表現の場：心理療法では，面接室と治療者によって「守られた自由な空間」がつくられ，このなかでクライエントは本来の姿を取り戻すために，自身を語り，時には箱庭や描画を通じて自己を表現します。運動は非言語的コミュニケーションが可能であり，治療者側が運動を介したクライエントからのメッセージを受け止めるならば，運動が自由な表現の場として治療的に機能することも期待できると考えられます。

・治療的人間関係の促進：治療の過程において，クライエントと治療者の間に生ずる「治療的人間関係」が重要となりますが，ここに運動を導入することによって，両者の相互関係が深まり，一体感が増大し，建設的な人格変容への基礎的場づくりとなり得ることが期待されます。

・治療的洞察へのきっかけ：心理療法では，クライエントが問題の背景となっている要因への洞察を深めることによって治療的変容が生じると説明しています。ジョギングやダンスといった身体活動が精神内界へ通ずる有効な手段となり得ることが，実践者から報告されています。

・外界の認知的変化による内界の変化：運動を行うことは，自己表現であると同時に，外界への能動的・積極的働きかけともなり，それによって外界の存在が感じられ，さらに自己の存在を確認することができます。それは新たな自己の発見へとつながることもあります。　　　　（上向貫志）

▷2　山口聖子（2009）．うつ病への運動療法の試み　日本スポーツ精神医学会（編）　スポーツ精神医学診断と治療社　pp.68-69.

▷3　横山浩之・西村良二（2002）．精神科デイ・ケアにおける運動・スポーツの効用についての検討　臨床精神医学，31，1389-1396.

▷4　バレーボールを継続的に行っている患者のなかには「集中して本を読めるようになった」と自覚する人もいる。

▷5　佐々毅（2007）．統合失調症における運動療法の可能性を考える　スポーツ精神医学，4，5-9.

▷6　中込四郎（2000）．運動とこころの健康──「身体」から「こころ」へ　杉原隆ほか（編著）スポーツ心理学の世界　福村出版　pp.184-198.

▷7　たとえば，何の意図もなく自由にジョギングしているうちに，今まで自分の内界に知らぬ間にできあがっていた枠組みが取れ，今まで感ずることのできなかった知られざる部分が動き始め，そして問題の背景となっていた要因や問題との関連に気づいていく。

▷8　身体レベルでのポジティブな変化（たとえば，フィットネスの向上）が生ずるならば，それが内界へとフィードバックされ心理面への変化をもたらすことになる。

IX　スポーツ臨床

12　認定スポーツカウンセラー

　認定スポーツカウンセラーとは，スポーツ競技に関わるすべての人々に対する心理臨床の専門家として日本臨床心理身体運動学会が認定する資格です（2004年制定）。本資格は現在のところ，スポーツ競技場面に関わる心理臨床の専門家・カウンセラー資格としては国内唯一のものです。

　Ⅶ-1 で示されていることから一部わかるように，アスリートが生きる世界は独特なものであり，そのなかで生じる悩みや問題もまた非常に特徴的なものがあります。同時に，一般臨床で出会うものと同様のものもあります。そのためアスリートや競技の世界を踏まえた専門性のある資格を必要とされるのです。

　認定スポーツカウンセラーの資格はその専門性に応じて，3級，2級，1級に分けられています。

① 認定スポーツカウンセラー3級

　3級は認定スポーツカウンセラー資格の基礎資格となるものです。この資格は体育学や心理臨床学の基本的知識をもち，心理検査やカウンセリング技法の基礎的訓練を受けることで取得できるものです。つまり，3級はカウンセラーとしての実際的な仕事に対して評価するのではなく，現在スポーツカウンセラーとして訓練中の段階であることを明確にし，認定されるものです。3級取得者が実際の現場において業務を行うには，有資格者にスーパービジョンを受け（その体制は整えられており），上位資格の取得が必要です。3級は表Ⅸ-2に示す要件のaまたはb，およびcを満たすことが必要です。

② 認定スポーツカウンセラー2級

　2級はスポーツ競技者や競技場面に関わる人々だけでなく，チーム全体に対しても心理臨床的な援助を適切に行えることを認めた資格です。そして，経験を積んだ後には，スーパービジョンを担当することも期待されています。

　また，この級では臨床心理士を取得し，さまざまな経験をもつ中堅レベル以上の能力が期待されているため，学校現場やさまざまな臨床現場で活動し，成果が期待されます。2級は，表Ⅸ-3に示す要件を満たすことが必要です。

表IX-2　認定スポーツカウンセラー3級の要件

a	認定スポーツカウンセラー3級を養成する課程であると認定された大学を卒業または卒業見込みの者。
b	競技歴または運動歴（中学校以降）が継続6年以上または通算8年以上の者。
c	大学において必要単位（体育系科目14単位，臨床系科目14単位）を修得し，卒業または卒業見込の者。ただし，指定科目の履修が不十分である場合，資格認定委員会の主催する講習会を受講することにより補うことができる。

出所：日本臨床心理身体運動学会HPより。

表IX-3　認定スポーツカウンセラー2級の要件

a	認定スポーツカウンセラー3級を取得後5年以上の者，または臨床心理士もしくは医師免許を取得している者。
b	大学院において，臨床心理学もしくはそれに準ずる心理臨床に関する分野を専攻する課程を修了した者，またはそれと同等以上の教育を受けたと認められる者。
c	スポーツカウンセリングの臨床経験を有する者。
d	資格認定委員会が認めるスーパーバイザーによる個人スーパービジョンを受けた者。
e	資格認定委員会が主催する講習会を指定の回数以上受講した者。

出所：日本臨床心理身体運動学会HPより。

表IX-4　認定スポーツカウンセラー1級の要件

A群	
a	認定スポーツカウンセラー2級を有し，かつスポーツカウンセリングの臨床経験を5年以上有する者。
b	臨床心理士として臨床経験を8年以上有し，かつスポーツカウンセリングの臨床経験を5年以上有する者。
c	医師免許を保持し心理臨床経験を8年以上有し，かつスポーツカウンセリングの臨床経験を5年以上有する者。
B群	
a	資格認定委員会が主催する講習会を指定の回数以上受講した者。
b	スーパーバイザー経験を有する者。

出所：日本臨床心理身体運動学会HPより。

3 認定スポーツカウンセラー1級

　1級はスポーツカウンセリングの専門性を理解し，トップレベルの競技者に対して，彼らの競技レベルや意欲を落とすことなく関われることが認められた資格です。これらの専門性を兼ね備えた上で，スポーツカウンセラーの養成，資格の発展への寄与等も期待されています。

　また，一般臨床家としても有能であることが求められています。

　1級は，原則として表IX-4に示すA群のなかから1つ以上，かつB群すべての要件を満たすことが必要です。

　以上に示した「認定スポーツカウンセラー」はスポーツ臨床に関わる者として，そして競技力向上や勝利を目指す時に思い悩み，苦しむアスリートやその関係者を心理支援する専門家として必要とされる資格です。　　（鈴木　壯）

さくいん

あ行

IZOF理論 129
愛着 87
アイデンティティ危機 190
アイデンティティ再体制化 190, 191
アイデンティティステイタス 188
アイデンティティの確立 179
あがり 130
アスリートアイデンティティ 188
アスリート支援プログラム 191
アスリートのイメージ 126
アスリートの訴え 173
アスリートの心と身体 175
アスリートの心性 126
アトラクタ 38
α運動神経 21
安定性次元 76
意思決定バランス（分析） 119, 122
一次運動野 21
逸脱 93
一定練習 52
イップス 193
イメージ技法の実際 161
イメージの機能・役割・鮮明性 160
イメージの種類 160
運動イメージ 30
運動関連領野 21
運動組み合わせ 17
運動指令 21
運動心理学 i
運動スキーマ 53
運動（スポーツ）の心理療法価 195
運動前野 21
運動と自尊感情モデル 110
運動の言語化 28
運動部活動 178
運動部指導者 180
運動部集団 178
運動プログラム 50
運動有能感 12
運動療法 194
HKBモデル 46, 48
M機能 99
MT野 19
エリートアカデミー事業 136
延滞模倣 8
オノマトペ 29
オペラント強化法 121

か行

外界の認知的変化 195
開回路制御 54
ガイダンス仮説 64
外的調整 84
開放技能 54, 70
開放系 5
学習性無力感 14, 86
覚醒水準 128
覚醒とパフォーマンス 128
カクテルパーティー効果 24
課題凝集 94
課題志向性 15, 81
課題目標 75, 80
葛藤 180
葛藤生起のパターン 181
葛藤体験のもつ意味 181
感覚記憶 26
関係性 147, 171
関係性への欲求 75, 84, 124
観察学習 60
感受性期 18
感情反応 76
関接トルク 20
観戦行動 143
完璧主義 127
危機 189
期待−価値モデル 12
期待の変化 76
規範 116
基本的欲求理論 75
逆戻り予防 123
キャリアトランジション 191
協応パターン 39
競技引退 190
競技状態不安検査 153
競技ストレス 138
競技ストレス緩和効果 139
競技スポーツ 126
競技生活 133
共時的な見方 193
凝集性 93, 94, 166
強迫性 127
クラスタリング法 129
怪我 182
結果の知識 63
結果予期 78
月経異常 109
原因帰属 12, 76, 86
原因の位置次元 76
健康運動心理学 i
言語的説得 79
効果器予測 32
攻撃行動 104
攻撃性 104
公式的リーダー 98
構成的グループ・エンカウンター 167
公的自己意識 87
行動意図 116
行動化 135
行動変容技法 120
行動変容ステージ 118
行動変容の理論 171
行動療法 162
合理的行為理論 116
効力予期 78
コーチ 140
コーチング行動 140
コーチの影響力 141
コーチング 140
コーチング行動評価システム 141
コーピングカード 164
コーフィング 142
呼吸法 156
心と身体 193
固執 187
個人志向性 83

5段階モデル　182
骨粗鬆症　109
子どものスポーツ　134
コミュニケーションスキル　106
コンステレーション（布置）　175

さ行

最終的フィードバック　63
作動記憶　26
参加動機　74
ジェンダー　108
ジェンダー・ステレオタイプ　108
ジェンダー役割　108
視覚　22
視覚イメージ　30
資格認定制度　149
自我志向性　15, 81
自我目標　75, 80
時間的展望　190
刺激統制法　120
自己概念　12
自己教示（セルフトーク）　165
自己決定理論　84, 124
自己高揚的な帰属　77
自己効力感（セルフ・エフィカシー）　78, 118
自己組織化　44, 68
自己中心性　10
自己投入　189
自己批判的な帰属　77
自尊感情　110
自尊感情の多面的階層モデル　110
自尊心　88
指導意欲勢力　102
自動化　56
自動思考　164
指導とデザイン　72
指導理念　140
示範　60
社会学習理論　60
社会化予期　190
社会凝集　94
社会志向性　83
社会的勢力　102, 141
社会的文脈　124
集団規範　92
集団効力感　95, 166
自由度　16, 20, 58

自由度の凍結と解放　58
自由な表現の場　195
熟達雰囲気　90
受動的注意　25
ジュニアアスリート　136
ジュニア時代　135
受容感　87
受容器　22
受容器予測　32
状況即応理論　100
状態像　186
状態不安　114
象徴遊び　10
衝動的攻撃　104
情動・動機トレーニング　154
勝負の世界　126
食行動問題　184
触覚　23
自立　179
自律訓練法　157
自律性（自己決定）への欲求　75, 84, 124
事例検討　147
心因性投球動作失調　192
心因性動作失調　192
人格変容・成長　154
親近・受容勢力　102
神経性食欲不振症　184
神経性大食症　184
新生児模倣　8
身体化　135
身体拘束法　68
身体症状　192
身体性　127
心理サポート　144, 170
心理専門家　144
心理的技法　150
心理的競技能力診断検査　152
心理的スキル　107, 150
心理テスト　152
遂行行動の達成　78
遂行の知識　63
髄鞘化　2
スーパービジョン　169
スキーマ理論　53
ストレス　112
ストレス反応　131
スペクテーター　142
スポーツカウンセラー　179

スポーツカウンセリング　172
スポーツ科学の発展の功罪　145
スポーツ傷害　182, 183
スポーツ障害　183
スポーツ心理臨床研究会（SPACE）　172
スポーツセラピー　194
スポーツ選手の心性　177
スポーツの消費者　142
スポーツの高度化　134
スポーツメンタルトレーニング指導士　168, 170
スポーツリーダーシップの多次元モデル　101
スランプ　56, 132
刷り込み　18
斉一性の圧力　93
制御変数　44, 48
成功恐怖　127
精神力　151
成績雰囲気　91
青年期　188
制約　59, 68, 70
生理的・情動的喚起　79
セクシュアルハラスメント　109
摂食障害　109
セルフ・エフィカシー（自己効力感）　78, 118
セルフトーク（自己教示）　165
セルフ・ハンディキャッピング　88
セルフモニタリング　122, 129, 162
宣言的記憶　27
選手の自立　135
全人格的な成長　177
漸進的筋弛緩法　158
全体練習　54
選択的注意　26
専門・参照勢力　102
戦略的攻撃　104
走運動　6
早期化　134
相転移　38, 44
双方向的関係　ii
ソーシャルサポート　123, 138
ソーシャルスキル　106
ソーシャルスキル・トレーニング　107

た行

即時的フィードバック 63
速度−精度相反性 36
粗大運動 3
体育心理学 i
体協競技意欲検査 152
体重コントロール 185
対称性のホップ分岐理論 49
対処行動 187
体性感覚 23
体性感覚野 18
態度 116
退部動機 74
代理的経験 79
達成目標 89
達成目標理論 80, 90
タレント発掘 136
チームスポーツ 166
チームビルディング 96, 139, 167
チームワーク 166
遅延的フィードバック 63
知覚・認知トレーニング 66
知覚−運動連関 35
チャンク化 26
注意のスポットライト説 24
中枢神経系 22, 56
長期記憶 26
治療的洞察 195
治療的人間関係 195
手続き的記憶 27
同一化 175, 187
同一視 143
同一視の調整 85
動機づけ 74
動機づけ雰囲気 89, 90
動機づけ面接法 125
東京オリンピック 130
統御可能性 31
統合的調整 85
瞳孔反射 2
同時的フィードバック 63
同調 93
特性不安 114
トランスアクション・モデル 112
トランスセオレティカル・モデル 118
取り入れ的調整 85

な行

内在的フィードバック 62
内発的動機づけ 17, 85
二重課題 24
日本スポーツ心理学会 149, 168
日本体育協会スポーツ医学委員会 149
日本臨床心理身体運動学会 170, 196
人間関係の問題 174
認知行動技法 162
認知再構成法 164
認知・知識トレーニング 154
認知療法 162
認定スポーツカウンセラー 170, 196
能動的注意 25

は行

バーギング 142
パーソナリティ形成 176
パーソナリティ研究 176
バーンアウト 138, 186
パターン認識 26
発症過程 186
罰勢力 102
パフォーマンス・ルーティン 165
パラメータ 51
PHV年齢 5
P機能 99
ピーク・パフォーマンス 128
引き込み現象 42, 48
非公式的リーダー 98
微細運動 3
非支持局面 6
非動機づけ 84
皮膚感覚 23
評価懸念 87
表象 8
ファン 142
不安 114
不安軽減効果 115
フィードバック 55, 62
フィードフォワード 54
フーリガン 105, 143
付加的フィードバック 62
負傷頻発選手 182
不適応 178
部分練習 54
フラクタル 41, 42

プラトー 56, 132
ブランコのり 6
分化 4
分岐 48
ペアの相性トレーニング 166
閉回路制御 55
閉回路理論 54
平衡感覚 23
閉鎖技能 54
閉鎖系 4
変動練習 53
変容プロセス 119
補足運動野 21
POMS 153

ま行

見まね学習 60
無意識的動機 131
明瞭性 31
メンタルトレーニング 148, 150, 154
メンタルヘルスとスポーツ（運動） 194
メンタルマネジメント研究班 149
燃え尽き 186
目標志向性 81
目標設定技法 121, 163
モデリング 60
モロー反射 2

や行

優勝恐怖 127
有能感 16
有能さへの欲求 75, 84, 124
ゆらぎ 45, 73
予測 32

ら行

ライフスキル 106
ラベリング 153
リアルタイムフィードバック 67
リーダーシップ 98
リーダーの特性 99
リーピング 6
リラクセーション 156
臨界期 18
励起アトラクタ 41
練習曲線 132
ロイヤルティ 142
ロサンゼルスオリンピック 148

執筆者紹介 (氏名／よみがな／生年／現職／主著／スポーツ心理学を学ぶ読者へのメッセージ) ＊執筆担当は本文末に明記

中込四郎（なかごみ　しろう／1951年生まれ） 
筑波大学体育系教授
『危機と人格形成』（単著・道和書院）『アスリートの心理臨床』（単著・道和書院）
スポーツ心理学の知識が加わることで，これまでのスポーツ活動や観戦に新たな楽しみ方や変化を期待できるはずです。

上向貫志（うえむかい　かんし／1967年生まれ） 
武蔵大学人文学部教授
『スポーツ心理学の世界』（共著・福村出版）『身体教育のアスペクト』（共著・道和書院）
スポーツを通じて自己実現。ぜひ目指してほしいと思います。

伊藤豊彦（いとう　とよひこ／1954年生まれ） 
島根大学教育学部教授
『最新スポーツ心理学』（共著・大修館書店）『スポーツ心理学』（共著・培風館）
スポーツ心理学は，スポーツに関わる人間を理解し，実践や指導を改善する手がかりを与えてくれます。

奥村基生（おくむら　もとき／1974年生まれ） 
静岡大学教育学部准教授
『スポーツ心理学事典』（共著・大修館書店）『運動行動の学習と制御』（共著・杏林書院）
運動・スポーツをよく理解し，自分なりに楽しんでください。

山本裕二（やまもと　ゆうじ／1958年生まれ） 
名古屋大学総合保健体育科学センター教授
『複雑系としての身体運動』（単著・東京大学出版会）『スポーツ心理学』（共著・培風館）
私たちの行うさまざまな運動は巧みで，大変複雑に見えますが，その仕組みを知ることは，運動の上達に繋がります。そして心の成長にも繋がるはずです。

織田憲嗣（おだ　のりつぐ／1974年生まれ） 
国立スポーツ科学センター
『教養としてのスポーツ心理学』（共著・大修館書店）『スポーツ心理学辞典』（共著・大修館書店）
スポーツを介して心のことを学ぶ。自分自身への気づきのきっかけとなってくれたら幸いです。

磯貝浩久（いそがい　ひろひさ／1962年生まれ） 
九州工業大学情報工学研究院准教授
『最新スポーツ心理学』（共著・大修館書店）『健康と競技のスポーツ心理』（共著・不昧堂出版）
スポーツを楽しむことや運動スキルを高めることにスポーツ心理学の知識を上手に活用してください。

門田浩二（かどた　こうじ／1971年生まれ） 
大阪大学大学院医学系研究科助教
『運動行動の学習と制御』（共著・杏林書院）『身体運動学』（共訳・大修館書店）
「からだを動かすこと」と「知ること」は繋がっています。直接体験から得た「知」を大切にしてください。

● 執筆者紹介（氏名／よみがな／生年／現職／主著／スポーツ心理学を学ぶ読者へのメッセージ）＊執筆担当は本文末に明記

菊地直子（きくち　なおこ／1971年生まれ）

仙台大学体育学部准教授
『コーチングの心理Q＆A』（共著・不昧堂出版）
心へのアプローチはさまざまありますが，1つでも自分に合うものを見つけるとぐんと理解が深まると思います。

渋倉崇行（しぶくら　たかゆき／1972年生まれ）

新潟県立大学人間生活学部准教授
『教養としてのスポーツ心理学』（共著・大修館書店）
自分が体験してきたスポーツ活動を別の角度から見つめてみると，さまざまな疑問や気づきが得られます。

木島章文（きじま　あきふみ／1971年生まれ）

山梨大学教育人間科学部准教授
『身体運動学』（共訳・大修館書店）
『運動行動の学習と制御』（共著・杏林書院）
身体運動・スポーツ活動は何気なく楽しいものですね。本書をきっかけに，この楽しさを突っ込んで考えてもらえたら嬉しいです。

杉山佳生（すぎやま　よしお／1964年生まれ）

九州大学大学院人間環境学研究院准教授
『最新スポーツ心理学』（共著・大修館書店）
『ジュニアスポーツの心理学』（共訳・大修館書店）
実践経験から生まれた知恵と科学的真理を結びつけること，それがスポーツ心理学の役割だと考えています。

工藤和俊（くどう　かずとし／1967年生まれ）

東京大学大学院総合文化研究科准教授
『筋機能回復の理学療法』（共著・ナップ）『運動行動の学習と制御』（共著・杏林書院）
スポーツは無限のフィールド。未知の世界へようこそ。

鈴木　壯（すずき　まさし／1952年生まれ）

岐阜大学教育学部教授
『スポーツ心理学の世界』（共著・福村出版）
『スポーツ・メンタルトレーニング教本　改訂増補版』（共著・大修館書店）
スポーツ臨床の世界はおもしろいです。自身のスポーツや身体運動の経験を活かしながら，スポーツ心理学と臨床心理学の両方を学んでください。

小谷克彦（こたに　かつひこ／1975年生まれ）

北海道教育大学教育学部准教授
スポーツの現象はわからないことだらけです。でも，わからないからこそ多くの可能性を秘めていると思います。

武田大輔（たけだ　だいすけ／1975年生まれ）

流通経済大学スポーツ健康科学部講師
『スポーツ心理学事典』（共著・大修館書店）
アスリートへの心理支援には，専門家としての厳しい訓練が必要となり，その訓練過程では自身の競技体験をじっくり振りかえり味わい直すことになります。本書がそのきっかけとなれば幸いです。

執筆者紹介 (氏名／よみがな／生年／現職／主著／スポーツ心理学を学ぶ読者へのメッセージ) ＊執筆担当は本文末に明記

立谷泰久（たちや　やすひさ／1970年生まれ） 
国立スポーツ科学センタースポーツ科学研究部研究員
『ストレス科学事典』（共著・実務教育出版）
『スポーツメンタルトレーニング教本　改訂増補版』（共著・大修館書店）
オリンピック選手，プロ選手の心理サポートを行っております。選手やコーチから学ぶことがたくさんあり，毎日が勉強です。読者の皆さんには，スポーツ心理学を自分の生活に応用して，人生を豊かにしてほしいと思います。

豊田則成（とよだ　のりしげ／1967年生まれ）
びわこ成蹊スポーツ大学スポーツ学部教授
『スポーツ心理学事典』（共著・大修館書店）
『体育・スポーツのサイコロジー』（共著・アイオーエム）
スポーツと心は密接に関わっています。是非スポーツ心理学の世界を楽しんでください。

土屋裕睦（つちや　ひろのぶ／1964年生まれ） 
大阪体育大学スポーツ科学研究科教授
『スポーツメンタルトレーニング教本　改訂増補版』（共著・大修館書店）
『スポーツメンタルトレーニング指導士活用ガイドブック』（共著・ベースボールマガジン社）
「理論は実践を支え，実践は理論を鍛える」が信条。学生アスリートのほか，日本代表チームやプロスポーツ選手のメンタルトレーニングを担当しています。

西田順一（にしだ　じゅんいち／1974年生まれ）
群馬大学教育学部准教授
『身体活動の健康心理学』（共著・大修館書店）
『体育教師のための心理学』（共著・大修館書店）
スポーツ心理学の幅広い内容のうち，素直におもしろいと感じる内容について，さらに深く学んでほしいと思います。

筒井清次郎（つつい　せいじろう／1960年生まれ） 
愛知教育大学教育学部教授
『運動行動の学習と制御』（共著・杏林書院）
『スポーツ心理学の世界』（共著・福村出版）
意外かもしれませんが，よく考える人は，スポーツが巧くなります。頭を使って，他人よりも短い時間で巧くなって下さい。

平川武仁（ひらかわ　たけひと／1972年生まれ）
南山大学人文学部准教授
『スポーツ心理学事典』（共著・大修館書店）
『運動行動の学習と制御』（共著・杏林書院）
この本をきっかけに，読者のみなさんが関心をもつスポーツ心理学の領域を学び，深く知ってもらえることを願っています．

鶴原清志（つるはら　きよし／1956年生まれ） 
三重大学教育学部教授
『選手とコーチのためのメンタルマネージメント・マニュアル』（共著・大修館書店）『コーチングの心理Q＆A』（共著・不昧堂出版）
運動の上達には自分の動きを正確に知ることが必要です。そのために，イメージや言語等を利用しましょう。

平木貴子（ひらき　たかこ／1977年生まれ）
日本大学経済学部助教
『コーチングに役立つ実力発揮のメンタルトレーニング』（共訳・大修館書店）
スポーツの世界に深く関わるとスポーツは人生の縮図だなと感じます。この世界でどのように生きるのか，スポーツ心理学から学べることもあるように思います。

執筆者紹介 (氏名／よみがな／生年／現職／主著／スポーツ心理学を学ぶ読者へのメッセージ) ＊執筆担当は本文末に明記

平田智秋（ひらた　ちあき／1969年生まれ） 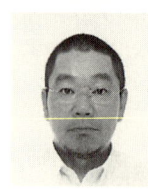
十文字学園女子大学人間生活学部准教授
『スポーツ心理学入門』（共訳・新曜社）
「できるようになりたい」，「自分や相手に勝ちたい」と，ひたむきに試行錯誤する過程にこそ，スポーツ心理学のおもしろさや人間の豊かさがあるような気がします。

横山慶子（よこやま　けいこ／1982年生まれ） 
北海道大学大学院工学研究院／（独）日本学術振興会特別研究員PD
スポーツは，ヒトの創発的な動きを引き出す力があります。何気ない動きに，おもしろい仕組みが潜んでいるかもしれません。

松本裕史（まつもと　ひろし／1972年生まれ） 
武庫川女子大学健康・スポーツ科学部講師
『これから学ぶスポーツ心理学』（共著・大修館書店）『運動と健康の心理学』（共著・朝倉書店）
スポーツ心理学があなたにとって未知の土地だとしたら，そこには必ず喜びに満ちた発見があるでしょう！

吉田伊津美（よしだ　いづみ／1966年生まれ）
東京学芸大学総合教育科学系准教授
『保育と幼児期の運動遊び』（共著・萌文書林）
『生涯スポーツの心理学』（共著・福村出版）
乳幼児の動きは独特でとてもかわいく興味深いです。そういった動きを伴う遊びの経験にはたくさんの学びもあるんです。

やわらかアカデミズム・〈わかる〉シリーズ
よくわかるスポーツ心理学

2012年3月10日　初版第1刷発行	〈検印省略〉
2013年12月30日　初版第4刷発行	

定価はカバーに
表示しています

編著者	中込 四郎
	伊藤 豊彦
	山本 裕二
発行者	杉田 啓三
印刷者	藤森 英夫

発行所　株式会社　ミネルヴァ書房
〒607-8494 京都市山科区日ノ岡堤谷町1
電話代表　(075)581-5191
振替口座　01020-0-8076

©中込・伊藤・山本ほか，2012　　亜細亜印刷・新生製本

ISBN978-4-623-06179-2
Printed in Japan

やわらかアカデミズム・〈わかる〉シリーズ

教育・保育

よくわかる学びの技法
田中共子編　本体　2200円

よくわかる教育評価
田中耕治編　本体　2500円

よくわかる授業論
田中耕治編　本体　2600円

よくわかる教育課程
田中耕治編　本体　2600円

よくわかる生徒指導・キャリア教育
小泉令三編著　本体　2400円

よくわかる教育相談
春日井敏之・伊藤美奈子編　本体　2400円

よくわかる教育原理
汐見稔幸ほか編　本体　2800円

よくわかる教育学原論
安彦忠彦・児島邦宏・藤井千春・田中博之編著　本体　2600円

よくわかる障害児教育
石部元雄・上田征三・高橋　実・柳本雄次編　本体　2400円

よくわかる障害児保育
尾崎康子・小林　真・水内豊和・阿部美穂子編　本体　2500円

よくわかる保育原理
子どもと保育総合研究所　森上史朗・大豆生田啓友編　本体2200円

よくわかる家庭支援論
橋本真紀・山縣文治編　本体　2400円

よくわかる子育て支援・家庭支援論
大豆生田啓友・太田光洋・森上史朗編　本体　2400円

よくわかる社会的養護
山縣文治・林　浩康編　本体　2500円

よくわかる社会的養護内容
小木曽宏・宮本秀樹・鈴木崇之編　本体　2400円

よくわかる小児栄養
大谷貴美子編　本体　2400円

よくわかる子どもの保健
竹内義博・大矢紀昭編　本体　2600円

よくわかる発達障害
小野次朗・上野一彦・藤田継道編　本体　2200円

福祉

よくわかる社会保障
坂口正之・岡田忠克編　本体　2500円

よくわかる社会福祉
山縣文治・岡田忠克編　本体　2500円

よくわかる子ども家庭福祉
山縣文治編　本体　2400円

よくわかる地域福祉
上野谷加代子・松端克文・山縣文治編　本体　2200円

よくわかる家族福祉
畠中宗一編　本体　2200円

よくわかる高齢者福祉
直井道子・中野いく子編　本体　2500円

よくわかる障害者福祉
小澤　温編　本体　2200円

よくわかる精神保健福祉
藤本　豊・花澤佳代編　本体　2400円

よくわかる医療福祉
小西加保留・田中千枝子編　本体　2500円

よくわかる司法福祉
村尾泰弘・廣井亮一編　本体　2500円

よくわかる社会福祉と法
西村健一郎・品田充儀編著　本体　2600円

よくわかるリハビリテーション
江藤文夫編　本体　2500円

よくわかるスクールソーシャルワーク
山野則子・野田正人・半羽利美佳編著　本体　2500円

論文

よくわかる卒論の書き方
白井利明・高橋一郎著　本体　2500円

心理

よくわかる心理学
無藤　隆・森　敏昭・池上知子・福丸由佳編　本体　3000円

よくわかる心理統計
山田剛史・村井潤一郎著　本体　2800円

よくわかる保育心理学
鯨岡　峻・鯨岡和子著　本体　2400円

よくわかる臨床心理学　改訂新版
下山晴彦編　本体　3000円

よくわかる心理臨床
皆藤　章編　本体　2200円

よくわかる臨床発達心理学
麻生　武・浜田寿美男編　本体　2800円

よくわかるコミュニティ心理学
植村勝彦・高畠克子・箕口雅博
原　裕視・久田　満編　本体　2500円

よくわかる発達心理学
無藤　隆・岡本祐子・大坪治彦編　本体　2500円

よくわかる乳幼児心理学
内田伸子編　本体　2400円

よくわかる青年心理学
白井利明編　本体　2500円

よくわかる教育心理学
中澤　潤編　本体　2500円

よくわかる学校教育心理学
森　敏昭・青木多寿子・淵上克義編　本体　2600円

よくわかる学校心理学
水野治久・石隈利紀・田村節子
田村修一・飯田順子編著　本体　2400円

よくわかる社会心理学
山田一成・北村英哉・結城雅樹編著　本体　2500円

よくわかる家族心理学
柏木惠子編著　本体　2600円

よくわかる言語発達
岩立志津夫・小椋たみ子編　本体　2400円

よくわかる認知発達とその支援
子安増生編　本体　2400円

よくわかる産業・組織心理学
山口裕幸・金井篤子編　本体　2600円

よくわかるスポーツ心理学
中込四郎・伊藤豊彦・山本裕二編著　本体　2400円

よくわかる健康心理学
森和代・石川利江・茂木俊彦編　本体　2400円

ミネルヴァ書房
http://www.minervashobo.co.jp/